Kletterpflanzen

TIME
LIFE
BÜCHER

TIME-LIFE HANDBUCH DER GARTENKUNDE

Kletterpflanzen

von

Richard H. Cravens

und

der Redaktion der TIME-LIFE BÜCHER

TIME-LIFE INTERNATIONAL (NEDERLAND) B.V.

TIME-LIFE HANDBUCH DER GARTENKUNDE

Redaktionsstab des Bandes
KLETTERPFLANZEN:
Chefredakteur: Robert M. Jones
Stellvertretende Chefredakteurin: Sarah Bennett Brash
Textredakteure: Bobbie Conlan-Moore, Margaret Fogarty, Bonnie Bohling Kreitler
Bildredakteurin: Jane Jordan
Designer: Edward Frank, Albert Sherman
Vertragsautoren: Paul Clancy, Susan Perry
Dokumentation: Diane Bohrer, Marilyn Murphy, Susan F. Schneider
Assistent des Designers: Santi José Acosta
Assistentin: Maria Zacharias

EUROPÄISCHE REDAKTION:
Chefredakteurin: Kit van Tulleken
Direktor des Designs: Louis Klein
Direktorin der Photographie: Pamela Marke
Leiterin der Dokumentation: Vanessa Kramer
Redakteur für besondere Aufgaben: Windsor Chorlton
Textredakteur: Christopher Farman
Chefassistentin: Ilse Gray
Dokumentation: Liz Goodman, Sheila Grant
Designer: Martin Gregory
Assistent des Designers: Adrian Saunders
Redaktionsassistentin: Kathy Eason

Produktionsstab:
Herstellung: Ellen Brush
Endkontrolle: Douglas Whitworth
Interredaktionelle Koordination: Pat Boag, Helen Whitehorn
Art Department: Julia West

Leitung der deutschen Redaktion:
Hans-Heinrich Wellmann
Textredaktion: Jürgen Hofmann

Aus dem Englischen übertragen von Christel Wiemken

AUTOR: **Richard H. Cravens** gehörte früher dem Mitarbeiterstab von Associated Press und der Redaktion der TIME-LIFE Bücher an. Er ist jetzt als freier Schriftsteller tätig und schreibt über Themen, die von Anthropologie bis zur Gartenkunde reichen.

SONDERBERATERIN DER EUROPÄISCHEN AUSGABE: **Frances Perry** ist eine namhafte Gartenexpertin, die in England durch ihre Bücher und Rundfunksendungen einem breiten Publikum bekannt wurde. Sie gehört der Linnean Society an und wurde als erste Frau in den Council der Royal Horticultural Society gewählt; sie ist jetzt Vizepräsidentin der Gesellschaft und besitzt auch die begehrte Victoria-Ehrenmedaille. Sie hielt Vorträge in Australien, Neuseeland und in den Vereinigten Staaten und sammelte Pflanzen in so weit auseinanderliegenden Gegenden wie Lappland, Afrika und Südamerika.

BERATENDE MITARBEITER DER EUROPÄISCHEN AUSGABE: **Roy Hay** machte sich durch zahlreiche Artikel in englischen Publikationen, darunter eine wöchentliche Kolumne in der Zeitung *The Times,* und durch monatliche Beiträge in der französischen Zeitschrift *L'Ami des Jardins* einen Namen. Mit seinem Interesse für die Gärtnerei führt er eine Familientradition fort – sein Vater, Thomas Hay, war Obergärtner in vielen der großen Londoner Parks (1922–1940). Roy Hay ist Offizier des Ordre du Mérite Agricole in Belgien und Frankreich. **Pierre Ebert** ist Obergärtner der Pariser Gärten und Parks. Er gehört dem Vorstand der Fleurist Municipal-Auteuil an und ist Mitglied der Association des Journalistes de l'Horticulture. Seit 1964 arbeitet er zudem als technischer Berater für die Zeitschrift *Mon Jardin et Ma Maison.* **Dieneke van Raalte** studierte Gartenbau und Landschaftsarchitektur am Institut für Gartenkunde in Fredriksoord in den Niederlanden. Sie schreibt regelmäßig Beiträge für europäische Gartenzeitschriften und ist Verfasserin zahlreicher Gartenbücher. **Dr. Hans-Dieter Ihlenfeldt** ist Professor für Botanik am Institut für Allgemeine Botanik und Botanischen Garten in Hamburg. Seine Hauptarbeitsgebiete sind die Morphologie, Evolution und Systematik der Blütenpflanzen. Er ist Mitarbeiter an mehreren Florenwerken und Handbüchern und hat zahlreiche Artikel in Fachzeitschriften veröffentlicht. **Dr. Hans-Helmut Poppendieck** ist Kustos und Dozent am Institut für Allgemeine Botanik und Botanischen Garten in Hamburg. Er veröffentlichte Aufsätze über Fragen der Pflanzensystematik. Der Schwerpunkt seiner Arbeit liegt auf dem Gebiet der tropischen Pflanzengruppen und der südafrikanischen Sukkulenten.

BERATENDE MITARBEITER DER REIHE „TIME-LIFE HANDBUCH DER GARTENKUNDE": Der verstorbene James Underwood Crockett, Autor zahlreicher Bände dieses Handbuchs, studierte an der Stockbridge School of Agriculture in Massachusetts. Wo immer er lebte – in Kalifornien, Texas und den Neuengland-Staaten – kultivierte er eine Vielzahl von Pflanzen und diente Gärtnereien und Landschaftsgestaltern als Berater. Dr. William Louis Stern ist Professor für Botanik an der University of Maryland. Carl A. Totemeier jr. ist Direktor der Old Westbury Gardens, Old Westbury, New York.

EINBAND: Eine Jungfernrebe *(Parthenocissus tricuspidata)* schmückt mit ihren Herbstfarben – scharlachrote Blätter und blauschwarze Beeren – ein Haus, an dessen Ziegelsteinwand sie mit Hilfe von Ranken Halt findet. Diese laubwerfende Art eignet sich gut für Stadtgärten; innerhalb von wenigen Jahren kann sie ein fünfgeschossiges Gebäude mit dichtem Laub überziehen.

KORRESPONDENTEN: Elisabeth Kraemer (Bonn); Margot Hapgood, Dorothy Bacon (London); Susan Jones, Lucy T. Voulgaris (New York); Maria Vincenza Aloisi, Josephine du Brusle (Paris); Ann Natanson (Rom). Wertvolle Unterstützung leisteten: Loral Dean (Atlanta); Diane Asselin (Los Angeles); Carolyn T. Chubet, Miriam Hsia (New York); Carol Barnard (Seattle). Für ihre Mitarbeit danken die Herausgeber außerdem Margaret M. Carter, Angela Goodman, Michael McTwigan, Rona Mendelsohn, Jane Oppel und Maggie Oster.

INHALT

Vielseitige Pflanzen von kräftigem Wuchs 1

Die Bewohnerin eines Appartements im fünften Stock eines Großstadthauses hat auf ihrem kleinen Balkon einen Garten angelegt mit Pflanzen, die in die Höhe streben, wenig Arbeit machen und ihren Bedürfnissen genau entsprechen. Zu beiden Seiten des Balkons wachsen Waldreben (Gattung *Clematis)* in Kübeln an weitmaschigem Drahtgeflecht, das sich von ihrem Balkongeländer bis zu dem der Wohnung darüber erstreckt. Wenn sie auf den Balkon tritt, fällt ihr Blick auf große weiße, blaue, rosa und purpurne Blüten; das hübsche Laub schirmt sie vor neugierigen Blicken der Nachbarn ab und dämpft zugleich das Sonnenlicht.

Ein Kasten mit Gewöhnlichem Efeu *(Hedera helix* subsp. *helix)* an der vorderen Brüstung und ein duftender Jasmin, der sich um die Glastüren zum Wohnzimmer rankt, vervollständigen die luftige Laube. Im Zimmer umgeben dann weitere Efeupflanzen die Tür, flankiert von dekorativen Ampeln, über deren Ränder die langen Triebe der Schwarzäugigen Susanne *(Thunbergia alata)* anmutig herabhängen.

Dieses Beispiel eines wohldurchdachten Einsatzes von vier verschiedenen Kletterpflanzen-Arten spiegelt nur einige wenige der vielen Vorzüge dieser Pflanzengruppe. Von allen Pflanzen, unter denen Gartenfreunde wählen können, sind die Kletterpflanzen die wohl vielseitigsten und nützlichsten. Mit einer beliebigen Stütze – von dünnem Draht bis zu massiven Steinmauern – liefern sie auch auf der kleinsten Bodenfläche ein Höchstmaß von senkrechtem Bewuchs. Als Sichtschutz im Freien sind sie nicht minder wirkungsvoll als solide Holzzäune, aber wesentlich dekorativer und dazu noch licht- und luftdurchlässig. An entsprechenden Gerüsten gezogen, können sie Laubengänge und Pergolen überwuchern und auf Terrassen und vor Fenstern die Sonnenhitze dämpfen und kühlen, durchsonnten Schatten spenden, während im Winter, sofern es sich um laubwerfende Arten handelt, die Sonne ungehindert einfallen kann.

Kletterpflanzen können dekorative Bauelemente wie einen hübschen Kamin oder ein schmiedeeisernes Geländer betonen, ebenso gut aber Unschönes – nackte Betonmauern, Drahtzäune, Abflußrohre, Baumstümpfe oder Schuppen – überwuchern und dem Blick entziehen. Als Bodenbedecker können einige von ihnen nicht nur den kahlen Boden

Eine hundertjährige Kletter-Feige überzieht Wände und Dachsparren eines alten Hauses in Washington, D. C. Die Pflanze wird alljährlich mehrere Male beschnitten und im Sommer fast täglich gegossen und ausreichend mit Wasser besprüht.

überziehen, sondern auch die Erde an Abhängen festhalten und im Schatten großer Bäume, in dem Gras nicht gedeiht, für Grün sorgen.

EIN FEST FÜR DAS AUGE

Kletterpflanzen bringen darüber hinaus Farben und interessante Strukturen in den Garten. Einige Arten wie der Kletter-Spindelstrauch *(Euonymus fortunei)* wirken nur durch ihr dekoratives Laub, während andere, wie zum Beispiel zwei Arten der Jungfernrebe *(Parthenocissus tricuspidata* und *Parthenocissus quinquefolia)*, außerdem leuchtende Herbstfarben aufzuweisen haben. Viele bringen herrliche Blüten hervor, die so unübersehbar sein können wie die langen, violetten Trauben der Wistarien (Gattung *Wisteria)* oder die orangeroten Trichter der Kreuzrebe *(Bignonia capreolata)*, während Pflanzen wie der Echte Jasmin *(Jasminum officinale)* und etliche Geißblatt-Arten (Gattung *Lonicera)* überdies die Luft mit ihrem Duft erfüllen. Etliche Arten bringen hübsche Früchte hervor, bei *Celastrus orbiculatus* zum Beispiel sind sie leuchtend gelborange gefärbt; die Fingerblatt-Akebie *(Akebia quinata)* trägt ungewöhnliche fleischige Samenkapseln, während die Zier-Kürbisse mit vielen eigentümlichen Formen aufwarten. Auch im Haus kann man sich an diesen Pflanzen erfreuen, denn Edelwicken *(Lathyrus odoratus)* und Kletterrosen liefern hübsche Schnittblumen, während Zier-Spargel (Gattung *Asparagus)* und Gewöhnlicher Efeu *(Hedera helix* subsp. *helix)* für zarten Blätterschmuck sorgen. Eine Reihe von Kletterpflanzen läßt sich ohne weiteres auch im Zimmer kultivieren, darunter etliche prachtvolle tropische Gewächse, die bei uns im Freien nicht überleben können.

Die Gruppe der Kletterpflanzen ist nicht nur sehr vielseitig; diese Pflanzen haben überdies den Vorzug, daß sie rasch und kraftvoll wachsen, nur selten unter Schädlingen leiden und – bei einiger Sorgfalt – nur wenig Pflege verlangen. Richtig ausgewählt und am rechten Ort eingesetzt, können die meisten von ihnen eine oder mehrere wichtige Aufgaben erfüllen, wobei sie nur ein Minimum an Pflege verlangen und dennoch ein Maximum an Gewinn zu bieten haben. Am falschen Ort dagegen können Kletterpflanzen zur dauernden Plage werden, denn gerade weil sie so rasch und kraftvoll wachsen, sind viele von ihnen nur schwer unter Kontrolle zu halten. Sie breiten sich aus, machen anderen Pflanzen den Platz streitig und können sogar Bretter von Wänden und Ziegel vom Dach reißen. Deshalb sollte sich jeder Gartenfreund mit ihren Wuchseigentümlichkeiten ausreichend vertraut machen, bevor er sie anpflanzt.

STÄRKE DURCH SCHWÄCHE

Als erstes ist zu bedenken, daß es sich bei den Kletterpflanzen nicht um miteinander verwandte Arten handelt, sondern nur um solche, die eine bestimmte Wuchsform gemeinsam haben. Es sind Pflanzen, deren lange Triebe strukturell so schwach sind, daß sie herabhängen oder niederliegen, wenn sie keine geeignete Stütze (zum Beispiel einen Baum oder einen Zaunpfosten) vorfinden. Kletterpflanzen gibt es in allen erdenklichen Formen und Größen – von kleinen Efeu-Arten mit kaum 30 Zentimeter langen Stengeln, die sich zierlich um den Rand eines Blumentopfes ranken, bis zu riesigen Lianen mit Stämmen, die so dick wie ein Männerbein sein können, Längen bis zu 150 Meter erreichen und die Bäume des tropischen Regenwaldes so stark umklammern, daß sie sie erwürgen. Auch Erdbeeren können als Kletterpflanzen kultiviert werden; sie sind mit den Rosen verwandt, unter denen es gleichfalls kletternde Formen gibt. Der Gewöhnliche Efeu, eine der vielseitigsten und in Haus und Garten gleichermaßen beliebten Kletterpflanzen, gehört ebenso zur großen Familie der Efeugewächse (Araliaceae) wie der als Heilpflanze genutzte Amerikanische Ginseng *(Panax quinquefolius)* und der Reispapierbaum *(Tetrapanax papyriferum)*, aus dessen Mark in China und Japan Papier hergestellt wird. Der glücklicherweise in Europa nicht heimische Kletternde Giftsumach *(Toxicodendron radicans)*, im Englischen „poison ivy" genannt, ist mit dem Efeu nicht verwandt, dafür aber mit den Bäumen, die die köstlichen Pistazien und Cashewnüsse liefern.

ÜBERLEBEN DURCH KLETTERN

Klettern als Wuchseigentümlichkeit ist kein zufälliges Merkmal, sondern eine Eigenschaft, die vielen Pflanzen das Überleben im harten Daseinskampf der Pflanzenwelt ermöglicht. Vor gut hundert Jahren erweckte das merkwürdige Verhalten dieser Pflanzen das Interesse von Charles Darwin, der ihnen im Jahre 1865 ein eigenes Buch widmete: *The Movements and Habits of Climbing Plants.* Er kam darin zu dem Schluß: „Dies gelingt den Kletterpflanzen mit erstaunlich geringem Aufwand, zumal wenn man sie mit den Bäumen vergleicht, die einen kräftigen Stamm ausbilden müssen,

„Paß auf, Fred! Da kommt sie wieder!"

Zeichnung von Geo. Price, © 1939, 1967 The New Yorker Magazine, Inc.

Eine Karikatur, 1939 im New Yorker *erstmals veröffentlicht, zeichnet ein anschauliches Bild von dem unermüdlichen aggressiven Wachstum der Kletterpflanzen.*

Die Suche nach der Stütze

Damit eine Kletterpflanze ihre Blätter der Sonne entgegenrecken kann, muß sie für ihre schwachen Triebe eine Stütze suchen. Zu diesem Zweck haben die Kletterpflanzen verschiedene Methoden und Organe entwickelt, unter anderem auch fadendünne Ranken, bei denen es sich um modifizierte Sprosse, Blätter oder Blattstiele handelt. Bevor sich eine Kletterpflanze um eine Stütze ranken kann, muß sie jedoch erst einmal eine gefunden haben. Das geschieht durch ständige Bewegung der Vegetationsspitze des Sprosses oder der Ranke auf einer elliptischen Bahn, die allgemein als Zirkumnutation bezeichnet wird.

Charles Darwin konnte diese Kreiselbewegungen an einer Leuchterblume beobachten. „Es war ein verblüffender Anblick", schrieb er „wie der lange Trieb Tag und Nacht im Kreise herumschwang auf der Suche nach einem Objekt, um das er sich winden konnte." Darwin stellte die Hypothese auf, alle Pflanzenbewegungen seien modifizierte Zirkumnutationen. Derartige Kreiselbewegungen führen die Spitzen aller Triebe aus, nur sind sie selten so auffällig wie bei den Kletterpflanzen.

Mit Zeitrafferaufnahmen (von links nach rechts) wurde die Zirkumnutation einer Erbse festgehalten. Die unter kontrollierten Bedingungen im Laboratorium photographierte Pflanze benötigte 90 Minuten, um ihre elliptische Bahn einmal zu vollenden.

Um 15.40 Uhr wird ein roter Stab neben eine 2 Wochen alte Erbsenpflanze gesteckt. Die oberen drei Ranken, modifizierte Fiedern eines Blattes, haben mit der Zirkumnutation bereits begonnen; das Blatt, zu dem die Ranken gehören, sitzt am fünften Knoten des Triebes. Je höher eine Pflanze wächst, desto wichtiger wird es für sie, eine Stütze zu finden; deshalb besitzen die höher am Stengel angeordneten Blätter mehr Ranken als die weiter unten stehenden. Am vierten Knoten sitzt ein Blatt mit nur einer Ranke, die gleichfalls – wenn auch schwächer –

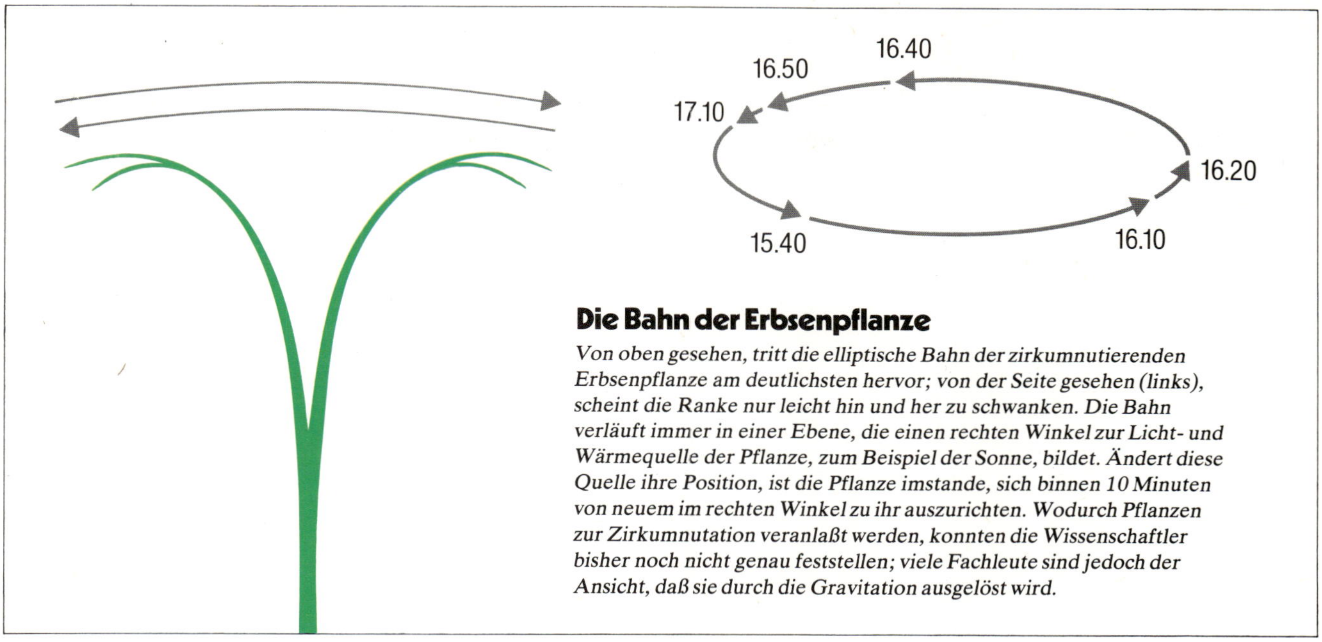

Die Bahn der Erbsenpflanze

Von oben gesehen, tritt die elliptische Bahn der zirkumnutierenden Erbsenpflanze am deutlichsten hervor; von der Seite gesehen (links), scheint die Ranke nur leicht hin und her zu schwanken. Die Bahn verläuft immer in einer Ebene, die einen rechten Winkel zur Licht- und Wärmequelle der Pflanze, zum Beispiel der Sonne, bildet. Ändert diese Quelle ihre Position, ist die Pflanze imstande, sich binnen 10 Minuten von neuem im rechten Winkel zu ihr auszurichten. Wodurch Pflanzen zur Zirkumnutation veranlaßt werden, konnten die Wissenschaftler bisher noch nicht genau feststellen; viele Fachleute sind jedoch der Ansicht, daß sie durch die Gravitation ausgelöst wird.

nutiert. Sie berührt den Stab zwar, reagiert aber nicht mehr auf Reizung und kann sich deshalb nicht um ihn herumwickeln. Um 16.10 Uhr haben sich die oberen Ranken gegen den Uhrzeigersinn auf die Kamera zu bewegt. Um 16.20 Uhr haben sie das Ende ihrer elliptischen Bahn erreicht, schwingen von der Kamera fort (16.40 Uhr) und wieder zum Stab zurück (16.50 Uhr). Um 17.10 Uhr kamen sie mit dem Stab in Berührung; die Zirkumnutation ist beendet, und die Ranken beginnen, sich um den Stab zu wickeln.

um die Last der schweren Äste tragen zu können. Zweifellos gibt es aus diesem Grunde in der Welt so viele Kletterpflanzen, die sehr unterschiedlichen Pflanzenfamilien angehören."

Beim Studium der Kletterpflanzen machten Darwin und andere Naturforscher einige verblüffende Entdeckungen. Entwicklungsgeschichtlich gesehen, scheinen die Kletterpflanzen eine äußerst aggressive und vorteilhafte Mittelstellung zwischen den bodennahen Sträuchern und den hoch aufragenden Bäumen einzunehmen. Am deutlichsten tritt diese Tatsache im tropischen Regenwald zutage, denn dort ist die Vegetation so dicht und üppig und der Kampf ums Licht so hart, daß viele Arten nur überleben können, wenn sie sich entweder einem Leben im Schatten anpassen oder sich einen Weg durch das Blätterdach über ihnen suchen.

Vor dieses Problem gestellt, begannen viele Arten zu klettern – Methoden zu entwickeln, mit deren Hilfe sie sich an jeder verfügbaren Stütze emporwinden, -ranken oder -haken konnten. Wie skrupellose Menschen schienen sie entschlossen, um jeden Preis nach oben zu gelangen, auch wenn sie dabei ihre Artgenossen und andere Pflanzen erstickten, erwürgten oder zu Boden rissen. Überdies erreichen sie ihren Platz an der Sonne gewöhnlich mit erstaunlicher Geschwindigkeit und überraschend geringem Einsatz. Indem sie sich jeder festen Stütze in ihrer Reichweite bedienen, ersparen sie sich die langwierige, Kräfte verzehrende Aufgabe, wie die Bäume einen massiven Stamm aufzubauen. Der Querschnitt durch den Stamm einer Kletterpflanze ähnelt einem oder mehreren dünnen Kabeln; diese sind in der Lage, rasch in die Länge zu wachsen, flexibel zu bleiben und Wasser und Nährstoffe höchst wirksam zu Blättern und Seitentrieben zu transportieren, die sich möglicherweise hundert Meter entfernt im Blätterdach des Urwalds befinden.

Was viele Botaniker jedoch vor immer neue Rätsel stellt, ist die erstaunliche Anpassungsfähigkeit dieser Pflanzen. Von einer südafrikanischen Art *(Podranea brycei)* berichtete ein Forscher, es handle sich um einen 45 bis 60 Zentimeter hohen Strauch; ein zweiter fand sie an einem anderen Ort in Form eines Kletterstrauches mit langen, biegsamen Trieben, die in einer Wachstumsperiode 1,80 bis 2,50 Meter an Länge gewinnen; in dem Bericht eines dritten Fachmanns heißt es, sie sei eine sehr wüchsige, dekorative Kletterpflanze mit langen, schwankenden Trieben, die im Laufe der Zeit verholzen und dicker werden; und ein vierter Forscher setzte schließlich der Verwirrung die Krone auf, indem er *Podranea brycei* als regelrechten Baum beschrieb.

TÖDLICHE UMARMUNG

Daß viele Kletterpflanzen in Wirklichkeit verhinderte Bäume sind, beweisen wohl am deutlichsten die sogenannten „Würger" oder „Mörder", zu denen auch in Brasilien heimische Arten der Gattung *Ficus* gehören. Einige Feigen-Arten entwickeln sich zu ganz normalen Bäumen, aber andere beginnen ihr Leben als Kletterpflanzen und benutzen Bäume anfangs nur als Stütze; im Laufe der Zeit erwürgen sie ihre Gastgeber und treten schließlich ganz an ihre Stelle.

Die Samen von *Ficus aurea* gelangen, von Vögeln oder Fledermäusen verbreitet, häufig in kleine Ansammlungen pflanzlichen Materials in der Krone eines Baumes. Wenn die Samen gekeimt sind, senden die Pflanzen ihre Wurzeln am Stamm hinab ins Erdreich, während sich belaubte Triebe der Sonne entgegenrecken. Sobald die Wurzeln Nährstoffe aus dem Urwaldboden ziehen können, beschleunigt sich das Wachstum des Würgers; seine Blätter schieben sich zwischen jene des Baumes und überschatten sie bald; neue Wurzeln und Triebe werden ausgebildet, verdicken und verfestigen sich und halten den Baum in einer immer erbarmungsloseren Umklammerung, die die Wasser- und Nährstoffzufuhr drosselt. Wenn die Wirtspflanze schließlich erliegt, haben die Wurzeln des Würgers eine kräftige, fast durchgehende Masse aus Streben um den Baumstamm herum ausgebildet, so daß die Feige, die ihr Leben als Kletterpflanze begann, nun wie ein selbständiger Baum mit einem tragfähigen Stamm und einem starren, vielfach verzweigten Kronengerüst dasteht. Zu guter Letzt deutet kaum noch etwas auf die mörderische Vergangenheit eines solchen Würgers hin – er sieht aus wie jeder andere Urwaldbaum auch. Nur wenn man seinen „Stamm", der in Wirklichkeit aus miteinander verwachsenen Wurzeln besteht, durchtrennt, findet man im Zentrum einen Hohlraum – er enthielt den inzwischen verrotteten Stamm des Opfers.

DER REBENTELEGRAPH

Im Amerikanischen gibt es eine beliebte Redewendung für Gerüchte: „Ich habe es über den Rebentelegraphen gehört." Sie hat ihren Ursprung im Jahre 1859, als eine auf Bäumen verlegte Telegraphenlinie über die Sierra Nevada von Stürmen und Schnee zerrissen wurde und schließlich nutzlos und verknäult am Boden lag. Journalisten gaben dem gescheiterten Projekt den verächtlichen Namen „Rebentelegraph". Im Bürgerkrieg ging dieser Ausdruck in den allgemeinen Sprachgebrauch ein, und oft hieß es von Gerüchten über Schlachten, die nie stattgefunden hatten, sie seien wohl „über den Rebentelegraphen" eingetroffen.

In Gegenden mit gemäßigtem Klima dürfte kaum ein Gärtner je Gelegenheit haben, einen solchen Kampf auf Leben und Tod zu beobachten, denn der für die Tropen typische Wettstreit verliert mit zunehmendem Abstand vom Äquator an Intensität. Je weiter man nach Norden vordringt, desto seltener und schwachwüchsiger werden die Kletterpflanzen; in Nordeuropa sind nur sehr wenige Arten heimisch, in Birma dagegen rund 870. Dennoch gibt es eine ganze Reihe von Arten, die auch in Gegenden mit kühlerem Klima gedeihen, und einige, wie beispielsweise die Wistarien (Gattung *Wisteria),* sind so wüchsig, daß sie – wenn auch in kleinerem Maßstab – an die Überlebenskämpfe im Urwald erinnern. Beispiele für die allmähliche Verwandlung von Kletterpflanzen in solche, die in bezug auf Aussehen oder Verhalten Bäumen gleichen, liefern die Efeu-Arten. In ihrer Jugend überziehen sie eine Mauer mit zarten Trieben und kleinen Blättern; als ausgewachsene Exemplare aber können sie eine ganz andere Seite ihres Wesens zeigen – sie breiten sich hemmungslos aus und bilden einen Dschungel aus steifen Ästen mit grobem Laub, die jedes Jahr zurückgeschnitten werden müssen, wenn die Pflanzen nicht aussehen sollen wie eine ungekämmte Perücke.

SCHNELLES WUCHERN

Die auffallendste Eigenschaft der Kletterpflanzen dürfte jedoch – vor allem in Gegenden mit feuchtwarmem Klima – ihre Neigung zu ungezügeltem Wachstum sein. Von einer Wistarie wird berichtet, sie habe einen Stamm von der Dicke einer Pythonschlange entwickelt und sei so gezogen worden, daß sie den ganzen Garten ihres Besitzers umrundete. Eine weitere dieser maßlosen Pflanzen ist die berühmte oder berüchtigte Kopoubohne *(Pueraria lobata),* ein vertrauter Anblick an Straßen im

Süden der Vereinigten Staaten, wo ihre Triebe im Jahr 18 Meter an Länge gewinnen können. Sie wurde ursprünglich zur Bekämpfung der Bodenerosion aus Asien eingeführt; inzwischen hat dieser hübsche Schmetterlingsblütler Tausende und Abertausende von Hektar Land überwuchert, nicht nur die Uferbänke und Schluchten, an denen er urprünglich angepflanzt wurde, sondern auch ganze Felder, Wälder und Gebäude. Wachstumshemmende chemische Mittel halten die Pflanze heute an besonders kritischen Stellen unter Kontrolle, aber ihren Namen als die „Kletterpflanze, die den Süden auffraß" hat sie vollauf verdient.

WIE PFLANZEN KLETTERN

Alle Kletterpflanzen wachsen durch Verlängerung ihrer Triebe, einige schnell, andere langsamer, aber nicht einmal die Kopoubohne ist imstande, wie die Bohne im Märchen über Nacht den Himmel zu erreichen. Interessanter und wichtiger für die Verwendung von Kletterpflanzen im Garten ist die Art und Weise, auf die die länger werdenden Triebe in die Höhe gelangen. Dr. Edwin A. Menninger hat 30 verschiedene Klettermethoden festgestellt, die im wesentlichen Varianten von fünf Verfahren sind. Pflanzen wie die Arten der Gattungen *Allamanda* und *Tecomaria* besitzen Triebe, die mehr oder weniger hilflos herabhängen, sich an andere Pflanzen oder Gegenstände anlehnen und nur durch Anbinden an ein Spalier oder eine andere Stütze zu aufrechtem Wuchs imstande sind. Zur zweiten Gruppe, den sogenannten Spreizklimmern, gehören zum Beispiel die Bougainvilleen und Kletterrosen; diese Pflanzen verschaffen sich mit hakenden Dornen oder Stacheln den erforderlichen Halt. (Die größten unter den mit Hilfe von Dornen kletternden Pflanzen sind die riesigen Rotangpalmen mit peitschenartigen, in hakige Dornen auslaufenden Trieben, die herumschwingen, bis sie irgendwo Halt gefunden haben; sie sind zwar für Gärten nicht geeignet, liefern aber das Peddigrohr, das für

(Fortsetzung S. 19)

Die Königin der Kletterpflanzen

Unter den seltenen Pflanzen, die elisabethanische Seefahrer mit nach Hause brachten, befand sich im Jahre 1569 auch die in Südeuropa heimische Waldreben-Art Clematis viticella *mit zarten, flach ausgebreiteten Blüten. Zwar wurden für wohlhabende Kenner und Liebhaber noch weitere kleinblütige Waldreben-Arten importiert, aber erst als um die Mitte des 18. Jahrhunderts aus Kreuzungen zwischen* C. viticella *und* C. lanuginosa *die großblütigen Jackmannii-Hybriden* (C. x jackmanii) *hervorgingen, begannen diese Pflanzen immer beliebter zu werden. Heute gehören die Waldreben mit Hunderten von Sorten in allen erdenklichen Blütenfarben, -formen und -größen zu den am weitesten verbreiteten Gartenpflanzen; die meisten von ihnen sind in Mitteleuropa winterhart.*

Die Blattspindeln der Fiederblätter der Waldreben fungieren als Ranken, indem sie sich um geeignete Stützen schlingen. Die mit einer einfachen Blütenhülle versehenen Blüten duften häufig; aus ihnen gehen sehr dekorative, federige Fruchtstände hervor. An einem Spalier, vor einer Mauer oder an einer Böschung kultiviert, bringen die Waldreben eine solche Blütenfülle hervor, daß sie ihren Namen „Königin der Kletterpflanzen" vollauf verdienen.

Zwei Clematis-*Kultursorten, 'The President' (rechts) und 'Nelly Moser' (Mitte), verschönern eine Natursteinmauer mit ihrer Blütenpracht.*

Eine leuchtende Blütenschau

CLEMATIS MACROPETALA: *Wie Federn wirken die hängenden, blauvioletten Blüten dieser in China und Sibirien heimischen Art.*

'WILLIAM KENNETT': *An bis zu 6 Meter hohen Exemplaren erscheinen im Sommer große, lavendelblaue Blüten mit dunklen Staubblättern.*

'HENRYI': *Große, cremeweiße Blüten trägt diese wüchsige Sorte, die hier eine Stechpalme überwuchert.*

'VILLE DE LYON': *In voller Sonne erscheinen von Juli bis Oktober zahllose leuchtendrote Blüten mit gelbem Zentrum.*

'RAMONA': *Die zugespitzten, lavendelblauen Blütenblätter dieser bereits 1874 eingeführten Sorte erinnern an eine Kinderwindmühle.*

CLEMATIS MAXIMOWICZIANA: *In mildem Klima bedeckt diese wüchsige Art Hauswände mit einem Meer aus duftenden, sternförmig ausgebreiteten Blüten.*

'DUCHESS OF EDINBURGH': *An 3 Meter hohen Stämmen erscheinen duftende, weiße Blüten.*

CLEMATIS TEXENSIS: *Diese in Texas heimische Art benötigt bei uns Winterschutz.*

CLEMATIS x JACKMANII: *Diese rasch wachsende Hybride war die erste mit großen, blauvioletten Blüten.*

'ERNEST MARKHAM': *Diese sommerblühende Sorte wurde nach einem bekannten englischen Züchter benannt.*

CLEMATIS TANGUTICA: *Die glockenförmigen Blüten dieser Art öffnen sich im Spätsommer, gefolgt von herrlichen, seidigen Fruchtständen.*

Möbel und Korbwaren verwendet wird.) Etwas leistungsfähiger sind die „Flechter", zu denen die Sternjasmin-Arten (Gattung *Trachelospermum*) gehören; sie finden Halt, indem sie ihre Triebe durch die Maschen von Drahtgeflecht oder ein Lattengerüst hindurchschieben.

Die Angehörigen der vierten Gruppe unter den Kletterpflanzen bilden im Heranwachsen an jeder Trieb- oder Blattansatzstelle Gruppen von kleinen Adventivwurzeln aus (Wurzelkletterer). In diese Gruppe gehören zahlreiche weitverbreitete Pflanzen wie der Gewöhnliche Efeu *(Hedera helix* subsp. *helix)* und die Immergrün-Arten *(Vinca major* und *V. minor),* die sich hervorragend als Bodenbedecker eignen, weil sich ihre Wurzeln im Boden verankern und sie auf diese Weise eine Fläche mit ihrem Laub überziehen können. Pflanzen wie der Gewöhnliche Efeu wuchern am Boden entlang, wachsen in die Höhe, wenn sie auf eine senkrechte Fläche treffen, und senken ihre Wurzeln in jede Spalte oder Unebenheit, die sie vorfinden. Sie sind imstande, Stein- und Ziegelmauern auch ohne Spalier zu erklimmen, aber da sie ihre kräftigen Haftwurzeln auch in die engsten Spalten zwängen, können sie Schaden anrichten, wenn man sie an Bretterwände und Dachrinnen oder -ziegel gelangen läßt.

ZIELSTREBIGES WINDEN

Die meisten Kletterpflanzen bedienen sich jedoch irgendwelcher „Greifvorrichtungen". Eine der größten Abteilungen innerhalb dieser Gruppe stellen die sogenannten Schlingpflanzen dar; zu ihnen gehören so vertraute Gartenpflanzen wie die Prunkwinden (Gattung *Ipomoea),* kletternde Jasmin-Arten (Gattung *Jasminum)* und Wistarien (Gattung *Wisteria).* Von berührungsempfindlichen Triebspitzen gesteuert, winden sie sich um jede senkrechte Stütze. Einige, wie die Hopfen-Arten (Gattung *Humulus),* winden sich – von oben gesehen – im Uhrzeigersinn (Rechtswinder); andere (zum Beispiel die Prunkwinden) in entgegengesetzter Richtung (Linkswinder); und wieder andere schlagen willkürlich die eine oder andere Richtung ein (Wechselwinder). Sobald die Triebspitze einer Schlingpflanze eine gewisse Höhe über dem Erdboden erreicht hat, kommt es zu einem Vorgang, der als Zirkumnutation bezeichnet wird, einer langsamen Kreiselbewegung, die man vielleicht einfacher als „Herumtasten" beschreiben könnte. Kommt die Spitze mit einem waagerechten Objekt wie einem Zaunriegel in Berührung, zieht sie sich zurück und tastet weiter; trifft sie dagegen auf ein senkrechtes Objekt wie einen Zaunpfosten oder Baumstamm, dann konzentriert sie ihre Bewegung auf diese Stütze und windet sich an ihr empor.

KLETTERN MIT RANKEN

Eine zweite große Gruppe unter den Pflanzen mit Greifvorrichtungen stellen die Rankpflanzen dar, die zarte, fadendünne Organe hervorbringen. Je nach Art kann es sich bei diesen Organen um modifizierte Blattstiele, Blattspreiten oder Achsen einer Pflanze handeln. In frühen Stadien ihres Wachstums strecken sich die Ranken auf der Suche nach einer Stütze aus. Wie die Sproßspitzen bei Schlingpflanzen führen sie Zirkumnutationen aus. Sobald dabei die Ranke in Kontakt mit einer Stütze gerät, löst die

Berührung einen Reiz aus, der die Ranke veranlaßt, sich um das Objekt zu wickeln, und zwar um so schneller, je kräftiger der Reiz an ihrer Innenfläche wird. Einige Ranken verblüffen durch ihre Reaktionsbereitschaft und -schnelligkeit und können sich schon binnen fünf Sekunden nach der Berührung zusammengerollt haben. Wenn eine Ranke an einem Objekt Halt gefunden hat, wird sie so kräftig, daß sie das zunehmende Gewicht der heranwachsenden Pflanze halten kann; obendrein bildet sie vielfach eine elastische Spirale, die als Stoßdämpfer fungiert und die Pflanze davor schützt, vom Wind losgerissen zu werden.

Der Weg nach oben

Von einigen Arten wie denen der Gattungen *Allamanda* und *Tecomaria* abgesehen, die an einer Stütze angebunden werden müssen, wenn sie aufrecht wachsen sollen, verfügen Kletterpflanzen grundsätzlich über irgendwelche Einrichtungen, spezielle Organe, mit denen sie an einer geeigneten Stütze von selbst Halt finden können.

Klettermethoden

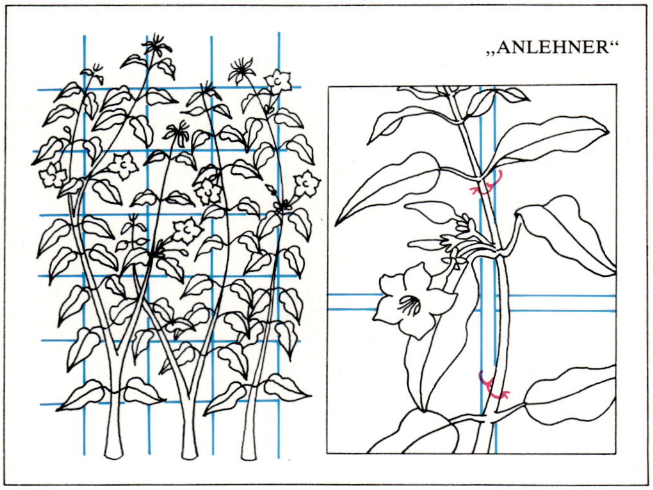

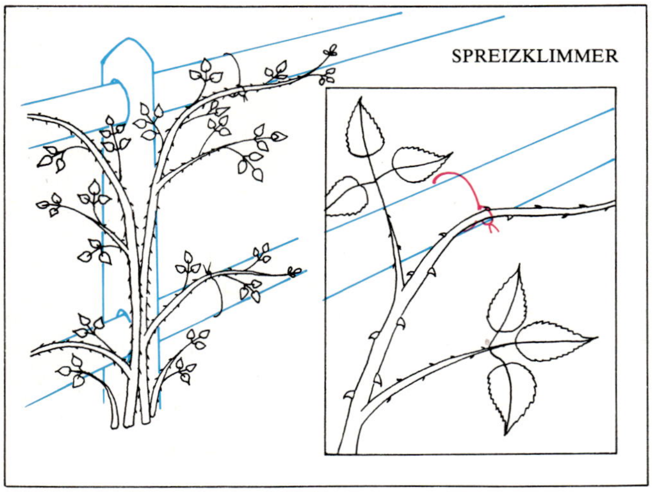

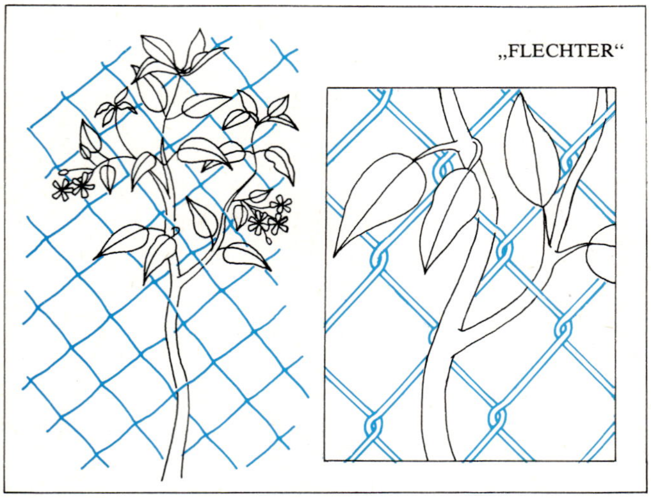

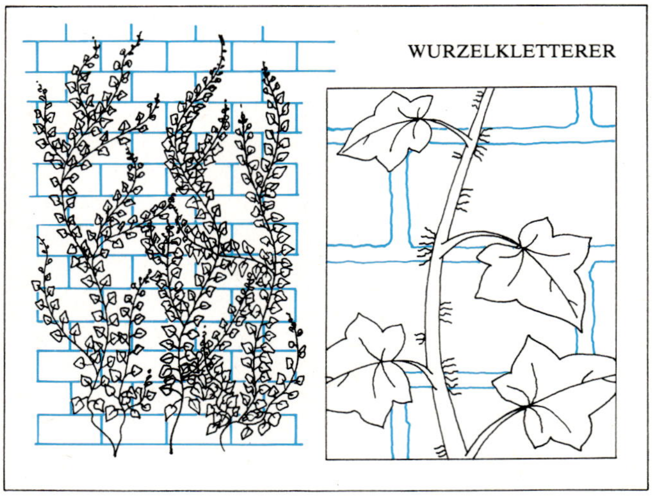

Eine weitere Gruppe von Kletterern klebt sich gewissermaßen an ihre Stützen an. Am Ende von Ranken, Kurztrieben oder Luftwurzeln bilden diese Pflanzen kleine Haftscheiben aus, mit denen sie auch an ebenen Flächen, die andere Kletterpflanzen nicht erklimmen können, festen Halt finden. Ein vertrautes Beispiel ist die Jungfernreben-Art *Parthenocissus tricuspidata;* sie bedeckt die Mauern vieler großer Häuser und bietet besonders mit ihrem leuchtendroten Herbstlaub einen sehr hübschen Anblick. Sie ist im Fernen Osten heimisch und benötigt ebenso wie die Jungfernrebe *Parthenocissus quinquefolia* eine rauhe Fläche, wie zum

Spreizklimmer wie die Kletterrosen besitzen Stacheln, mit denen sie sich an jeder Oberfläche, die sie berühren, festhaken können, während andere wie der Sternjasmin ihre Triebe durch Drahtgitter und Spaliere flechten. Der Gewöhnliche Efeu findet mit kleinen Luftwurzeln an fast jeder Oberfläche Halt, und die windenden Stengel einer Prunkwinde schlingen sich um straff gespannte Drähte oder Schnüre.

Mit zart wirkenden, aber erstaunlich kräftigen Ranken sind die Reben versehen; bei den Jungfernreben sind außerdem noch Haftscheiben vorhanden. Einige tropische Arten schließlich halten sich mit scharfen, kräftigen Widerhaken an ihren Stützen fest.

Kletterorgane

Beispiel eine Ziegelmauer, um ihre Haftscheiben ausbilden zu können – bei der Berührung mit einer glatten Fläche wie Glas werden keine Haftscheiben gebildet. Außerdem liefern die Jungfernreben ein Beispiel für die Anpassungsfähigkeit vieler Kletterpflanzen an die jeweiligen Gegebenheiten. An einen Drahtzaun gepflanzt, bringen die *Parthenocissus*-Arten keine Haftscheiben hervor, sondern klettern, indem sie einfach durch das Drahtgeflecht hindurchwachsen. Auch die Reben (Gattung *Vitis),* die gewöhnlich mit Ranken an Stützen, wie zum Beispiel dünnen Drähten, ausreichenden Halt finden, können an ihren Ranken Haftscheiben entwickeln, wenn sie an einer rauhen Oberfläche wachsen, oder ihre Spitzen in Spalten zwängen, in denen diese sich zu Kugeln aus klebrigem Gewebe verdicken und die Pflanzen sicher verankern.

UNZERREISSBARE BANDE

Den Bewohnern der tropischen Regenwälder Südamerikas leisten die dort heimischen Kletterpflanzen gute Dienste. In seinem Buch Natural Selection and Tropical Nature *stellte der britische Naturforscher Alfred Russel Wallace 1891 fest, daß einige Arten im Wasser nicht faulen; sie werden verwendet „als Leinen für Fischreusen, ebenso zum Befestigen hölzerner Anker. Die Planken von Booten und sogar größeren Segelschiffen halten ausschließlich Lianen zusammen. ... Werden besonders kräftige Körbe gebraucht, bedient man sich spezieller Lianen-Arten. Diese Kletterpflanzen übernehmen tatsächlich alle Aufgaben, für die wir Seile und Ketten verwenden."*

Eine vierte Gruppe von Pflanzen mit Greifvorrichtungen trägt Widerhaken an ihren Sprossen oder Blättern und hält sich mit ihnen an jedem geeigneten Objekt fest. Dabei handelt es sich um Kletterpflanzen aus dem tropischen Regenwald; eine Gattung trägt den merkwürdigen Namen *Quisqualis* (lateinisch für „Wer und wie") und spiegelt die Gefühle des holländischen Botanikers Georg Eberhard Rumpf (1627–1702) bei ihrer Entdeckung wider. Einige Pflanzen ziehen sich auch mit Hilfe hakenbewehrter Blattspitzen empor; ein Beispiel für diese Art des Kletterns liefert die Ruhmeskrone (Gattung *Gloriosa).*

Die Tatsache, daß diese Pflanzen so rasch wachsen und auf so verschiedene Weise klettern und sich emporranken, macht sie zu einem lohnenden Objekt für Gartenfreunde, die ihre Pflanzen gern beobachten. Aber auch in anderer als rein botanischer Hinsicht haben Kletterpflanzen seit langem das Interesse des Menschen gefunden. Die Angehörigen der Gattung *Vitis* wurden schon sehr früh in Kultur genommen, und in vielen Sprachen sind die Wörter für Wein-Reben im besonderen und Kletterpflanzen im allgemeinen identisch oder stehen sich zumindest sehr nahe. In den alten Kulturen spielte der Weinanbau eine so wichtige Rolle, daß die Ernte mit Festlichkeiten begangen wurde, wie es sie für keine andere Frucht und zu keiner anderen Jahreszeit gab. Dionysos (Bacchus bei den Römern) ist der Gott des Weines; die Wein-Rebe war aber auch anderen Gottheiten, darunter Aphrodite und Apoll, heilig. Bei den Festen des Dionysos zogen Frauen, Mänaden oder Bacchantinnen genannt, in seinem Gefolge oder ihm zu Ehren durchs Land, tanzten, sangen, musizierten, töteten junge Tiere und verzehrten deren rohes Fleisch.

MYTHEN UM EFEU UND WEIN

Auch der Efeu spielte in der antiken Mythologie eine große Rolle; wie der Wein war er dem Dionysos heilig. Im Griechischen hieß er Kissos nach dem Sohn des Dionysos, der bei einem Fest so hemmungslos tanzte, daß er tot zu Füßen seines Vaters niedersank. Die Erdgottheit Gaia war von seinem Tod so angerührt, daß sie ihn in Efeu verwandelte, damit er auch weiterhin alles in seiner Nähe Befindliche umarmen konnte. Dionysos und seine Gäste wurden häufig mit Efeukränzen auf dem Kopf abgebildet. Auch der römische Kaiser Nero soll einen Efeukranz getragen haben, während er zusah, wie Rom brannte. Ob Efeukränze die Aufgabe hatten, vor völliger Berauschtheit oder ihren Nachwirkungen zu schützen, ist bis heute umstritten; auf jeden Fall wurde der Efeu bis ins 14. Jahrhundert mit Bacchus beziehungsweise Dionysos in Verbindung gebracht. Die ersten Wirtshausschilder waren vermutlich mit Efeu umwundene Stäbe, die vor Hütten und Zelten am Wege aufgestellt wurde, und später gab es in England viele Gasthäuser, in deren Namen das Wort Efeu enthalten war.

Gegen Ende des 19. Jahrhunderts schlug die Begeisterung der Engländer für den Efeu – die nicht nur in Wirtshausschildern, sondern auch in efeuüberwucherten Gebäuden und auf dem mit Efeumotiven geschmückten Wedgwood-Porzellan ihren Ausdruck fand – in den Vereinigten Staaten Wurzeln. Der „Englische“ oder Gewöhnliche Efeu *(Hedera helix* subsp. *helix)* wurde Mode, rankte sich an Gebäuden empor, wuchs in Töpfen in vielen Zimmern und schmückte Tapeten sowie Kunst- und Gebrauchsgegenstände. (Die Art *Hedera helix* ist sehr variabel; es gibt drei Unterarten und rund hundert verschiedene Kultursorten, die sich in bezug auf Blattform, -größe und -farbe voneinander unterscheiden.) Bei der Pflanze, die unter dem Namen „Gewöhnlicher Efeu“ in vielen Gärten anzutreffen ist, handelt es sich oft um den Irischen Efeu *(H. helix* subsp. *helix* 'Hibernica', Syn. *H. hibernica),* eine großblätterige Form, und von allen winterharten Efeu-Arten und -Sorten die schnellwüchsigste. Efeu ist noch heute allgemein sehr beliebt, nicht nur wegen seines hübschen Laubes und seiner mythenumrankten Vergangenheit, sondern auch wegen seiner Fähigkeit, im Schatten zu gedeihen, bei geringen Ansprüchen stetig zu wachsen und – Gegenden mit sehr kaltem Klima ausgenommen – das ganze Jahr hindurch grün zu bleiben.

KINDHEITSERINNERUNGEN

Auch andere Kletterpflanzen haben begeisterte Anhänger. Für viele Gartenfreunde, die sich an die dichtbelaubten Veranden und schattigen Gärten ihrer Kindheit erinnern, wäre ein Sommer nicht denkbar ohne die farbenprächtigen Blüten der Waldreben und Wistarien, den süßen Duft des Geißblatts, das leuchtende Herbstlaub der Jungfernreben oder die leuchtend orangegelben Früchte von *Celastrus orbiculatus.*

Auf Kinder jeden Alters scheinen Kletterpflanzen einen besonderen Reiz auszuüben. Sie denken an Münchhausen, der an einer Bohne zum Mond emporklettert, und an Tarzan, der sich an einer Liane von Baum zu Baum schwingt. Andere begeistern sich für die merkwürdigen Früchte der Zier-Kürbisse, die ein herrliches Spielzeug sind und die Phantasie anregen. Das Faszinierendste an den Kletterpflanzen dürfte jedoch ihre einzigartige Wüchsigkeit sein – ihre bemerkenswerte Fähigkeit, rasch aus dem Boden zu sprießen, sich ihren Platz im großen Plan der Natur zu suchen und selbst unter den ungewöhnlichsten Verhältnissen zu überleben.

Kletterer im Garten 2

„Ein Arzt kann seine Fehler vertuschen“, sagte Frank Lloyd Wright einmal, „aber ein Architekt kann höchstens ein kletterndes Gewächs pflanzen.“ Binnen weniger Monate kann zum Beispiel die Jungfernrebe *Parthenocissus quinquefolia,* ein Bucharischer Schlingknöterich *(Polygonum baldschuanicum)* oder die Waldrebe *Clematis montana* eine rauhe Betonfläche, die Wand eines Werkzeugschuppens oder einen nur aus Gründen der Zweckmäßigkeit gesetzten Zaun mit einem weichen, grünen Teppich bedecken. Daneben gibt es noch eine ganze Reihe weiterer Aufgaben, die diese wertvollen Pflanzen zu erfüllen imstande sind: architektonische Schönheiten unterstreichen, Schatten liefern, Uferböschungen überziehen und auf diese Weise Bodenerosion verhindern sowie auf manchmal überraschende Art für Farben und Strukturen sorgen.

Viele Gärtner kombinieren Kletterrosen mit Waldreben der Jackmannii-Sortengruppe *(Clematis* x *jackmanii).* Wenn die Hauptblütezeit der Rosen im Frühsommer beendet ist, treten die Waldreben an ihre Stelle und schmücken die stacheligen Triebe der Rosen bis zum Spätsommer mit Tausenden großer, blauvioletter Blüten. Eine andere Möglichkeit besteht darin, den Stamm und die unteren Äste eines Apfelbaums von einer Kletter-Hortensie *(Hydrangea anomala* subsp. *petiolaris)* überwuchern zu lassen; so kann man sich im Frühjahr an den rosa Apfelblüten erfreuen, im Sommer an den großen, weißen Blütenständen der Hortensie und im Herbst schließlich noch die Äpfel ernten.

Nicht nur die Blüten der Kletterpflanzen sind hübsch anzusehen. Viele Arten besitzen auch dekoratives Laub; es gibt eine Vielzahl von Blattformen und -größen, von den zart gefransten, knapp 2 Zentimeter großen Blättern von *Muehlenbeckia complexa* bis zu den 15 Zentimeter breiten der Wein-Rebe *(Vitis vinifera);* von der groben Struktur der Pfeifenwinde *(Aristolochia macrophylla)* bis zum wächsernen Glanz des Kanarischen Efeus *(Hedera helix* subsp. *canariensis).* Das Laubwerk kann dicht und undurchdringlich sein, aber auch so locker und offen, daß die Struktur der Mauer hinter ihm gut zu erkennen ist.

Angesichts einer derartigen Vielzahl von Eigenschaften liegt die größte Schwierigkeit in der Wahl der für den jeweiligen Zweck am besten

Aus Pflanznischen in einer Betonstufe emporwachsend, bilden Jungfernreben zwei üppige Laubsäulen vor einer geschlossenen Veranda. Besonders dekorativ sind sie im Herbst, wenn sich die großen Blätter vor dem Laubfall leuchtend scharlachrot färben.

geeigneten Art. Dabei müssen mehrere Gesichtspunkte berücksichtigt werden: der persönliche Geschmack, der Stil von Haus und Garten und das Großklima der betreffenden Gegend ebenso wie das im jeweiligen Garten gegebene Kleinklima. Nicht minder wichtig sind die Wuchseigentümlichkeiten der Art: wie schnell sie wächst, wie groß sie werden kann, wie sie sich an einer Fläche festhält oder was für eine Stütze sie benötigt, ob sie ausdauernd ist oder jedes Jahr neu aus Samen angezogen werden muß, ob sie laubwerfend oder immergrün ist. All diese Merkmale werden für jede einzelne Art im enzyklopädischen Teil *(S. 89)* beschrieben und außerdem in der auf Seite 146 beginnenden Tabelle zusammengefaßt. Es müssen jedoch auch ein paar grundlegende Dinge beachtet werden.

An erster Stelle steht dabei natürlich das Klima, das in Mitteleuropa die Auswahl auf solche Arten beschränkt, die winterhart sind. Deshalb sollte man als erstes im enzyklopädischen Teil nachlesen, ob die betreffende Pflanze einen Winter im Freien überlebt oder nicht.

WINTERHÄRTE

Grundsätzlich läßt sich sagen, daß Kletterpflanzen, die in Mitteleuropa gedeihen, weiter südlich noch wüchsiger sind und in Gegenden mit wärmerem Klima zum Teil ihr Laub auch im Winter behalten. Es gibt jedoch Ausnahmen: Eine Reihe von laubwerfenden Arten benötigt Kälte, um eine Ruheperiode einlegen zu können. Auf der anderen Seite ist die Auswahl im warmen Klima des Mittelmeergebiets wesentlich größer, denn hier lassen sich auch prachtvolle tropische Gewächse wie Bougainvilleen (Gattung *Bougainvillea),* Jasmin (Gattung *Jasminum),* Passionsblumen (Gattung *Passiflora),* Klettertrompeten (Gattung *Campsis)* und Kletter-Greiskraut *(Senecio confusus)* im Freien kultivieren.

PROBLEME DURCH SCHATTEN

Wo immer es möglich ist, sollte man sich von einem Gartenbaubetrieb, einer gärtnerischen Vereinigung oder einem pflanzenkundigen Nachbarn beraten lassen, denn besondere Gegebenheiten eines Gartens können die Auswahl gleichfalls beeinflussen. Für dichten Schatten zum Beispiel bieten sich Efeu (Gattung *Hedera)* und Immergrün (Gattung *Vinca)* an, während im Halbschatten auch einige Waldreben (Gattung *Clematis),* Kletter-Hortensie *(Hydrangea anomala* subsp. *petiolaris)* und Schlingknöterich (Gattung *Polygonum)* gedeihen; allerdings besteht um so weniger Aussicht, daß sie Blüten hervorbringen, je dichter der Schatten ist. Ein weiteres Problem stellt ein ständig nasser Boden dar; es gibt jedoch einige wenige Arten, die große Feuchtigkeit im Bereich ihrer Wurzeln vertragen, darunter Kletter-Hortensie, Korallenstrauch *(Berberidopsis corallina)* und Klettertrompeten (Gattung *Campsis).* An trockenen Standorten dagegen – zum Beispiel an einem windigen Abhang mit rasch dränierendem Sandboden – können, wenn das Klima es zuläßt, Echter Jasmin *(Jasminum officinale)* und Jungfernreben (Gattung *Parthenocissus)* auch ohne regelmäßiges Wässern überleben. In beiden Fällen wird die Auswahl größer, wenn geeignete Maßnahmen ergriffen werden; an nassen Stellen schafft eine Schicht grober Kies unter dem Boden oder ein erhöht angelegtes Beet Abhilfe, an trockenen kann man Torf oder Lauberde in den Boden einarbeiten, die beide die Feuchtigkeit gut halten, und die Oberfläche mit einer Mulchschicht *(S. 58)* vor dem Austrocknen schützen.

HÖHENWACHSTUM

Bei der Auswahl der für einen Garten geeigneten Arten ist weiterhin zu bedenken, welche Aufgaben die Pflanzen erfüllen sollen. Die meisten Kletterpflanzen wachsen rasch und benötigen nur wenig Bodenfläche; deshalb sind sie zum Begrenzen von Wohnräumen im Freien hervorragend geeignet. Solche Wohnräume im Freien werden häufig so geplant, daß sie mit eigenen „Böden", „Wänden" und „Decken" an Wohnräume im Haus anschließen. Für Funktionen dieser Art bieten sich Kletterpflanzen geradezu an. Sie sind zwar von ihrer Wuchsform her in der Senkrechten zuhause, können aber nicht minder nützlich und dekorativ sein, wenn man sie am Boden entlangwuchern läßt.

Der am weitesten verbreitete Bodenbedecker ist Rasen, aber es gibt Stellen, an denen Gräser schlecht wachsen oder schwer zu pflegen sind. An derart schwierigen Stellen geben viele Kletterpflanzen preiswerte und zudem auch hübsche Bodenbedecker ab, die Steine und andere Unebenheiten verdecken und den Boden an Ort und Stelle halten, weil ihre Achsen überall zusätzliche Wurzeln ausbilden.

BODENBEDECKER

In Hausnähe und der Nähe anderer Pflanzen empfehlen sich solche Arten, deren Wachstum in Grenzen gehalten werden kann. Zu empfehlen ist das Kleine Immergrün *(Vinca minor)*. Es gedeiht in Sonne und Schatten und besitzt glänzende, kleine Blätter, die einen dichten Teppich bilden und selbst in kaltem Klima immergrün sind. Es breitet sich zwar relativ langsam aus, verlangt aber kaum Pflege. Das Große Immergrün *(V. major)* besitzt größere Blätter und längere Triebe. Von dieser Art gibt es eine nur bedingt winterharte Kultursorte mit cremeweiß gezeichneten Blättern, die man in kälteren Gegenden mit überhängenden Trieben in Behälter pflanzen und im Haus überwintern lassen kann.

Andere „brave" Kletterpflanzen, die nur einen gelegentlichen Formschnitt benötigen, sind der Kletter-Spindelstrauch *(Euonymus fortunei)* und seine Kultursorte 'Coloratus', deren Blätter sich im Herbst rötlichpurpurn färben, und der allgegenwärtige Gewöhnliche Efeu *(Hedera helix* subsp. *helix)*, dessen winterharte Sorten auch in Gegenden mit kaltem Klima immergrün sind. Wie die Immergrün-Arten und -Sorten kann auch der Gewöhnliche Efeu im Schatten großer Bäume kultiviert werden, wo Gras nur selten gedeiht. Er liefert dort auch einen hübschen Untergrund für frühlingsblühende Zwiebelgewächse und verdeckt ihr vergilbendes Laub, wenn die Blüten verwelkt sind.

Andere Kletterpflanzen bieten sich dort an, wo größere Flächen bedeckt werden sollen, kühnere Formen erwünscht sind und genügend Platz zur Verfügung steht. Die Geißblatt-Art *Lonicera japonica* trägt vom Frühjahr bis zum Herbst duftende, weiße Blüten und eignet sich vor allem dazu, an offenen, sonnigen Abhängen Bodenerosion zu verhindern. Wo die

BLÄTTERRAHMEN FÜR FENSTER

Für ein schmales Spalier, an dem eine Kletterpflanze um ein Fenster geleitet werden kann, baut man einen Rahmen, der so breit ist wie das Fenster und vom Boden bis zur Fensteroberkante reicht; geeignet sind Kanthölzer von 5 × 5 cm Dicke aus fäulnisbeständigem Hartholz. Durch Aufnageln von Leisten entsteht eine Gitterkonstruktion. Das fertige Spalier wird sicher am Fenster oder an der Hauswand befestigt. Bei höher gelegenen Fenstern kann man ein kürzeres Spalier an einem Blumenkasten oder einem für das Aufstellen von Topfpflanzen geeigneten Brett anbringen.

Gefahr besteht, daß sich die Pflanze bis auf Gelände ausbreitet, auf dem sie unerwünscht ist, sollte man einer anderen Geißblatt-Art, *L. henryi,* den Vorzug geben, die weniger stark wuchert und auch in kalten Wintern ihr Laub häufig behält. Die Fingerblatt-Akebie *(Akebia quinata)* mit ihren fünfzähligen, glänzenden Fiederblättern gedeiht in fast jedem Boden und bleibt bis in den Winter hinein grün; ihre Triebe können in einer einzigen Wachstumsperiode 4,50 Meter lang werden und schlingen sich im allgemeinen um alles, was sie erreichen können. Auch die Baumwürger (Gattung *Celastrus)* sind sehr wüchsige Schlingsträucher, die, wenn sie als Bodenbedecker kultiviert werden, sogar ihre eigenen Triebe als Stütze benutzen und dichte Polster bilden. Die Jungfernreben-Art *Parthenocissus quinquefolia* ist gleichfalls ein rasch wachsender Bodenbedecker; es empfiehlt sich, ihre Ausläufer von Zeit zu Zeit anzuheben und auf kahle Flächen zu lenken. Gelegentlicher Rückschnitt fördert die Ausbildung von dichtem Laubwerk. Sobald die Pflanzen einen Baum oder eine Mauer erreichen, klettern sie daran empor.

Die Bereitwilligkeit, mit der viele Pflanzen klettern, vergrößert die Auswahl beträchtlich, wenn es darum geht, die „Wände" eines Zimmers im Freien zu errichten oder zu schmücken. Efeuüberwucherte Mauern sind ein vertrauter Anblick; sie wirken im Sommer kühl, die Pflanzen füllen ungünstige Winkel und lockern strenge Linien auf. Gewöhnlicher Efeu *(Hedera helix* subsp. *helix)* und die Jungfernreben-Art *Parthenocissus tricuspidata* sind zwar am weitesten verbreitet, aber nicht die einzige und auch nicht immer die beste Möglichkeit. Eine verputzte Mauer sieht oft am besten aus, wenn sie von dichtbelaubtem Efeu völlig verdeckt wird, eine hübsche Ziegel- oder Steinmauer dagegen wirkt dekorativer, wenn sie durch das Rankwerk einer leichteren, anmutigeren Art noch zu sehen ist. Hier käme der Kletter-Spindelstrauch *(Euonymus fortunei)* mit seinen leuchtendgrünen Blättern ebenso in Frage wie die Kultursorte 'Lowii' von *Parthenocissus tricuspidata,* deren zierliches Laub sich im Herbst leuchtend rot färbt, oder die Kletter-Hortensie *(Hydrangea anomala* subsp. *petiolaris)* mit zarten, weißen Blütenständen im Sommer. Wo nur die Konturen eines Elements, zum Beispiel einer Säule, aufgelockert werden sollen, empfiehlt sich eine leichte und dennoch wüchsige Art wie der Chinesische Schlingknöterich *(Polygonum aubertii)* oder die Fingerblatt-Akebie *(Akebia quinata).* In Gegenden mit milderem Klima wirkt der in China heimische Strahlengriffel *Actinidia kolomikta,* dessen Blätter an den Spitzen weiße oder rosa Flecken tragen, sehr dekorativ.

MAUERSCHMUCK

Jede Kletterpflanze, die vor einer Mauer wächst, erhält besonders viel Licht und Wärme, da beides von der Mauer reflektiert wird. Dies führt dazu, daß besonders viele Blütenknospen angelegt werden, aus denen schließlich eine Fülle von Blüten und Früchten hervorgeht. Viele Arten bringen in voller Sonne die größten Blätter und die meisten Blüten hervor, sofern sie in einem nährstoffreichen Boden mit ausreichend Feuchtigkeit wachsen. Das immergrüne Laub von Kletter-Spindelstrauch und Gewöhnlichem Efeu stirbt jedoch gelegentlich im Winter ab, wenn die Pflanzen in voller Sonne stehen. Dafür wird häufig die Kälte verantwortlich gemacht; wahrscheinlich ist jedoch eher die Austrocknung durch Wintersonne und Wind die eigentliche Ursache – die Blätter verlieren dabei zuviel Wasser, das durch die Wurzeln aus dem gefrorenen Boden nicht ersetzt werden kann. Aus diesem Grund empfiehlt es sich, immergrüne Arten möglichst vor eine nach Norden oder Osten gerichtete Mauer zu pflanzen.

VERDECKEN VON ZÄUNEN

Kletterpflanzen können nicht nur Häuser schmücken, sondern auch freistehende Mauern und Zäune. Sehr oft sollen sie einen Zaun verdecken, der aus Gründen der Sicherheit errichtet wurde oder die Grundstücksgrenze markiert. Die dichte, großblätterige Wein-Rebe *(Vitis vinifera)* oder der Bucharische Schlingknöterich *(Polygonum baldschuanicum)* zum Beispiel sind imstande, einen Zaun rasch dem Blick zu entziehen. Auffällig blühende Arten wie Bougainvilleen und Klettertrompeten (Gattung *Campsis)* können in Gegenden mit mildem Klima einen solchen Zaun in eine blühende Hecke verwandeln. Einjährige Kletterpflanzen – zum Beispiel die weißbunte Kultursorte 'Variegatus' des Japanischen Hopfens *(Humulus scandens),* die Edelwicke *(Lathyrus odoratus)* sowie rot- oder weißblühende Feuerbohnen *(Phaseolus coccineus* und *P. coccineus* 'Albiflorus') – wachsen besonders rasch und können daher leicht zum Bedecken einer unschönen Fläche eingesetzt werden, bis eine langsamer wachsende, aber ausdauernde Art an ihre Stelle treten kann.

Kletterpflanzen können vielfältige Aufgaben als Sichtschutz im Garten erfüllen – dem Nachbarn den Blick auf die eigene Terrasse verwehren (und umgekehrt), einen gepflegten Wohnraum im Freien von einer unordentlichen Spielecke, einem Gemüse- oder Schnittblumengarten trennen oder Komposthaufen, Mülltonnen oder Arbeitsschuppen verdekken. Wo eine fast undurchsichtige Wand erwünscht ist, kann man ein kräftiges Spalier auf Pfosten *(S. 33)* errichten und von einer breitblätterigen Art wie der Scheinrebe *(Ampelopsis brevipedunculata)* überwuchern lassen; sie fällt durch dichte Belaubung und durch ihre Dolden aus kleinen Früchten auf, die ihre Farbe im Heranreifen von Hellgrün über Türkis, Lavendel und Dunkelpurpur zu Porzellanblau ändern. Soll dagegen eine Trennung nur angedeutet werden, so daß Licht und Luft ungehindert durchdringen können, kultiviert man Arten mit offener Struktur, zum Beispiel eine großblütige Waldrebe (Gattung *Clematis)* oder ein Geißblatt (Gattung *Lonicera)* an Drähten, Schnüren oder Drahtgeflecht.

SCHUTZ VOR DER SONNE

Schließlich können Kletterpflanzen auch die „Decke" eines Zimmers im Freien bilden, an Sitzplätzen im Freien und vor Fenstern durchsonnten Schatten spenden und überdies Blüten und Früchte in greifbare Nähe bringen und die Luft mit ihrem Duft erfüllen. Beliebt für Überdachungen und Pergolen sind die *Wisteria*-Arten; zwar dauert es etliche Jahre, bis sie sich zufriedenstellend entwickelt haben, aber dann besitzen sie kräftige Stämme mit hübschem Laub und tragen hängende Trauben aus violetten

Blüten; sie können eine Generation oder mehr überdauern. Gärtner in Gegenden mit mildem Klima ziehen oft eine Reben-Art oder eine *Bougainvillea*-Sorte mit leuchtend gefärbten Blüten vor.

Häufig kann man mit einer Kletterpflanze, die an einer Mauer, einem Zaun oder einer Überdachung wächst, Charakter und Struktur ihrer Stütze besonders hervorheben. Soll zum Beispiel die Aufmerksamkeit auf einen besonders hübschen Ziegelkamin, eine säulengeschmückte Terrasse oder eine dekorative Steinmauer gelenkt werden, empfiehlt sich eine elegante, kleinblätterige Art von offener Wuchsform – vielleicht eine Mühlenbeckie *(Muehlenbeckia axillaris)* oder, wo das Klima es erlaubt, eine Passionsblume (Gattung *Passiflora).* Kleine oder fein strukturierte Blätter können auch die grob strukturierte Fläche etwa einer rustikalen Trockenmauer oder eines alten, verwitterten Koppelzauns betonen, während umgekehrt eine fein strukturierte oder glatte Fläche häufig an Reiz gewinnt, wenn sie von einer Pflanze mit kühneren Strukturen und gröberem Laub wie der Jungfernreben-Art *Parthenocissus tricuspidata* überwachsen ist.

ANBRINGEN VON STÜTZEN

Bei der Auswahl von Kletterpflanzen muß auf jeden Fall berücksichtigt werden, wie sie klettern und Halt finden, welches Gewicht sie während ihres Wachstums unter Umständen erreichen können und was für eine Stütze sie benötigen. Pflanzen, die mit Hilfe von Adventivwurzeln oder Haftscheiben klettern – Gewöhnlicher Efeu, Klettertrompete oder Jungfernrebe – benötigen nur selten eine Unterstützung, wenn sie rauhe Wände, wie zum Beispiel eine Ziegel- oder Natursteinmauer, erklimmen sollen *(S. 21).* An glatteren Flächen wie Betonwänden können waagerechte Drähte im Abstand von 1,20 bis 1,80 Meter erforderlich sein *(S. 31).* Am besten geeignet ist Kupferdraht, der beim Verwittern eine unaufdringlich dunkle Färbung annimmt, oder Draht mit einer wetterfesten, dunkelgrünen Kunststoffummantelung (in Gartencentern erhältlich). Die Drähte müssen zwischen rostfreien, in die Fugen geschlagenen Stahlnägeln straff gespannt werden; sicherer ist es, Löcher zu bohren und Spreizdübel mit rostfreien Haken oder Ösen einzusetzen. Bei schweren Pflanzen wie Kletter-Hortensien sollte man an glatten und rauhen Oberflächen gleichermaßen mit Stützdrähten für den nötigen Halt sorgen, da die Triebe dieser Pflanzen leicht vom Wind abgerissen werden.

KLETTERER AN BÄUMEN

Kletterpflanzen mit Haftscheiben können auch an einem Baum emporwachsen, ohne ihm zu schaden; man muß nur verhindern, daß sie bis in die Krone vordringen. Starkwüchsige Arten wie die Wistarien (Gattung *Wisteria)* oder die Baumwürger (Gattung *Celastrus)* sollte man jedoch von Bäumen fernhalten, da sie sich häufig so fest um die Stämme schlingen, daß sie den Nährstoff- und Wassertransport zwischen Wurzeln und Blättern unterbrechen und die Bäume erwürgen können.

Kletterpflanzen mit Haftscheiben oder Ranken an Holzwänden einzusetzen, ist immer riskant; sie zwängen ihre Haftorgane in die Spalten und können dort sehr leicht Fäulnis verursachen und unter Umständen

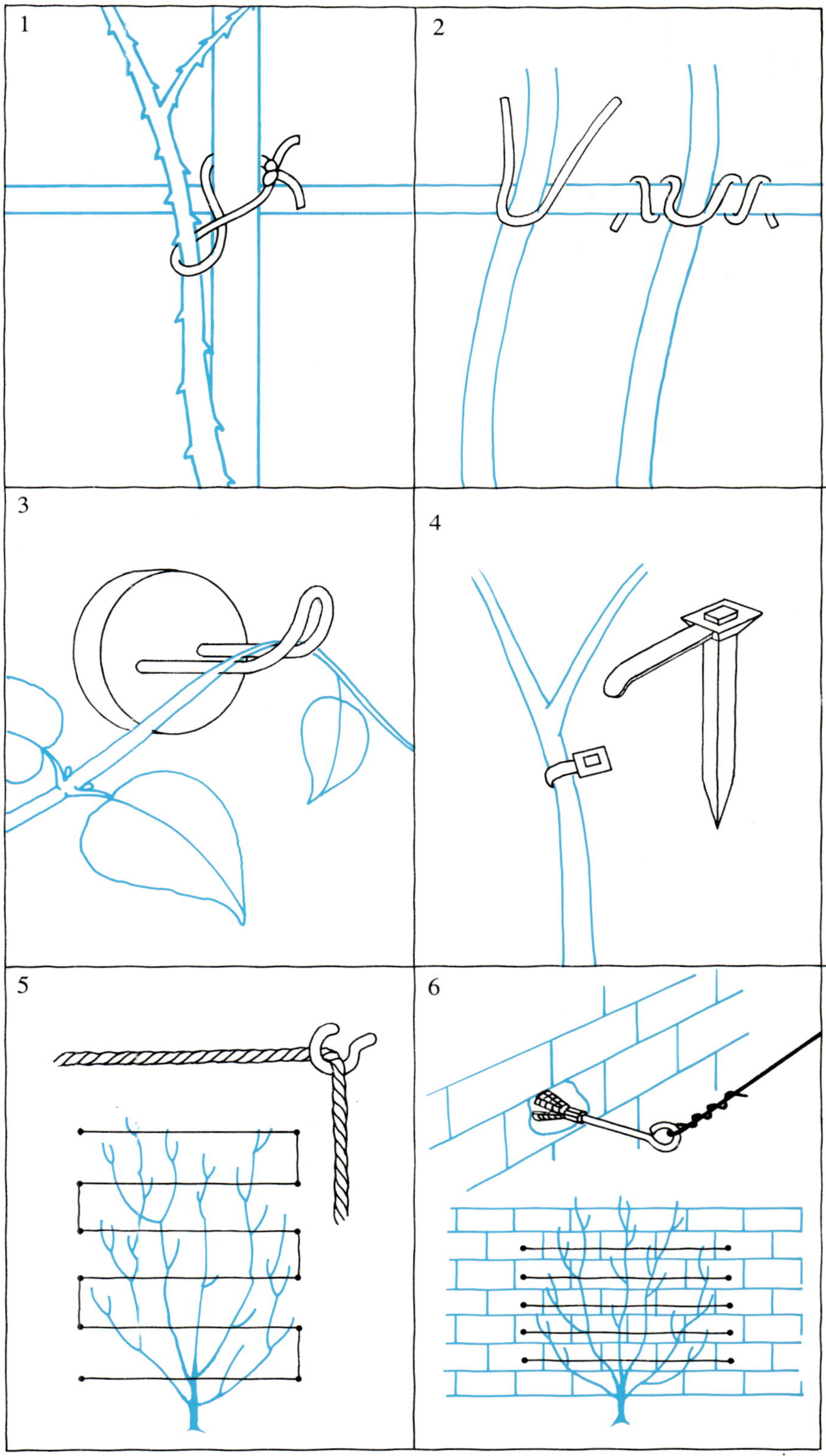

SICHERE HALTERUNGEN

1. *Zum Befestigen von Trieben an einer Stütze verwendet man weiches, schmiegsames Band und bindet, von unten beginnend, jeden Trieb so locker an, daß der Saftfluß nicht gehemmt wird. Achterschlaufen verhindern, daß sich der Trieb an der Stütze reibt. Das Band wird zuerst an der Stütze, dann am Trieb befestigt.*

2. *Eine andere Möglichkeit stellen U-förmige Stücke von plastikummanteltem Draht dar, die man an der der Stütze abgewandten Seite locker um den Trieb legt. Die Enden werden mehrmals um die Stütze gewickelt. Derartige Halterungen müssen häufig sorgfältig kontrolliert und entsprechend gelockert werden, wenn die Triebe an Umfang gewinnen.*

3. *Sollen leichte Pflanzen in bestimmtem Muster eine Wand überziehen oder ein Fenster oder eine Tür rahmen, kann man die Triebe über Haken an selbstklebenden Scheiben legen. Diese Methode empfiehlt sich für Arten, wie zum Beispiel* Tecomaria capensis, *die selbst keinerlei Kletterorgane besitzen.*

4. *Für Pflanzen mit verholzten Ästen eignen sich spezielle Stahlnägel, die mit einem Streifen aus weichem, nicht korrodierendem Metall, wie z. B. Blei, versehen sind. Man schlägt sie in einen Zaun oder eine Mauer (sie sind für Holz und Mauerwerk gleichermaßen geeignet) und biegt den Metallstreifen um den Ast.*

5. *Für leichte Pflanzen wie Waldreben empfiehlt sich ein Schnurgerüst. Von unten beginnend, führt man weiche Schnur im Leitermuster durch Schraubösen, die in regelmäßigen Abständen an einer Mauer angebracht wurden. Wenn man genügend Schnur an der oberen Öse hängen läßt, kann man das Gerüst bei Bedarf erhöhen. Sterben die oberirdischen Teile der Pflanze im Winter ab, löst man die Schnur und bringt sie wieder an, wenn die Pflanze von neuem austreibt.*

6. *Schwere Pflanzen finden an waagerechten Stützen aus Kupfer- oder kunststoffummanteltem Draht Halt. Er wird zwischen Ösen gespannt, die im Abstand von höchstens 1,80 m in die Wand gesetzt und mit Spreizdübeln gesichert wurden.*

sogar Bretter absprengen. Werden Reparaturen oder Neuanstriche fällig, müssen die Pflanzen abgerissen werden.

Wo dagegen ein Spalier oder eine andere Stütze vorhanden ist, können viele Kletterpflanzen mit Ranken sowie solche, deren Triebe sich entweder durch eine Stütze hindurchflechten oder an ihr angebunden werden müssen, an einer Wand oder einem Zaun kultiviert werden, selbst wenn diese aus Holz sind. Für leichte Pflanzen wie die Fremdartige Kapuzinerkresse *(Tropaeolum peregrinum)* oder die Glockenrebe *(Cobaea scandens)* genügen oft schon ein Draht oder eine Nylonschnur, die zwischen einem Dachvorsprung und einem in den Boden geschlagenen Pfosten gespannt wurden. Größere, dekorative Spaliere können aus einem Holzrahmen mit Schnur- oder Drahtbespannung bestehen. Kunststoffummanteltes Drahtgeflecht mit großen Maschen oder auch kräftige Gartennetze aus Nylon sind geeignete Stützen für Pflanzen wie den Wendland-Nachtschatten *(Solanum wendlandii)* oder die mit Sproßranken kletternde Scheinrebe *(Ampelopsis brevipedunculata).*

EINE LEITER AUS SCHNUR

Kletterpflanzen mit bescheidenen Ausmaßen wie eine kleinblütige Waldrebe (Gattung *Clematis)* oder ein Geißblatt (Gattung *Lonicera)* können eine Stütze erhalten, die mit ihnen wächst. Man bringt rostfreie Ösen im Abstand von jeweils 30 bis 60 Zentimetern in zwei Reihen an, die 1,20 bis 1,80 Meter voneinander entfernt sein sollten. An einer der untersten Ösen wird Nylonschnur oder Draht befestigt, zur gegenüberliegenden Öse geführt, dann zu der unmittelbar über ihr und parallel zum Boden wieder zur anderen Seite, so daß ein durchgehendes Leitermuster entsteht *(S. 31).* Die übriggebliebene Schnur wird zu einer kleinen Rolle zusammengelegt, damit die Leiter weitergeführt werden kann, wenn die Pflanze wieder ein Stück gewachsen ist. Wenn die Mauer gestrichen werden muß, kann man angebundene oder hindurchgewachsene Pflanzen behutsam auf den Boden legen und nach getaner Arbeit wieder befestigen. Bei einjährigen Arten oder mehrjährigen, deren oberirdische Teile im Herbst absterben, lassen sich die Pflanzen oder tote Teile leicht entfernen; die Schnur kann abgenommen und für das nächste Jahr aufbewahrt werden.

BAU EINES SPALIERS

Für dauerhaftere Gerüste sind in Gartencentern gebrauchsfertige Spaliere aus Holz, Aluminium oder kunststoffummanteltem Drahtgeflecht erhältlich; man kann Spaliere aber auch selbst bauen. Ein Spalier muß so kräftig sein, daß es auch das Gewicht einer großen, immergrünen Pflanze trägt, und auch dann noch gut aussehen, wenn eine verholzte, laubwerfende Pflanze im Winter blattlos dasteht. Der Rahmen kann aus verzinktem Rohr, Aluminiumstangen oder Schmiedeeisen bestehen; die meisten Bastler arbeiten jedoch am liebsten mit Holz. Je nach Größe des Spaliers und Gewicht der vorgesehenen Pflanzen wird der Rahmen aus Leisten oder Kanthölzern mit einer Dicke von 2,5 x 2,5, 5 x 5 oder 5 x 10 Zentimetern gebaut. Er kann in einer zum Haus passenden oder neutralen Farbe gestrichen oder aus einem fäulnisbeständigen Holz wie Eiche oder Teak hergestellt werden, das ungestrichen bleiben kann und zu einem unaufdringlichen Grau verwittert. Für Pfosten, die mit dem Boden in Berührung kommen, muß entweder fäulnisbeständiges Holz verwendet werden oder die Pfosten müssen mit einem für Pflanzen nicht toxischen Holzschutzmittel imprägniert werden; Karbolineum ist nicht geeignet, da es den Pflanzen schadet. Aus Gründen der Stabilität sollten Spalierpfosten grundsätzlich mindestens 60 Zentimeter tief in die Erde versenkt werden, in Gegenden mit sehr kalten Wintern möglichst noch tiefer.

Ein Spalier sollte eine Mauer oder einen Zaun nicht berühren, sondern mindestens 10 Zentimeter (bei großen Pflanzen 15 Zentimeter) Abstand halten, damit die Luft frei zirkulieren kann und sich keine Feuchtigkeit niederschlägt, die Fäulnis und Pilzerkrankungen begünstigt. Eine Kletterpflanze, die in einigem Abstand von einer Mauer wächst,

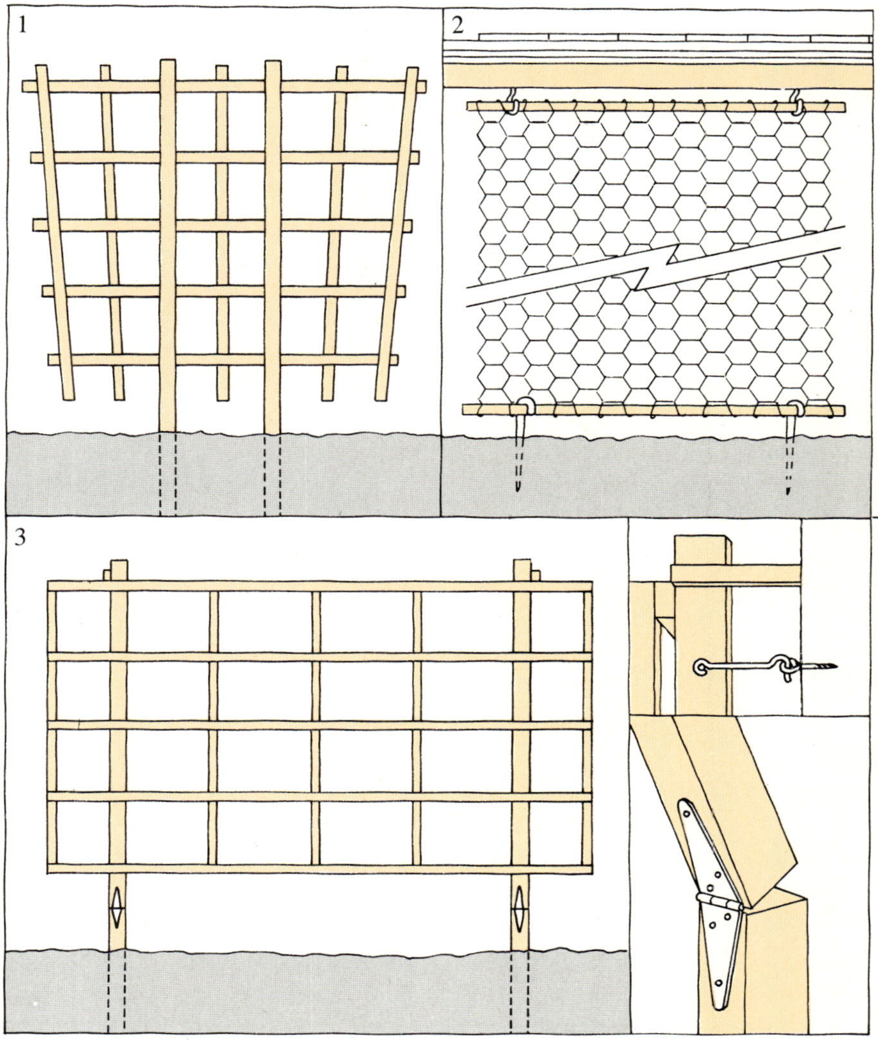

DREI SPALIERE

1. *Ein freistehendes Spalier entsteht aus einem Leistengitter, das auf Pfosten von 5 × 5 cm Dicke genagelt wird. Diese werden aus Gründen der Stabilität senkrecht in den Boden gesetzt. Die Seitenleisten verlaufen schräg nach außen, so daß eine Art Fächer entsteht.*

2. *Einjährige Arten wie Kapuzinerkresse kann man an einer Mauer an einem Spalier aus Drahtgeflecht ziehen, das sich im Herbst leicht wieder entfernen läßt. Am oberen Ende schiebt man einen Stab durch die Maschen und hängt ihn dann an Haken an einer Holzlatte auf. Am unteren Ende sorgen in den Boden geschlagene Haken für Halt.*

3. *Ein mit Scharnieren versehenes Spalier kann man abklappen und sich damit die Pflege von Wand und Pflanzen gleichermaßen erleichtern. Kanthölzer von etwa 5 × 10 cm Dicke werden in Abständen von 1,50 m rund 1 m tief in den Boden gesetzt; die oberen Pfostenenden werden daran mit Scharnieren aus rostfreiem Metall angebracht (kleine Zeichnung). Das Gitter entsteht aus 2,5 × 5,0 cm dicken Leisten. Am oberen Ende jedes Pfostens angesetzte Holzstücke von mindestens 15 cm Länge sorgen für den nötigen Abstand zur Wand. Rostfreie Haken und Ösen (kleine Zeichnung) halten das Spalier aufrecht. Beim Streichen oder Beschneiden kann man das Spalier mit einem Seil beliebig weit von der Wand abklappen.*

erhält ihren vollen Anteil an den Niederschlägen, leidet nicht so stark unter der von der Mauer reflektierten Wärme und ist zudem leichter zu beschneiden. Verzinkte Winkeleisen und andere rostfreie Metallwaren können ebenso wie Holzklötze für den nötigen Abstand eines Spaliers von einer Mauer sorgen; man kann das Spalier aber auch auf Pfosten stellen und nur am oberen Ende an der Wand befestigen.

Werden am unteren Ende des Rahmengerüsts Scharniere angebracht und Haken und Ösen am oberen, kann man das Spalier von der Wand abklappen, wann immer es erforderlich ist *(S. 33)*. Wird zum Beispiel eine mehrjährige Pflanze kultiviert, deren oberirdische Teile im Herbst absterben, hakt man das Spalier ab und legt es flach auf den Boden, während man die toten Teile entfernt. Auch wenn die Mauer hinter dem Spalier gestrichen werden muß, klappt man einfach das Spalier herunter. Bei verholzten Pflanzen, deren Stämme brechen könnten, kippt man es nur so weit ab, daß man mit dem Pinsel oder der Rolle arbeiten kann.

GEOMETRISCHE MUSTER

Viele Kletterpflanzen und andere, die wie die Kletterrosen in dieser Form kultiviert werden, kann man an senkrechten Flächen so ziehen, daß sie in einem deutlich erkennbaren Muster wachsen. Die Möglichkeiten reichen von ungezwungenen Formen, die nur das natürliche Wachstum unterstreichen, bis zu streng geometrischen Gebilden wie den verschiedenen traditionellen Spaliertypen. Solche Formen lockern kahle Mauerflächen auf und schaffen unübersehbare Blickpunkte auf Terrassen, an einer Garagenwand oder einem Gartenzaun. Kletterpflanzen, die wie die Kultursorte 'Lowii' der Jungfernreben-Art *Parthenocissus tricuspidata* oder der Kletter-Spindelstrauch *(Euonymus fortunei)* leicht unter Kontrolle zu halten sind, können binnen kürzester Zeit in Baumform gezogen werden oder Girlanden, Zickzacklinien, Rauten oder regelmäßige offene Gitter bilden.

Je komplizierter ein solches Muster ist, desto mehr Zeit verlangt es natürlich, denn alle Triebe, die in die gewünschte Richtung wachsen, müssen angebunden und andere, die es nicht tun, entfernt werden. Zum Anbinden von Trieben an Drähte oder Nägel eignen sich weiche Schnur, Bast oder elastisches Blumenband (in Gartencentern erhältlich). Die Triebe dürfen auf keinen Fall fest, sondern müssen immer so locker angebunden werden, daß sie wachsen können, ohne daß das Bindematerial in sie einschneidet. Schwere Pflanzen mit dicken Stämmen bindet man zweckmäßigerweise mit Nylonschnur, Streifen aus Baumwollstoff oder im Handel erhältlichen, verstellbaren Lederschlaufen an.

Ein Spalier oder eine andere Stütze können nicht nur an einer Wand befestigt, sondern an beliebiger Stelle im Garten auch freistehend errichtet werden. Die Pfosten des Rahmengerüsts werden im Boden versenkt; besonders fest stehen sie, wenn man sie mit Stützenschuhen auf einem Betonsockel verankert. Eine weitere Möglichkeit besteht darin, ein Spalier an einer langen Holzwanne zu befestigen – eine Lösung, die sich bei schlechtem Boden anbietet, aber auch dann, wenn ein beweglicher Sicht-

oder Windschutz erwünscht ist oder das Spalier auf einer Terrasse oder einem Dachgarten stehen soll, wo überhaupt kein Boden vorhanden ist.

EIN BLÄTTERDACH

Von freistehenden Spalieren ist es nur ein Schritt zu komplizierten Baulichkeiten wie zum Beispiel einem Bogen, der einen Weg überspannen, eine schattige Laube für eine Bank schaffen oder eine Pforte rahmen kann.

Für einen einfachen Rahmen mit gerader Abdeckung werden zuerst die Seitenwände errichtet. Sie bestehen aus je zwei Balken von 5 x 10 oder 10 x 10 Zentimeter Durchmesser. Die Balken werden durch Querstreben verbunden, die man wie Leitersprossen aufnagelt. Die unteren Pfostenenden jeder Leiter werden im Boden versenkt; anschließend wird ein ähnliches Leitergerüst für das Dach aufgesetzt. Ein zierlicheres Gebilde entsteht, wenn man für die Querstreben dünne Leisten verwendet und sie in geringeren Abständen aufnagelt. Indem man mehrere dieser Elemente aneinanderreiht, kann man einen Bogengang oder eine Pergola schaffen, eine Überdachung für eine Terrasse oder einen luftigen Pavillon.

EINE SCHATTIGE TERRASSE

Für Kletterpflanzen wie die Wistarien (Gattung *Wisteria)*, die mit zunehmendem Alter dicke Stämme und schwere, verholzte Äste entwikkeln, sind stabile Pfosten erforderlich; für die leichteren Akebien (Gattung *Akebia)* und Scheinreben (Gattung *Ampelopsis)* genügen dünnere Stützen. Für eine Überdachung kann man solche Kletterpflanzen auswählen, die genau das gewünschte Maß an Schatten liefern. Arten mit kleinen oder fein zerteilten Blättern wie die Geißblätter (Gattung *Lonicera)* sorgen für lichten, durchsonnten Schatten, während ein Strahlengriffel (Gattung *Actinidia)*, die Wein-Rebe *(Vitis vinifera)* oder eine Pfeifenblume (Gattung *Aristolochia)* in Gegenden mit heißen Sommern dichten, kühlen

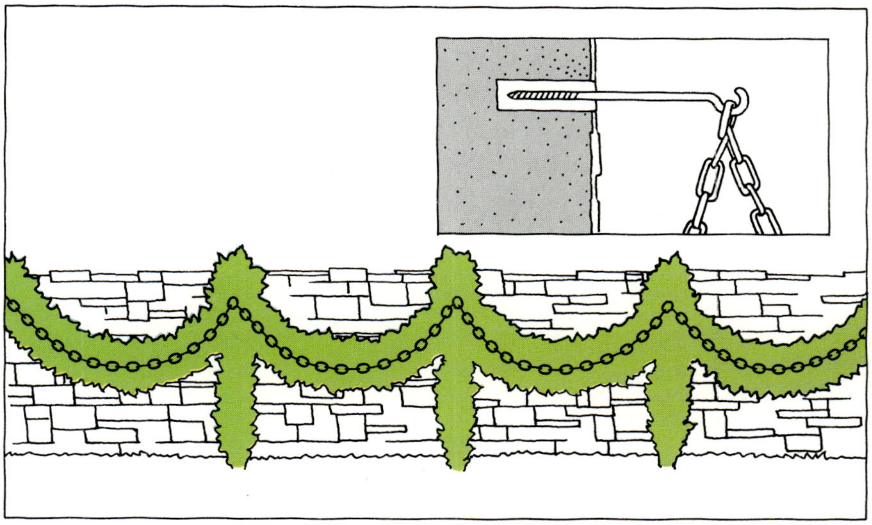

EINE ANMUTIGE EFEUGIRLANDE

Für eine Efeugirlande vor einer Mauer schraubt man 10 cm lange Haken in Dübel, die in Abständen von 1 m in die Wand gesetzt wurden. Dann führt man eine leichte Kunststoff- oder Stahlkette so über die Haken, daß sie bogig durchhängt. Unter jeden Haken wird ein Efeu-Exemplar gepflanzt. Sobald die Pflanze säulenförmig emporgewachsen ist, bindet man sie in Abständen von 10 cm mit weicher Schnur an die Kette an. Haken und Kette sorgen für den nötigen Abstand von der Mauer, was die Pflege der Pflanzen erleichtert. Durch regelmäßiges Abkneifen der Triebspitzen wird für buschiges Wachstum gesorgt. Eine solche Girlande ist auch freistehend möglich, wenn man eine Kette an Pfosten mit jeweils 1,20 m Abstand hängt.

Eine Kletterrose reckt sich an einem aus Pfosten errichteten Dreifuß 2,50 Meter in die Höhe.

Schatten spenden. In Gärten mit mediterranem Klima liefern immergrüne Arten wie die Schönranke *(Eccremocarpus scaber)* oder eine *Bougainvillea*-Sorte das ganze Jahr hindurch wohltuenden Schatten, während in weiter nördlich gelegenen Gärten laubwerfende Arten, wie zum Beispiel Wistarien, Wein-Reben und Scheinreben, im Sommer für Schatten sorgen, im Winter aber die Sonnenstrahlen ungehindert hindurchlassen.

Kletterpflanzen an Überdachungen können jedoch nicht nur Schatten spenden, sondern auch Blüten und Früchte hervorbringen. Wein-Rebensorten wie 'Früher Blauer Burgunder', 'Früher Malingre' oder 'Perle von Scaba' sind auch für kühlere Lagen geeignet; einige Gärtner schätzen auch die süßen, saftigen Früchte der Strahlengriffel (Gattung *Actinidia)*. Bevor man jedoch eine Blüten oder Früchte tragende Art in der Nähe eines Sitzplatzes anpflanzt, sollte man bedenken, daß diese möglicherweise von anderen Gartenbewohnern noch mehr geschätzt werden. Vögel, die die Früchte eines Baumwürgers (Gattung *Celastrus)* oder der Jungfernreben-Art *Parthenocissus quinquefolia* verzehren, sind vielleicht willkommen, aber das Aufsammeln abgefallener, zerquetschter Trauben, die Insekten anlocken, ist schon weniger angenehm. Und wer sich nicht gern von Bienen oder Wespen stechen läßt, tut gut daran, reichblühende Arten in einiger Entfernung von Sitzgelegenheiten anzupflanzen.

Außer Zäunen können Kletterpflanzen auch noch andere „Zweckbauten" schmücken. Ein auf einen Pfosten montierter Briefkasten an der Straße oder ein alter Lampenpfahl mit Gewöhnlichem Efeu oder Kletter-Spindelstrauch *(Euonymus fortunei)* bepflanzt, wirken ebenso dekorativ wie ein Geißblatt oder eine Kletter-Hortensie *(Hydrangea anomala* subsp. *petiolaris)*, die einen Telegraphenmast verdecken.

Natürlich kann man auch den umgekehrten Weg gehen und eine einfache Stütze bauen, um eine Kletterpflanze voll zur Geltung zu bringen. Ein ungefähr 2,50 Meter langer Balken aus fäulnisbeständigem Hartholz, 10 x 10 Zentimeter dick und 0,60 bis 1,00 Meter tief in den Boden versenkt, eignet sich für eine Waldrebe oder eine hohe Strauchrose. Damit die Pflanzen den nötigen Halt finden, setzt man in Abständen von 30 Zentimetern kurze Dübel in vorgebohrte Löcher; die Triebe von Säulenrosen werden mit Bast oder Schnur locker am Pfosten befestigt. Für robustere Pflanzen von dichterem Wuchs wie zum Beispiel einen Hopfen (Gattung *Humulus)* eignet sich ein Dreifuß aus Kanthölzern von 5 x 5 Zentimeter Dicke, kräftigen Leisten oder Bambusstäben. Sie werden zeltförmig aneinandergelehnt und oben zusammengebunden. Die Pflanzen werden in dem Raum zwischen den Stützen gepflanzt und ihre Triebe an ihnen emporgeleitet. Auch Gemüse kann man auf diese Weise kultivieren. Gurken zum Beispiel haben neben den Früchten auch reizvolle, gelbe Blüten und breite, dunkelgrüne Blätter zu bieten. Auch Erbsen, Feuerbohnen und Tomaten bringen hübsche Blüten und eßbare Früchte hervor, von Speise- und Zier-Kürbissen ganz zu schweigen. Viele einfallsreiche Gartenfreunde haben Mittel und Wege gefunden, diese Pflanzen so einzusetzen, daß sie Schönheit und Nutzen vereinen.

EINE TRAGBARE BLÄTTERWAND

Wo auf einer sonnigen Terrasse Schatten, Sicht- oder Windschutz gewünscht wird, kann man eine hölzerne Pflanzwanne mit einem Spalier für Kletterpflanzen versehen. Die oberen Enden von zwei 5 × 10 cm dicken Kanthölzern werden abgerundet. Dann hält man sie mit Zwingen zusammen und bohrt im gewünschten Abstand (gewöhnlich 20–25 cm) Löcher von 20 mm Durchmesser hinein. Die Kanthölzer werden mit rostfreien Schrauben an den Enden der Wanne befestigt. In die vorgebohrten Löcher werden Rundhölzer von ungefähr 20 mm Durchmesser gesteckt und eingeleimt. Für tragbare Behälter ist ein leichtes Torfkultursubstrat am zweckmäßigsten.

Praktische Lösungen für Gartenprobleme

Zu den ersten Gewächsen, die vom Menschen in Kultur genommen wurden, gehörten einige Kletterpflanzen. Schon den alten Ägyptern war die Wein-Rebe heilig; sie ernteten ihre Früchte, um Wein daraus herzustellen. Anfangs kultivierte man diese Pflanzen an einfachen Holzgerüsten, aber bald erkannte man ihre dekorative Wirkung und gab ihnen kunstvollere Stützen. Zur Zeit des ägyptischen Königs Tutanchamun (1348–1337 v. Chr.) bildete eine prächtig bemalte und von Reben überrankte Laube häufig das Zentrum eines Gartens.

Noch heute, Tausende von Jahren später, spielen Kletterpflanzen im Entwurf eines Gartens eine wichtige Rolle, denn sie sind hübsch und praktisch zugleich. Ein Kletter-Spindelstrauch *(Euonymus fortunei)* zum Beispiel kann mit seinem glänzenden Laub eine immergrüne Wand bilden und eine häßliche Mauer oder einen Zaun verdecken. Eine Klettertrompete (Gattung *Campsis)* kann an einem geschützten Standort ein Fallrohr erklimmen und es mit dichtem Laub und leuchtenden, trompetenförmigen Blüten überziehen. Eine stachelige Kletterrose kann an einem steilen Abhang für Farbe sorgen und gleichzeitig Bodenerosion verhindern. Und eine Wein-Rebe *(Vitis vinifera)* ist imstande, wie schon die alten Ägypter wußten, eine Laube zu überwuchern, dichten Schatten zu bieten und dazu noch köstliche Früchte zu liefern.

Für kleine Stadtgärten sind Kletterpflanzen geradezu ideal, da viele Arten rasch wachsen, ohne viel Platz zu benötigen. Vor dem Pflanzen sollte man sich jedoch informieren, auf welche Weise sie in die Höhe wachsen.

Arten, die wie die Kletter-Hortensie *(Hydrangea anomala* subsp. *petiolaris)* mit Haftwurzeln Halt finden, können an eine Ziegelmauer oder einen Zaun gesetzt werden. Windende Arten wie die Wistarien (Gattung *Wisteria)* und rankende wie die Wein-Rebe benötigen eine Stütze – zum Beispiel ein Drahtspalier oder ein Lattenhaus. Arten ohne besondere Kletterorgane müssen mit Bast oder anderem geeigneten Material an ihrer Stütze angebunden werden.

Junge Exemplare, die zum raschen Aufschießen neigen, sollten anfangs in der Waagerechten kultiviert werden, damit auch die unteren Bereiche eines Zaunes oder einer Mauer mit dichtem Laub bedeckt sind. Läßt man sie ungestört wachsen, kann es sein, daß sie nur in ihren oberen Abschnitten zahlreiche Blätter tragen.

*Die mit Hilfe von Ranken kletternde Ussuri-Scheinrebe (*Ampelopsis brevipedunculata*) verträgt Schatten und bringt dekorative Früchte hervor, die beim Heranreifen die Farbe wechseln.*

Pflanzen, die im Schatten wachsen

Mit cremefarbenen Blütenständen krönt eine Kletter-Hortensie eine hölzerne Gartenpforte. Im Halbschatten (wie hier) oder in voller Sonne kultiviert, kann die verholzte Pflanze bis zu 6 Meter hoch klettern.

An einer Ziegelmauer befestigte Drähte liefern die Stütze für die prächtigen, goldgelben Blüten eines Geißblatts (Lonicera tragophylla). *Die Pflanze gedeiht an feuchten und schattigen Standorten am besten.*

*Aus leichtem Schatten winden sich die mit leuchtenden Blüten besetzten Triebe einer Geißblatt-Hybride (*Lonicera x brownii*) der Sonne entgegen.*

Blüten in leuchtenden Farben

Eine Fülle schöner, dunkelblauer Blüten macht diese Jackmannii-Hybride (Clematis x jackmanii) *an einem Mauerspalier zum Blickfang.*

Mit zahlreichen süß duftenden, rosa Blüten überzieht die Kletterrose 'Caroline Testout' die Vorderfront eines Hauses.

Die natürliche Anmut der Kletterrosen

'Rambling Rector', eine besonders rasch wachsende Sorte, überzieht das Dach einer Veranda mit zahlreichen prachtvollen, stark duftenden, halbgefüllten Blüten.

An Bögen rund um einen Swimming-pool setzen Exemplare der Sorte 'American Pillar' mit duftlosen, aber großen, ungefüllten, roten Blüten kräftige Akzente.

Die winterharten Wistarien

Mit ihren langen, duftenden Blütentrauben bietet eine Wistarie an einem weißgestrichenen Balkon einen beeindruckenden Anblick.

Bei genauerer Beobachtung ist deutlich zu sehen, daß sich die Blüten jeder Traube nacheinander von oben nach unten öffnen.

Schmuck für große Flächen

Mit Hilfe ihrer kleinen Haftwurzeln erklimmt eine Klettertrompete eine Hauswand und verdeckt dabei teilweise das Fallrohr.

Ein Chinesischer Schlingknöterich, an Nylonschnur gezogen, verdeckt neben einem säulengeschmückten Eingang elektrische Anlagen.

Verschiedene Sorten der Wein-Rebe rahmen an einem rustikalen Torbogen den Eingang zu einem Blumengarten. Obwohl hier nur als Zierpflanzen kultiviert, bringen die Wein-Reben obendrein noch Früchte hervor, die roh gegessen oder zu Wein, Saft und Gelee verarbeitet werden können.

Pflege einer widerspenstigen Pflanzengruppe 3

Manche Leute sehen in ihr ein Symbol für das erbarmungslose Vordringen des Lebendigen. Andere schrieben Gedichte über sie, und um ihrem Wachstum Einhalt zu gebieten, schüttete man tausendtonnenweise Gift über ihr aus. Die Rede ist von der ursprünglich aus Japan eingeführten Kopoubohne *(Pueraria lobata).* Sie wurde in den dreißiger Jahren unseres Jahrhunderts im Süden der Vereinigten Staaten angepflanzt, um der Bodenerosion Einhalt zu gebieten, aber an vielen Orten hat sich diese großblätterige, äußerst widerstandsfähige Pflanze mit ihren seilartigen Trieben als überaus lästiger Gast erwiesen. Binnen weniger Wochen deckte sie alles, was ihr im Weg war – Autos, Scheunen und selbst hohe Wälder – mit einer erstickenden Matte zu.

Glücklicherweise ist diese Pflanze in Europa nicht ganz so wüchsig; solange ihr Wachtum regelmäßig kontrolliert wird, erfüllt sie natürliche Aufgaben: Sie verhindert Erosion an Böschungen und bedeckt sehr rasch kahle Flächen rings um ein neues Haus. Die Kopoubohne dürfte das beste Beispiel für das Merkmal sein, das eine Reihe von Kletterpflanzen zu derart praktischen Mitteln der Landschaftsgestaltung macht: ihre fast unübertreffliche Wüchsigkeit. Allerdings benötigen die meisten Kletterpflanzen anfangs ein wenig Hilfe. Wie andere Gartenpflanzen profitieren sie von einem sachgerecht vorbereiteten Boden, von guter Versorgung mit Wasser und Nährstoffen und von ausreichendem Schutz vor extremer Witterung und gelegentlich auftretenden Schädlingen. Und schließlich müssen sie zur rechten Zeit gelenkt und beschnitten werden, damit sie immer gut aussehen und ihr Wachstum unter Kontrolle bleibt.

Die beste Garantie für einen Erfolg bei der Kultur von Kletterpflanzen besteht darin, daß man gesunde Pflanzen auswählt, deren Pflege nur geringe Probleme aufwirft. Bei den meisten Baumschulen und Gärtnereien sind nur die kleinsten, beliebtesten und „zahmsten" Kletterpflanzen wie Waldrebe (Gattung *Clematis)* und Efeu (Gattung *Hedera)* erhältlich, so daß, wer etwas nicht Alltägliches haben möchte, auf Spezialisten oder Versandgärtnereien angewiesen ist. Wer die gesuchte Art in einer Gärtnerei am Ort findet, sollte sie sich genau ansehen und nach Exemplaren Ausschau halten, die an Stützen angebunden oder gleich-

Ein kleiner, von einem Losbaum (Clerodendrum thomsoniae) *überzogener schmiedeeiserner Bogen wölbt sich in einem alten Gewächshaus über eine Statue. Im Frühjahr und Sommer bringen die Losbäume hübsche Blütenstände hervor.*

VORARBEIT MIT DER FEILE

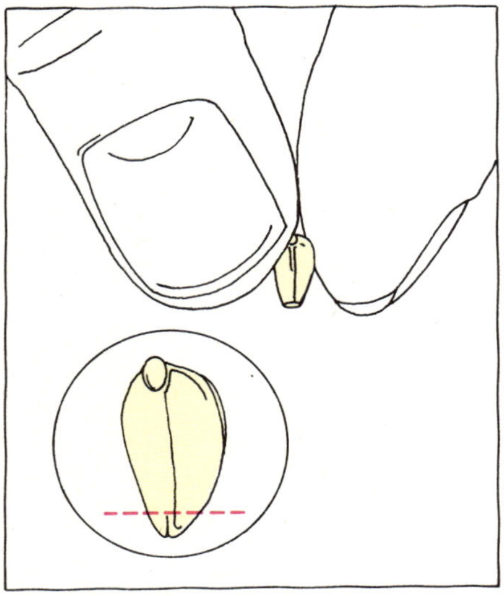

Hartschalige Samen wie die der Prunkwinden (oben) oder der Edelwicken keimen rascher, wenn man ihre Samenschale anfeilt oder anritzt. Dazu faßt man den Samen zwischen Daumen und Zeigefinger und entfernt mit einer Feile oder Nagelschere die dem Auge gegenüberliegende Spitze, ohne jedoch den Embryo zu beschädigen. Anschließend werden die Samen vor der Aussaat mindestens 4 Stunden in warmes Wasser gelegt. Einige Samen kommen schon mit angeritzter Schale in den Handel.

mäßig an einem kleinen Spalier gezogen wurden. Verzichten sollte man auf Exemplare, die mit niederliegenden Trieben kultiviert wurden oder Anzeichen eines Schädlingsbefalls erkennen lassen, ebenso auf solche, deren Triebe oder Wurzeln eine verworrene Masse bilden, denn beim Entwirren und Zurückschneiden von Trieben und Wurzeln geht ein beträchtlicher Teil der Pflanze verloren.

Versandgärtnereien bieten immergrüne Arten wie den Gewöhnlichen Efeu *(Hedera helix* subsp. *helix)* und den Kletter-Spindelstrauch *(Euonymus fortunei)* häufig als ein- oder zweijährige Exemplare an. Außerdem kann man sich für Sommerblumen wie Prunkwinden (Gattung *Ipomoea),* Kapuzinerkresse (Gattung *Tropaeolum)* und andere Samen schicken lassen, ebenso für fruchttragende Arten wie Feuerbohnen *(Phaseolus coccineus),* Melonen *(Cucumis melo* subsp. *melo)* und Zier-Kürbisse.

Die Aussaat kann in den Garten erfolgen, sobald keine Frostgefahr mehr besteht; die meisten der oben genannten Arten sind jedoch nur bedingt winterhart und benötigen eine längere Wachstumsperiode, als ihnen bei einer Aussaat ins Freiland zur Verfügung steht. Deshalb empfiehlt es sich, sie im zeitigen Frühjahr im Zimmer, Gewächshaus, warmen Frühbeet oder beheizten Anzuchtkasten anzusäen. Die Samen der Prunkwinden habe eine zähe Schale; sie keimen schneller, wenn man sie mit einer Feile anritzt oder über Nacht in warmem Wasser einweicht. Man sät die Samen am besten in sterile Aussaaterde; die Sämlinge werden im kalten Frühbeet abgehärtet, bevor man sie bei verläßlich warmer Witterung in den Garten pflanzt. In Kästen angezogene Sämlinge müssen behutsam aus dem Substrat gehoben werden, damit ihre Wurzeln keinen Schaden erleiden, dann werden sie sorgfältig in andere Kästen oder auch Einzeltöpfe pikiert. In Torftöpfen angezogene Sämlinge kann man mitsamt den Töpfen auspflanzen.

Eine bequeme Alternative stellen die Torfquelltöpfe oder Torfanzuchttöpfe (Jiffy-Töpfe) dar, bei deren Verwendung überhaupt kein Substrat benötigt wird. Man setzt sie, jeweils einen pro Pflanze, auf ein flaches Tablett mit Wasser, so daß sie die Feuchtigkeit absorbieren und sich auf ein Vielfaches ihrer Orginalgröße ausdehnen können. Mit einem Bleistift sticht man drei Löcher in einen Quelltopf, legt in jedes Loch in der für die betreffende Art auf der Tüte angegebenen Tiefe einen Samen und drückt den Torf darüber wieder zusammen. Dann kommt das Tablett an einen warmen, gut beleuchteten Ort ohne direkte Sonneneinstrahlung. Die Quelltöpfe müssen feucht gehalten, dürfen aber nicht durchnäßt werden; sie sollten gelegentlich gewässert oder mit Kunststoffolie abgedeckt werden. Wenn die Samen gekeimt sind, entfernt man die Abdeckung und bringt die Sämlinge auf eine warme, helle Fensterbank. Nachdem die ersten Laubblätter erschienen sind, schneidet man die beiden schwächeren Sämlinge ab und läßt in jedem Topf nur den kräftigsten stehen. Die Töpfe werden regelmäßig gedreht, damit sich die Sämlinge gleichmäßig entwikkeln; wenn sie kräftig wachsen, härtet man sie im kalten Frühbeet ab, bis die Zeit zum Auspflanzen in den Garten gekommen ist.

Einjährige Arten werden immer im Frühjahr angezogen, ebenso mehrjährige wie zum Beispiel die Passionsblumen (Gattung *Passiflora*), die dort, wo sie im Freien kultiviert werden können, den ganzen Sommer für ihre Entwicklung benötigen, damit sie den Winter überstehen. Mit bloßen Wurzeln gekaufte Exemplare pflanzt man am besten, sobald sich der Boden im Frühjahr bearbeiten läßt und während ihre Ruheperiode noch andauert. In Behältern angezogene Kletterpflanzen dagegen können fast jederzeit gepflanzt werden; in den meisten Gegenden geschieht es jedoch zweckmäßigerweise im Frühjahr oder Sommer, da auch sie bis zum Einbruch des Winters fest angewurzelt sein müssen. Einige wenige Pflanzen mit zähen, verholzten Stämmen – zum Beispiel die Jungfernreben-Art *Parthenocissus quinquefolia* und die Geißblatt-Arten (Gattung *Lonicera*) – können auch relativ spät im Herbst noch gepflanzt werden; wichtig ist nur, daß ihnen ein oder zwei Monate zum Anwurzeln zur Verfügung stehen, bevor der Boden gefriert.

PFLANZZEITEN

In jedem Fall – ob man direkt in den Garten sät, Sämlinge auspflanzt oder in Gärtnereien angezogene Exemplare in den Garten setzt – ist eine sorgfältige Bodenvorbereitung von ausschlaggebender Bedeutung. Die

Zerstört Efeu Ziegelmauern?

In England hört man oft die Behauptung, Efeu schütze jahrhundertealte Stein- und Ziegelgebäude vor Feuchtigkeitsschäden. Befürworter dieser Pflanzen sind der Ansicht, die überlappenden Efeublätter hielten Schlagregen von den Mauern ab, während die Wurzeln die Feuchtigkeit aufsaugten.

Aber efeuüberwucherte Mauern haben nicht nur Vorteile. Gelegentlich zwängen sich Pflanzenteile zwischen Ziegelsteine und Fensterrahmen und schaffen Spalten, durch die Wasser eindringt. Des weiteren können die Haftwurzeln helle Steine verfärben und häßliche Flecke auf ihnen hinterlassen. Vor allem jedoch dringen die Haftwurzeln leicht in schadhafte Mörtelfugen an alten und neuen Gebäuden ein und drücken alte, schmiedeeiserne Fallrohre ein und zerbrechen sie sogar.

Die Qualität von Mörtelfugen läßt sich durch Ankratzen mit einem Schlüssel leicht prüfen; wenn der Mörtel krümelt, sollte man auf Efeu besser verzichten. An alten Gebäuden wird der Mörtel durch Witterungseinflüsse allmählich bröckelig; an neuen sind bröckelnde Fugen oft auf einen zu großen Sandanteil im Mörtel zurückzuführen. Ein guter Mauermörtel besteht aus 1 Teil Zement, 6 Teilen Mauersand und 1 Teil gelöschtem Kalk. Für eine Stützmauer, die Erde zu halten hat, muß die Mischung noch kräftiger sein: 1 Teil Zement, 3 Teile Mauersand und 1/4 Teil gelöschter Kalk.

Wo der Mörtel infolge von Alter oder schlechter Handwerkerarbeit bröckelig geworden ist, kann man Efeu an einem Spalier ziehen, das einigen Abstand von der Mauer hält. Wer selbst eine Ziegelmauer errichten und Efeu an ihr ziehen will, sollte sich für angeschrägte oder konkave Fugen entscheiden; dann kann der Efeu auf den Ziegelflächen Fuß fassen, ohne daß der Mörtel beschädigt wird. Außerdem leiten auf diese Weise geformte Fugen Wasser besonders gut ab.

meisten Kletterpflanzen bevorzugen einen leicht sauren Boden mit einem pH-Wert von 6,5–7,0. Einige wenige, wie zum Beispiel die Waldreben (Gattung *Clematis),* gedeihen in einem leicht alkalischen Boden besser, während die Jungfernreben-Art *Parthenocissus tricuspidata* einen relativ sauren Boden vorzieht. Die Bodenreaktion kann man mit einer preiswerten, in Gartencentern erhältlichen Ausrüstung selbst testen, man kann aber auch eine Bodenprobe an eine landwirtschaftliche Beratungsstelle oder ein privates Laboratorium schicken.

Der pH-Wert läßt sich um eine Einheit erhöhen, das heißt der Boden etwas alkalischer machen, indem man in jeweils 10 Quadratmeter Bodenfläche 2,5 Kilogramm feingemahlenen Kalk einarbeitet. Soll der pH-Wert dagegen um eine halbe bis ganze Einheit gesenkt, das heißt der Boden etwas saurer gemacht werden, arbeitet man auf 10 Quadratmeter Bodenfläche 250 Gramm gemahlenen Schwefel ein. In beiden Fällen sollte dies ein bis zwei Monate vor dem vorgesehenen Pflanztermin geschehen, damit die Zusätze ihre Wirkung voll entfalten können. Eine schnellere Methode, den pH-Wert zu senken, besteht darin, daß man anstelle von Schwefel auf 10 Quadratmeter Bodenfläche 1,5 Kilogramm Eisen- oder Aluminiumsulfat einarbeitet, das allerdings auch schneller wieder aus dem Boden ausgewaschen wird und alle zwei bis drei Jahre ersetzt werden muß.

Fast alle Kletterpflanzen bevorzugen Böden, die die Feuchtigkeit zwar gut halten, überschüssiges Wasser aber rasch dränieren. Großzügig bemessene Mengen von organischem Material wie Lauberde, Torf oder Kompost lockern nicht nur schwere Lehmböden auf, verbessern ihre Dränage und machen sie luftdurchlässiger; sie sorgen auch dafür, daß leichte Sandböden die Feuchtigkeit besser halten. Bei besonders ungünstigen Bodenverhältnissen empfiehlt es sich auf jeden Fall, die Pflanzen auf erhöht angelegten Beeten oder in Kübeln beziehungsweise Wannen zu kultivieren, die mit Dränagelöchern versehen und mit handelsüblicher Blumenerde gefüllt sind.

PFLANZTECHNIK

Tief wurzelnde, verholzte Pflanzen wie die Wistarien (Gattung *Wisteria)* und die Wein-Reben *(Vitis vinifera)* benötigen Pflanzlöcher von mindestens 60 Zentimeter Tiefe und einer Größe von 60 bis 90 Zentimetern. Beim Ausheben werden der dunklere Oberboden und der hellere Unterboden in zwei getrennten Haufen aufgeschichtet. In jeden dieser Haufen arbeitet man auf 2 Teile Boden 1 Teil organisches Material ein. Die meisten Kletterpflanzen, die in ein solches Substrat gesetzt werden, benötigen zum Zeitpunkt der Pflanzung keine zusätzlichen Düngergaben.

Zuerst wird die Oberbodenmischung in die Pflanzgrube eingefüllt, und zwar so viel, daß die Pflanze ebenso tief im Boden steckt wie zuvor. Von dieser Regel gibt es einige Ausnahmen: Die Waldreben (Gattung *Clematis)* zum Beispiel gedeihen besser, wenn sie 5 bis 10 Zentimeter tiefer eingepflanzt werden, als sie zuvor standen. Dann wird um die Pflanze herum weiterer Boden eingefüllt und gut angedrückt, damit keine Luftlöcher entstehen. Ist der Wurzelballen in Sackleinen oder Segeltuch eingeschlagen, löst man nur die Verschnürung und breitet die Stoffränder aus; das Ballentuch verrottet im Boden.

Im Behälter angezogene Pflanzen setzt man mitsamt dem Behälter in die Grube, zerschneidet ihn, ohne die Wurzeln zu beschädigen, und löst ihn vorsichtig ab. Bei Exemplaren mit bloßen Wurzeln muß das Wurzelsystem bis zur Pflanzung kühl und feucht gehalten werden. In der Pflanzgrube schüttet man einen Erdhügel auf; dann breitet man die Wurzeln behutsam über diesem Hügel aus und füllt ringsum Erde ein. Bei großen Pflanzen in großen Gruben läßt man, wenn die Grube zu zwei Dritteln mit Erde gefüllt ist, bis zum Rand Wasser einlaufen; sobald es versickert ist, wird die Grube zugeschüttet. Um die Grube herum häuft man einen 2 bis 5 Zentimeter hohen Erdwall auf und füllt die so entstandene Mulde langsam mit Wasser – wenn es versickert ist, ein zweites Mal.

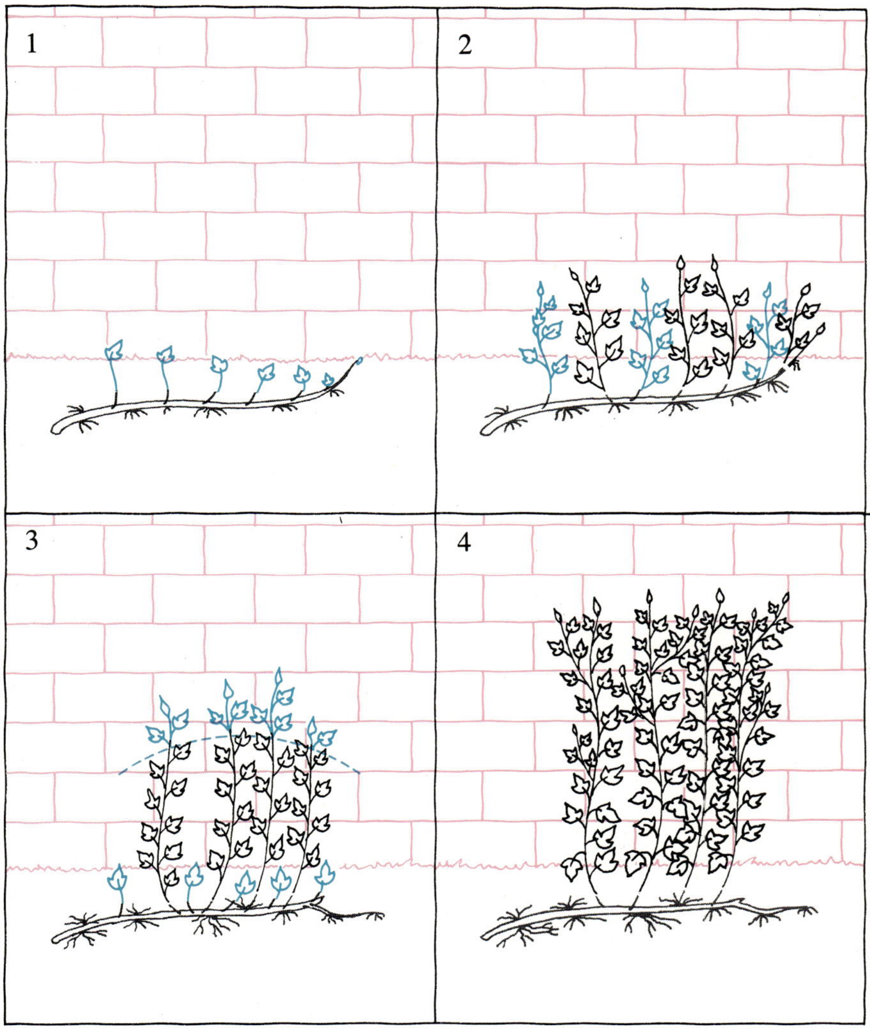

EINE EFEUBEWACHSENE MAUER

1. *Um Efeupflanzen so zu ziehen, daß sie eine Mauer schmücken, gesund bleiben und leicht zu pflegen sind, pflanzt man einen bewurzelten, 15–20 cm langen Steckling des Gewöhnlichen Efeus im Frühjahr an die Mauerbasis. Die Triebe werden zur Mauer hingelenkt und noch nicht beschnitten; erst im folgenden Frühjahr schneidet man alle bis dicht über dem Boden zurück (blau).*

2. *Wenn im späten Frühjahr neue, kräftige Triebe erschienen sind, wählt man 4 oder 5 besonders wüchsige aus und leitet sie fächerförmig an der Wand empor, falls erforderlich mit Hilfe von Schnur oder Draht. Alle anderen werden entfernt.*

3. *Im darauffolgenden Frühjahr werden die Triebe um ein Drittel gekürzt und damit zur Verzweigung angeregt. Senkrechte, zwischen den Haupttrieben erscheinende Schößlinge sorgfältig entfernen.*

4. *Später im Jahr beginnen neue Seitentriebe die Lücken zwischen den emporgezogenen Haupttrieben zu füllen. Der Neuzuwachs wird in jedem Frühjahr um ein Drittel gekürzt; neue senkrechte Schößlinge werden ebenso entfernt wie Triebe, die von der Mauer abstehen. So behandelt, kann ein einziger Steckling eine Mauerfläche von ungefähr 2 m^2 mit einer flachen Laubschicht bedecken.*

DICHT AM HAUS

Wer beabsichtigt, Kletterpflanzen so einzusetzen, daß sie im Laufe der Zeit eine Wand seines Hauses bedecken, muß mehrere Dinge berücksichtigen. Zuerst einmal ist es durchaus möglich, daß der Boden in Hausnähe durch den aus dem Mörtel ausgewaschenen Kalk relativ alkalisch ist; es kann auch sein, daß er Bauschutt enthält. In beiden Fällen muß unter Umständen der Boden ausgetauscht werden. Zweitens sollte man dafür sorgen, daß die Pflanzen genügend Feuchtigkeit erhalten, indem man sie außerhalb des vom Dachüberstand geschützten Streifens einsetzt. Und drittens sollte man, um Krankheiten vorzubeugen, für gute Luftzirkulation hinter den Pflanzen sorgen, indem man sie an Spalieren oder Drähten zieht, die einigen Abstand von der Wand halten *(S. 31)*.

Die Edelwicke, die als einjährige Sommerblume kultiviert wird, erfordert eine besondere Pflanztechnik: Sie wird in einen Graben mit nährstoffreichem Substrat gesetzt *(siehe Lathyrus odoratus, 5. Kapitel)*. Im Laufe des Sommers wird der Graben allmählich zugefüllt. Mehrmaliges Düngen fördert die Blütenproduktion.

Vom richtigen Wässern und einer Mulchschicht profitieren fast alle Kletterpflanzen. Die meisten Arten wurzeln sehr tief und müssen während der Wachstumsperiode alle acht bis zehn Tage gründlich gewässert werden, sofern nicht mindestens 25 Millimeter Niederschläge gefallen sind. Flüchtiges Besprengen nützt den Pflanzen nicht und kann ihnen sogar schaden, weil es die Ausbildung oberflächennaher Wurzeln begünstigt, die in Trockenperioden leicht Schaden erleiden. Es empfiehlt sich jedoch, von Zeit zu Zeit das Laub zu besprühen, damit Schmutz und Insekten fortgespült werden; das sollte am Morgen geschehen, damit Blätter und Gabelungen bis zum Abend wieder abgetrocknet sind, denn feuchtes Laub begünstigt Mehltau und andere Pilzkrankheiten.

(Fortsetzung S. 63)

Efeu: eine Gattung mit langer Geschichte

Schon lange bevor Efeu mit den ausschweifenden Festlichkeiten zu Ehren des Dionysos in Verbindung gebracht wurde, galt er als Symbol von Treue und Unsterblichkeit. Viele Dichter, von Homer bis Keats, erwiesen der Efeupflanze ebenso ihre Reverenz wie verschiedene Kaiser. Von Nero wird behauptet, er habe einen Efeukranz getragen, während Rom brannte. Achtzehn Jahrhunderte später nahm Napoleon ein mit herrlichen Efeumotiven bemaltes Eßservice mit in die Verbannung auf die Insel St. Helena.

Thomas Jefferson kultivierte zwar Efeu in Monticello, seinem berühmten Haus bei Charlotteville in Virginia, aber da Efeu in den Vereinigten Staaten nicht heimisch ist, mußte er sich Pflanzen aus Europa kommen lassen. Erst nach dem Bürgerkrieg erwachte in Amerika das eigentliche Interesse an diesen Pflanzen, als Touristen Photos von efeuüberwucherten britischen Burgen und Schlössern mit nach Hause brachten. Efeuspaliere in den Zimmern wurden ebenso Mode wie efeuumrankte Gemälde, Spiegel und Fenster.

Heute ist Efeu im Zimmer nicht minder beliebt als im Garten, wo er in feuchtem Boden an beschatteten Orten am besten gedeiht. Die Gattung umfaßt nur fünf immergrüne Arten; am weitesten verbreitet ist der Gewöhnliche Efeu (Hedera helix *subsp.* helix) *mit über 100 Kultursorten.*

Von unsichtbaren Nägeln gehalten, zieht sich Gewöhnlicher Efeu eine Hauswand entlang und zur Haustürüberdachung empor.

Eine winterharte Kultursorte des Gewöhnlichen Efeus ziert eine verwitterte Ziegelmauer. Den Rahmen für den Kranz lieferte hier ein alter Faßreifen.

Gewöhnlicher Efeu, an einem Holzzaun gezogen, liefert den Hintergrund für eine Terrasse. Am Fuß der Sonnenuhr wächst die buntblätterige Sorte 'Glacier'.

Schon ein Jahr nach der Pflanzung bilden Exemplare des Gewöhnlichen Efeus, an verzinktem Draht vor einer Ziegelmauer gezogen, dieses dekorative Rautenmuster.

Eine 1,80 Meter hohe Eule, aus einer kleinblätterigen Efeu-Sorte geformt, hockt vor einer Betonmauer. Augen, Schnabel und Füße wurden aus Ton modelliert.

An Ziegelpfeilern emporgezogen und an einer Kette befestigt, liefert Gewöhnlicher Efeu einen architektonischen Hintergrund für eine Hecke aus weißen Alpenrosen.

Eine Mulchschicht spart manches Wässern, weil sie die Wurzeln kühl und feucht hält. Sie kann aus fast jedem organischen Material bestehen – Torf, Borke oder Hobelspänen, Laub, Kompost, vermodertem Sägemehl, gut verrottetem Stallmist oder abgemähtem Gras. Da Wasser und Luft an die Wurzeln gelangen müssen, darf eine solche Mulchschicht nicht zu dick sein; außerdem sollte sie die Stengel oder Stämme nicht berühren und keine verfilzte Masse bilden. Feste Materialien wie Torf oder Hobelspäne werden ungefähr 5 Zentimeter hoch aufgeschüttet, locker strukturierte wie Laub 7 bis 10 Zentimeter hoch. Für eine Mulchschicht bestimmter Torf sollte möglichst grob sein; der zumeist als Bodenzusatz verwendete feine Torf neigt dazu, eine dichte, wasserundurchlässige Abdeckung zu bilden. Eine Mulchschicht hat noch einen weiteren Vorteil – sie hindert die meisten Unkräuter am Keimen, und die wenigen, die trotzdem erscheinen, lassen sich leicht ausjäten. Und wenn sich eine Mulchschicht aus Blättern oder Kompost zersetzt, liefert sie noch zusätzliche Nährstoffe. In der Regel muß eine Mulchschicht alle ein bis zwei Jahre erneuert werden.

DER RICHTIGE DÜNGER

Viele Kletterpflanzen gedeihen über Jahre hinweg zufriedenstellend in einem Boden, der vor der Pflanzung mit Nährstoffen angereichert wurde und ständig mit einer Mulchschicht bedeckt ist. Einige sehr wüchsige Arten wie der Gewöhnliche Efeu *(Hedera helix* subsp. *helix)* neigen jedoch dazu, dem Boden alle verfügbaren Nährstoffe zu entziehen, und müssen deshalb alljährlich bei Einsetzen des neuen Wachstums im Frühjahr gedüngt werden. Ein paar Kletterpflanzen, vor allem die im Herbst blühenden Waldreben- und Schlingknöterich-Arten (Gattung *Clematis* und *Polygonum),* profitieren von einer zweiten Düngergabe um die Sommermitte.

Geeignet ist ein Handelsdünger von der Zusammensetzung 5 : 10 : 5 (5 Teile Stickstoff, 10 Teile Phosphor und 5 Teile Kalium). Wo ein besonders kräftiges Wurzelsystem und schöne Blüten ohne große Laubmassen erwünscht sind, geben viele Gärtner dem langsam wirkenden Knochenmehl den Vorzug, das reich an Phosphor ist, aber nur wenig Stickstoff enthält. Von jedem Dünger sollte man etwas weniger verwenden, als auf der Packung angegeben ist. Der Dünger wird im Umkreis der Pflanzen auf den Boden gestreut und leicht eingehackt; danach wird gründlich gewässert, damit die Nährsalze vollkommen aufgelöst und in den Boden geschwemmt werden.

Vielleicht der wichtigste Einzelaspekt bei der Pflege von Kletterpflanzen ist das richtige Beschneiden. Damit sollte schon begonnen werden, solange die Pflanzen jung und leicht zu lenken sind. Wer diese Arbeit zu lange aufschiebt, läuft Gefahr, daß seine Kletterpflanzen wie gerupft aussehen oder daß sie noch stärker wuchern als zuvor.

DER PFLANZSCHNITT

Beim Pflanzen werden tote oder abgebrochene Wurzeln und Triebe entfernt. Bei Pflanzen, die mit bloßen Wurzeln geliefert wurden, wird der oberirdische Teil um ungefähr ein Drittel gekürzt (sofern es nicht schon in der Gärtnerei oder Baumschule geschehen ist), damit ein Ausgleich

Einen Torbogen aus Gitterwerk schmücken drei Efeu-Skulpturen. Das Gerüst besteht aus verzinktem Draht, der an im Substrat steckenden Pfosten befestigt wurde.

geschaffen wird für den beim Ausgraben entstandenen Wurzelverlust. So früh wie möglich wird die Pflanze zu ihrer Stütze hingeleitet. Durch Abkneifen der Triebspitzen unmittelbar über Laubknospen wird die junge Pflanze zu stärkerer Verzweigung angeregt; andernfalls können vor allem einige Kletterrosen und Waldreben eine fast völlig kahle Basis entwickeln. Wurzelschößlinge und kranke Triebe sind sofort zu entfernen.

Zu dichte Laubmassen begünstigen Insektenbefall und Pilzkrankheiten, außerdem bauen Vögel gern ihre Nester in ihnen. Eine dicht mit Efeu überwachsene Wand sieht zwar sehr hübsch aus, aber möglicherweise schätzt es nicht jeder, bei Morgengrauen von tschilpenden Spatzen geweckt zu werden. Solche Probleme lassen sich durch regelmäßiges, überlegtes Auslichten vermeiden; es empfiehlt sich, einzelne Triebe zu entfernen, nicht aber die ganze Pflanze wie eine Hecke mit der Schere zu stutzen.

WANN MAN SCHNEIDET

Die meisten ausdauernden, verholzten Kletterpflanzen müssen einmal jährlich beschnitten werden. Eine nur wegen ihres Laubes kultivierte Kletterpflanze kann fast jederzeit beschnitten werden, in kälteren Gegenden sollte man den Hauptschnitt jedoch im späten Frühjahr oder zu Beginn des Sommers vornehmen, damit der Neuzuwachs bis zum Einbruch des Winters ausreifen kann. Bei Kletterpflanzen, die wegen ihrer Blüten kultiviert werden, muß man mit etwas mehr Überlegung vorgehen. Die Blüten der Wistarien (Gattung *Wisteria)* zum Beispiel öffnen sich im späten Frühjahr; die Knospen werden im Sommer des Vorjahres angelegt. Diese und andere frühlingsblühende Arten werden unmittelbar nach der Blüte beschnitten. Im Gegensatz dazu blühen die Jackmannii-Sorten der Waldrebe *(Clematis* x *jackmanii)* und der Chinesische Schlingknöterich *(Polygonum aubertii)* im Spätsommer und Herbst am Zuwachs des laufenden Jahres; sie werden aus diesem Grund jeweils im zeitigen Frühjahr vor Einsetzen des neuen Wachstums beschnitten.

Die nicht verholzten, frostempfindlichen Triebe von Stauden wie den Passionsblumen (Gattung *Passiflora)* sterben bei der Kultur im Freien im Herbst ab und werden im Frühjahr durch Neuaustrieb aus der Basis ersetzt. Die abgestorbenen Stengel können nach dem ersten Frost dicht über dem Boden abgeschnitten werden, doch auch hier ist Überlegung und Zurückhaltung geboten, denn die verholzten Stämme einiger Waldreben-Sorten können im Winter wie abgestorben aussehen, treiben aber dennoch im Frühjahr wieder aus. Ob die oberirdischen Teile einer Kletterpflanze den Winter überleben werden oder nicht, läßt sich oft schwer vorhersagen. Im Zweifelsfalle läßt man die alten Triebe stehen und entfernt sie erst, wenn sie im Frühjahr nicht wieder zu wachsen beginnen.

Für zu groß gewordene Kletterpflanzen gibt es mehrere Behandlungsmethoden. Soll eine Pflanze langsamer wachsen und gleichzeitig mehr Blüten hervorbringen, durchtrennt man einen Teil ihrer Saugwurzeln mit einem scharfen Spaten; der Abstand vom Stamm sollte dabei für jeweils 2,5 Zentimeter Stammdurchmesser 30 Zentimeter betragen. Pflanzen, die den größten Teil ihrer Blätter im oberen Bereich tragen, kann man zu einer dichter belaubten Basis verhelfen, indem man versucht, einen langen Trieb nach unten zu biegen und dort festzubinden.

Kletterrosen, bei denen die älteren, rauhen und dunkel gefärbten Triebe nur wenige Blüten tragen, lassen sich verjüngen, indem man in jedem Frühjahr ein oder zwei alte Stämme bis auf 15 Zentimeter über dem Boden zurückschneidet. Die daraufhin erscheinenden neuen, grünen Triebe sind wesentlich wüchsiger als ihre überalterten Vorgänger. Völlig außer Kontrolle geratene Kletterpflanzen oder solche, die vor einer Mauer eine dichte Matte bilden, können im zeitigen Frühjahr bis dicht über dem Boden zurückgeschnitten und damit zum Neuaustrieb angeregt werden. (Ein derart drastischer Rückschnitt ist jedoch für Wistarien und andere Blütenpflanzen, die erst nach mehreren Jahren blühen, nicht zu empfehlen.) Und schließlich besteht noch die Möglichkeit, eine überalterte Pflanze zu entfernen und durch ein junges Exemplar zu ersetzen.

BEKÄMFPUNG VON SCHÄDLINGEN

Kletterpflanzen leiden nur selten unter Schädlingen und Krankheiten; einige Arten wie die Klettertrompeten (Gattung *Campsis)* und die Akebien (Gattung *Akebia)* scheinen gegen Schädlingsbefall sogar völlig immun zu sein. Andere dagegen, vor allem die Geißblatt-Arten (Gattung *Lonicera),* werden leicht von Blattläusen befallen, und die Kletterrosen können unter den gleichen Schädlingen und Krankheiten leiden, unter denen alle Rosensträucher zu leiden haben. Solange der Befall noch gering ist, kann man versuchen, die Schädlinge mit einem scharfen Wasserstrahl aus dem Schlauch zu vertreiben. Bei schwerem Befall muß man jedoch zu geeigneten Pflanzenschutzmitteln greifen.

In Mitteleuropa stellen, vor allem bei einer Kultur unter Glas, Schildläuse ein weitverbreitetes Problem dar. Die winzigen, weißen Männchen und die etwas größeren, braunen Weibchen paaren sich im Frühjahr, sobald warme Witterung eintritt. Damit aus Eiern im Freien keine Insekten schlüpfen, spritzt man mit Obstbaumkarbolineum, sobald die Temperaturen über 4° C angestiegen sind. Nach dem Schlüpfen wird in Abständen von fünf Tagen zwei- oder dreimal mit Malathion gespritzt. Bei einem Befall, der so schwer ist, daß die Blätter fast weiß erscheinen, schneidet man die ganze Pflanze bis dicht über dem Boden ab, verbrennt das Laub und spritzt den Stubben und die gesamte Umgebung der Pflanze mit Malathion oder Sommeröl. Im Gewächshaus können Schildläuse zu jeder Jahreszeit auftreten. Hier wird mit Diazinon oder Malathion gespritzt, sobald ein Befall erkennbar ist.

WINTERSCHUTZ

Eine Reihe von Kletterpflanzen, vor allem verholzte, die nur bedingt winterhart sind, können vom Frost geschädigt werden. In Gegenden mit strengem Winter empfiehlt es sich, alle nicht verläßlich winterharten Pflanzen mit einem 15 bis 30 Zentimeter hohen Erdwall um die Pflanzenbasis vor Frost zu schützen. Dazu sollte man Erde von einer anderen Stelle verwenden, nicht aber die Erde über dem Wurzelbereich zusammenharken. Auch eine Mulchschicht aus Stroh bietet einigen Schutz.

Die meisten Kletterpflanzen sind überall preiswert erhältlich. Es kommt jedoch vor, daß man von einer seltenen Art weitere Exemplare haben möchte und sich die Frage der Vermehrung stellt.

Die meisten mehrjährigen Kletterpflanzen lassen sich mit Stecklingen vom jungen Holz mühelos vermehren. Sie werden im Frühsommer geschnitten, wenn die Triebe noch jung und grün sind, aber bereits voll entwickelte Blätter tragen. Man schneidet 12 bis 15 Zentimeter lange Triebspitzen ab, und zwar jeweils 0,5 Zentimeter unterhalb eines Blattknotens; sie werden mit Wasser besprüht und in einem Kunststoffbeutel feucht gehalten, bis sie eingepflanzt werden können. Blüten und Blütenknospen werden entfernt. Dann taucht man das untere Ende eines jeden Stecklings 1 bis 2 Zentimeter tief in ein Hormon-Bewurzelungspulver (in den meisten Gartencentern erhältlich); überschüssiges Pulver wird abgeschüttelt. Als Bewurzelungssubstrat eignet sich eine 7 bis 10 Zentimeter hohe Schicht grober Sand, Torf oder eine Mischung aus diesen beiden Materialien zu gleichen Teilen; geeignet sind auch Vermiculit, Perlit und feines Torfmoos.

Mit einem Bleistift sticht man etwa 5 Zentimeter tiefe Löcher in das Substrat, steckt die Stecklinge hinein, drückt das Substrat um sie herum gut an und wässert es, bis es gleichmäßig feucht ist. Der Behälter wird mit durchsichtiger Kunststoffolie (von Stöckchen hochgehalten) abgedeckt, damit die Feuchtigkeit im Substrat erhalten bleibt; anschließend kommt dieses Kleingewächshaus an einen warmen Ort ohne direkte Sonnenein-

VERMEHRUNG DURCH STECKLINGE

Mit einem scharfen Messer schneidet man im Sommer 12–15 cm lange Spitzen von gesunden Trieben ab, und zwar jeweils gut 0,5 cm unterhalb eines Knotens. Man entfernt alle Blüten und Blütenknospen und taucht die Basis gut 1 cm tief in Hormon-Bewurzelungspulver. Dann pflanzt man die Stecklinge 5 cm tief in eine Mischung aus grobem Sand und Torf zu gleichen Teilen. Gießen und mit einem auf Stöckchen ruhenden Stück Plastikfolie abdecken; die Folie hält die Feuchtigkeit im Substrat und verhindert, daß die Stecklinge welken. An einem schattigen Ort aufstellen, bis junge Blätter neues Wachstum erkennen lassen (gewöhnlich innerhalb von 4 Wochen); anschließend die Stecklinge in Einzeltöpfe pikieren.

strahlung. Das Substrat muß feucht gehalten werden, bis die Stecklinge durch das Erscheinen von neuen Blättern erkennen lassen, daß sie angewurzelt sind. Bei schnell wurzelnden Arten wie Kletter-Spindelstrauch *(Euonymus fortunei)* und Efeu-Pelargonie *(Pelargonium peltatum)* dauert das zwei bis drei Wochen, bei langsam wurzelnden wie Waldreben (Gattung *Clematis)* und Klettertrompeten (Gattung *Campsis)* können bis zur Wurzelbildung drei Monate vergehen. Nun wird jeder Steckling in einen Einzeltopf mit einer handelsüblichen, sterilisierten Blumenerde gepflanzt. In Gegenden mit warmem Klima können Stecklinge von empfindlichen Arten wie Bleiwurz (Gattung *Plumbago)* oder Bougainvilleen (Gattung *Bougainvillea)* gleich nach dem Bewurzeln in den Garten gepflanzt werden; in Gegenden mit kälterem Klima müssen sie den Winter im Gewächshaus, im Frühbeet oder an einem sonnigen Fenster im Haus verbringen und dürfen erst in den Garten gepflanzt werden, wenn keine Frostgefahr mehr besteht.

Mehrjährige Kletterpflanzen lassen sich außerdem durch Absenker vermehren. Dazu heftet man geschmeidige junge Triebe in nährstoffreichem Boden fest, nachdem man sie an der zu versenkenden Stelle leicht eingekerbt hat. An der eingekerbten Stelle bilden sich Wurzeln; die aus ihnen hervorgehende Jungpflanze wird zu gegebener Zeit von der Mutterpflanze getrennt. Dieser Methode bedienen sich viele Baumschulen vor allem bei Wistarien und Waldreben.

VERMEHRUNG DURCH ABSENKER

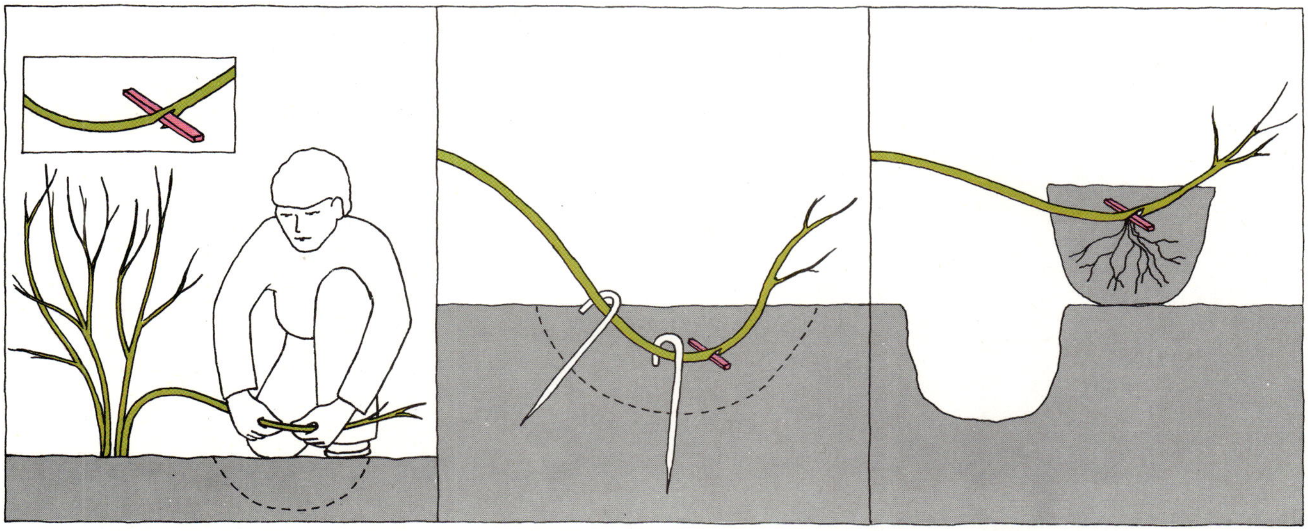

Aus den biegsamen Trieben verholzter Kletterpflanzen kann man neue Exemplare gewinnen, indem man einen Trieb 30 cm von der Spitze entfernt so im Boden versenkt, daß die Triebspitze schräg aus dem Boden aufragt. Ein 15 cm tiefes Loch graben. Den Trieb an der Biegung bis zur Hälfte einschneiden; den Schnitt mit einem Streichholz offenhalten und mit Hormon-Bewurzelungspulver bestäuben. Die eingeschnittene Stelle mit gekreuzten Stöckchen oder U-förmigen Drahtösen im Boden verankern, dem feuchter Torf und grober Sand zu gleichen Teilen beigemengt wurde. Gründlich wässern. Wenn der Trieb Wurzeln ausgebildet hat (nach durchschnittlich 1–3 Jahren), wird die Jungpflanze sorgfältig abgetrennt und eingepflanzt.

Kletter- und Ampelpflanzen im Haus

4

Die meisten Kletterpflanzen sind im Zimmer nicht schwieriger zu kultivieren als im Freien, und wie ihre Verwandten im Garten können sie auf begrenztem Raum ihre sehr verschiedenartige Pracht entfalten. Am einfachsten zu kultivieren und am weitesten verbreitet sind ein paar Blattgewächse. Eines davon, der Kletter-Philodendron *(Philodendron scandens)*, spielt seit jeher im Zimmerpflanzen-Handel eine wichtige Rolle, dichtauf gefolgt vom Känguruhwein *(Cissus antarctica).* Diese beiden Arten sind noch heute sehr beliebt; neben sie ist jedoch eine Fülle von weiteren Pflanzen mit kletternden oder überhängenden Trieben getreten, die sehr unterschiedliche Blattgrößen, -formen und -farben zu bieten haben und zum Teil auch schwaches Licht und die trockene Luft zentralbeheizter Räume ertragen.

Weit verbreitet ist zum Beispiel das mit den Philodendren verwandte Fensterblatt *(Monstera deliciosa).* Seine Blattspreiten ähneln in der Jugend denen des Kletter-Philodendrons, weisen aber mit zunehmendem Alter zahlreiche Löcher und Schlitze auf und werden bis zu 30 Zentimeter lang. Läßt man ein Fensterblatt auf einem großen, noch mit Borke bedeckten Stück Baumstamm klettern, kann diese Pflanze bis zur Decke emporwachsen. Am anderen Ende der Größenskala stehen so zarte Gewächse wie die Kanonierblumen (Gattung *Pilea)* mit zierlichen Blättchen, die dekorativ über den Rand einer Ampel herabhängen, und die „Erbsenpflanze" *(Kleinia rowleyanus,* Syn. *Senecio rowleyanus)* mit durchscheinenden, kugelförmigen Blättern, deren Triebe wie Perlenschnüre wirken.

Ein paar weitere Blattgewächse dürfen nicht unerwähnt bleiben, so die Harfenstrauch-Arten (Gattung *Plectranthus),* deren niederliegende Stengel rundliche, an den Rändern flach gekerbte Blätter tragen. Eine weitere leicht zu kultivierende und zumeist in Ampeln gesetzte Pflanze ist der Königswein *(Cissus rhombifolia);* er besitzt aus drei Teilblättchen zusammengesetzte Blätter, die etwas größer sind als die des nahe mit ihm verwandten Känguruhweins *(C. antarctica).* Andere Favoriten sind der Sommer- oder Stubenefeu *(Senecio mikanioides)* mit leuchtendgrünen, gelappten Blättern sowie die Efeutute *(Scindapsus aureus)* mit herzförmigen Blättern, die bei einigen Kultursorten hübsch gezeichnet sind.

Von zwei prachtvoll blühenden Gloxinien flankiert, verleiht ein buntblätteriger Kanarischer Efeu einer Veranda eine heitere Note. Die in einen großen Kübel gesetzte Pflanze findet mit Hilfe ihrer Haftwurzeln an Stäben und an der Wand Halt.

PFLANZENKULTUR IM WASSER

Einige der fürs Zimmer geeigneten Kletterpflanzen – zum Beispiel Königswein, Philodendren und Tradeskantien – lassen sich auch in Wasser kultivieren. Auf den Boden eines getönten oder undurchsichtigen Gefäßes kommt eine Schicht Holzkohle, die Abfallstoffe bindet. Danach wird der Behälter zu einem Drittel mit gewaschenem Aquariumkies gefüllt, lauwarmes Wasser eingegossen, die Pflanze hineingesetzt und im Kies verankert. Um das Wasser zu belüften, ohne es wechseln zu müssen, pumpt man einmal wöchentlich mit einer Pipette Luft hinein.

Von nicht minder großer Bedeutung ist natürlich der eigentliche Efeu, der in Zimmerkultur kaum seltener anzutreffen ist als im Freien. Der Gattung *Hedera* gehören fünf Arten mit einer Reihe von Unterarten an. An erster Stelle dürfte der Gewöhnliche Efeu stehen, von dem es ungefähr 100 Kultursorten gibt; für die Zimmerkultur eignen sich in erster Linie die kleinblätterigen Sorten, deren Farben zwischen Gelb und Dunkelgrün liegen und die alle möglichen Formen aufweisen können.

Kletternde Blattgewächse werden vor allem deshalb geschätzt, weil sie mit relativ schwachem, von Vorhängen gedämpftem oder von Wänden und Decken reflektiertem Licht auskommen. Manche überleben sogar in dunklen Ecken; ihr Wachstum läßt dann allerdings zu wünschen übrig, und sie können kränkeln, wenn sie nicht von Zeit zu Zeit in helleres Licht gebracht werden. Buntblätterige Arten und Sorten büßen in der Regel bei unzureichendem Licht ihre Zeichnung ein.

Blütengewächse mit kletternden und überhängenden Trieben stellen höhere Lichtansprüche, wenn sie zufriedenstellend blühen sollen. Einige wenige bringen zwar auch in indirektem oder gedämpftem Licht Blüten hervor, die meisten benötigen jedoch täglich mindestens 4 Stunden direkte Sonne. Beliebte Blütengewächse im Haus sind die Wachsblumen (Gattung *Hoya)* mit Dolden aus sternförmig ausgebreiteten, duftenden Blüten in verschiedenen Farben; die Schwarzäugige Susanne *(Thunbergia alata)*, deren weiße, gelbbraune, gelbe oder orangefarbene Blüten einen dunklen Schlund haben; die Kranzschlinge *(Stephanotis floribunda)* mit duftenden, weißen Blüten; die Pelargonien (Gattung *Pelargonium)*, Passionsblumen (Gattung *Passiflora)*, Jasmin-Arten (Gattung *Jasminum)*, Ruhmeskronen (Gattung *Gloriosa)* und viele andere.

Alle diese Pflanzen sind am sonnigsten Fenster des Hauses am besten untergebracht und gedeihen an nach Süden, Osten oder Westen gelegenen Fenstern; nur einige besonders empfindliche Arten wie die Episcien (Gattung *Episcia)* müssen im Sommer vor direkter Sonne geschützt werden, da sie ihre Blätter verbrennen könnte. Jeder Topf sollte bei jedem Gießen um einen Viertelkreis gedreht werden, damit alle Teile der Pflanzen gleich viel Licht erhalten.

Für Kletterpflanzen im Haus ist eine Fülle von Behältern geeignet – von zierlichen Teetassen bis zu massigen Keramiktöpfen; die Wahl richtet sich danach, um welche Art es sich handelt, wo sie untergebracht werden soll und welche Wirkung man erzielen will. Für viele Arten, die auf dem Fußboden oder einer Fensterbank kultiviert werden, sind Tontöpfe hervorragend geeignet. Ihre warmen Erdfarben harmonieren mit fast jeder Einrichtung; sie sind so schwer, daß sie nicht umkippen, und da sie porös sind, ist die Gefahr des Überwässerns bei ihnen relativ gering.

Kunststofftöpfe sind gewöhnlich preiswerter, weniger zerbrechlich, in vielen Farben erhältlich und leichter zu säubern. Da sie jedoch keine porösen Wände haben und deshalb die Feuchtigkeit besser halten, ist beim Gießen Vorsicht geboten. Leichte Kunststoffbehälter empfehlen sich, wenn Pflanzen, zumal große, aufgehängt werden sollen; für diesen Zweck bestimmte Ampeln sind zumeist mit einem Untersetzer zum Auffangen des Wassers und mit Ketten zum Aufhängen ausgestattet.

Viele Kletterpflanzen bieten sich für eine Kultur in Ampeln geradezu an, und ihre Triebe wirken besonders dekorativ, wenn sie über den Rand eines Topfes herabhängen. Wer seine Pflanzen an der Decke, an einem in der Wand befestigten Haken oder am oberen Ende eines Fensterrahmens aufhängt, kann sie in Augenhöhe betrachten und gewinnt zudem Platz für weitere Exemplare, ohne daß ein Raum überfüllt wirkt. Ampeln sollten dort angebracht werden, wo die in ihnen wachsenden Pflanzen am besten aussehen und genügend Licht erhalten, aber nicht im Wege sind – vor oder an einem Fenster, in einer kahlen Ecke, über einer Treppe, unter einem Oberlicht oder über einem Möbelstück, das im allgemeinen nicht bewegt wird, etwa einem Eßtisch, einem Raumteiler oder einem Bücherregal.

Da selbst Kunststoffampeln nach dem Gießen ein beträchtliches Gewicht haben, muß ihre Aufhängung unbedingt sicher in der Decke oder Wand verankert werden. Haken in der Decke werden entweder in Balken eingeschraubt oder, wenn kein Balken zu finden ist, mit Kippdübelschrauben befestigt; im Mauerwerk sollten sie eingedübelt werden, in Leichtbauwänden sorgen Krallen für festen Halt.

In vielen Gartenbedarfs- und Haushaltswarengeschäften sind eine ganze Reihe von Aufhängevorrichtungen erhältlich, darunter auch sehr dekorative in Makramee. Zu den nützlichsten gehören schwenkbare Haken, mit deren Hilfe man eine Pflanze ins Sonnenlicht oder aus ihm heraus schwenken kann, und Haken mit Kugelgelenken, die es ermöglichen, eine Pflanze beliebig zu drehen, damit sie von allen Seiten gleich viel Licht erhält oder besonders gut zur Geltung kommt.

Die Triebe der meisten Pflanzen kann man über den Rand von Behältern, die entweder aufgehängt oder an der Kante einer Fensterbank aufgestellt wurden, herabhängen lassen, aber viele Pflanzen können auch in der Senkrechten an einer Stütze emporklettern. So steigern sich zum Beispiel bei einem Philodendron, der mit überhängenden Trieben nur langsam wächst, Zuwachsgeschwindigkeit und Blattgröße erheblich, wenn man die Pflanze an etwas klettern läßt, das den Stämmen und Ästen seiner tropischen Heimat auch nur entfernt ähnelt. Als Stütze kann schon ein in das Substrat gesteckter Bambusstab genügen. Dekorativer – und für viele Pflanzen leichter zu erklettern – ist ein Stück verwittertes Treibholz, ein noch Borke tragender Abschnitt eines Baumstamms oder ein kleines Spalier. Aus langfaserigem, gut durchfeuchtetem Torfmoos, das auf ein Rechteck aus Drahtgeflecht gelegt wird, kann man eine Stütze auch leicht selbst herstellen, indem man das Drahtgeflecht so zusammenrollt, daß es eine Röhre von 5 bis 8 Zentimeter Durchmesser bildet. Diese Röhre wird an die Innenwand eines Behälters gestellt und die Pflanze anschließend eingesetzt; das Substrat gibt der Röhre die nötige Standfestigkeit. Die Triebe der Pflanze werden anfangs mit Drahtösen vorsichtig an dem Geflecht befestigt. Eine andere Methode, einen solchen Moospfosten herzustellen, wird auf Seite 73 beschrieben.

EIN FENSTERSCHMUCK

Um einen hübschen Blättervorhang an einem Fenster zu schaffen, fädelt man ein Stück Nylon-Angelschnur durch das Dränageloch eines Blumentopfes; es wird an eine flach unter dem Topf liegende Büroklammer angebunden (kleine Zeichnung). Das andere Ende der Schnur befestigt man an einem Stickrahmen oder einem ähnlichen runden Gebilde. Ein weiteres Stück Schnur wird oben an den Rahmen gebunden, über das Fenster gespannt und an einem Schraubhaken in der oberen Laibung befestigt. Den Topf mit Substrat füllen und die Pflanzen einsetzen, die den Rahmen bedecken sollen.

GELENKTES KLETTERN

Neben der schon beschriebenen Stütze gibt es viele andere Möglichkeiten. Man kann Kletterpflanzen so ziehen, daß sie ein Fenster rahmen, indem man aus Schnur – im Zickzack zwischen Stecknadeln gespannt, die in Abständen rings um das Fenster eingesteckt wurden – ein einfaches Gerüst baut. Sehr dekorativ wirkt an einem solchen Ort eine der leicht zu kultivierenden Prunkwinden (Gattung *Ipomoea)*. Im späten Frühjahr sät man ein paar Samen in einen Topf *(S. 54);* wenn die Sämlinge 5 Zentimeter hoch sind, läßt man nur den kräftigsten stehen. Dann stellt man den Topf auf die Fensterbank und leitet die Stengel so, daß sie Halt finden. Leuchtende Blüten bis in den Frühherbst hinein lohnen die Mühe.

Blattgewächse, die weniger Licht benötigen, kann man auf ähnliche Weise dazu bringen, an anderen Stellen im Haus ein zartes Filigran aus Laub zu bilden. Nylonschnur oder eine kunststoffummantelte Wäscheleine werden zwischen Schraubösen, Haken oder Nägeln so gespannt, daß eine Art freistehender Wand entsteht.

EIN LEBENDER KRANZ

Mit einiger Phantasie kann man Kletterpflanzen auch zu einer Reihe von Kunststücken anleiten. Mit Hilfe von Drahtgestellen lassen sich Efeu, Kletter-Feige *(Ficus pumila)* und andere Arten rasch zu lebenden Skulpturen formen. Dabei sind ein Schwan oder Pudel aus Efeu ebenso möglich wie einfache geometrische Formen; ein Kreis oder Reifen ist am leichtesten zu verwirklichen. Man schneidet ein Stück verzinkten Draht zu, formt ihn zum Kreis, biegt die Enden nach außen und steckt sie tief ins Substrat. Dann setzt man neben jedes Drahtende eine Jungpflanze oder einen bewurzelten Steckling und bindet die Triebe locker daran, bis sie so lang sind, daß sie im oberen Abschnitt des Reifens zusammenstoßen. Werden die Triebe durch Beschneiden und Abkneifen ihrer Spitzen zur Verzweigung angeregt, hat sich bald ein dichter Kranz entwickelt.

Kaum weniger schwierig ist ein Efeubäumchen zu ziehen. Dazu steckt man mehrere Stücke Bambus oder grüne Stäbe in einen Topf und bindet sie oben zusammen, so daß ein zeltförmiges Gebilde entsteht. An diesen Stäben emporgeleitete Triebe von jungen Exemplaren lassen eine Form entstehen, die an einen Weihnachtsbaum erinnert; ein solches Bäumchen läßt sich zum Fest sogar mit ein paar Kugeln schmücken.

SUBSTRATE

Alle Kletterpflanzen, ganz gleich, in welcher Form sie einen Raum schmücken sollen, gedeihen nur, wenn sie ein geeignetes Substrat und die richtige Pflege erhalten. Einige der beliebtesten Arten – Kletter-Philodendron *(Philodendron scandens)*, Efeutute *(Scindapsus aureus)*, Gewöhnlicher Efeu *(Hedera helix* subsp. *helix)* und Tradeskantie *(Tradescantia fluminensis)* – können sogar in Wasser kultiviert werden. Damit sich keine Algen bilden, verwendet man ein undurchsichtiges Gefäß; das Wasser sollte alle vier bis sechs Wochen erneuert werden. Von Zeit zu Zeit setzt man ihm ein paar Tropfen Flüssigdünger und etwas Holzkohle zu, die Abfallprodukte bindet. Bei den meisten Kletterpflanzen erzielt man mit einem festen Substrat bessere Ergebnisse. Handelsübliche Blumenerden sind sterilisiert, mit Nährstoffen angereichert und so zusammengesetzt, daß sie die Feuchtigkeit gut halten. Viele Zimmergärtner sind jedoch der Ansicht, daß ein solches Substrat auf der Basis von Lehmerde nicht locker genug ist, und setzen ihm Torf, Lauberde, Vermiculit oder Sand zu, um es durchlässiger zu machen. Statt dessen kann man auch ein handelsübliches Torfkultursubstrat kaufen, das leicht, sauber und einfach zu handhaben ist, aber beim Gießen einige Sorgfalt verlangt. Einige wenige Arten benötigen ein auf ihre spezifischen Bedürfnisse abgestimmtes Substrat; die jeweilige Zusammensetzung wird im enzyklopädischen Teil genannt.

Wird eine Jungpflanze in einen Topf gesetzt, in dem sie längere Zeit bleiben soll, oder ein älteres Exemplar umgetopft, sollte auf den Topfboden eine Lage Topfscherben oder eine gut 2 Zentimeter dicke Schicht Kieselsteine geschüttet werden, damit überschüssiges Wasser ungehindert durch das Dränageloch abfließen kann. Bei großen Behältern ohne Dränagelöcher muß eine solche Schicht erheblich dicker sein, damit sich im Wurzelbereich kein Wasser stauen kann. Dann setzt man die Pflanze in den Behälter und füllt so viel Substrat ein, daß sich das obere Ende des Wurzelballens ungefähr 1 Zentimeter unterhalb des Topfrandes befindet (bei Töpfen von 15 Zentimeter Durchmesser und mehr sollte der Abstand zum Topfrand 2 bis 3 Zentimeter betragen). Beim Einfüllen des Substrats wird die Pflanze aufrecht gehalten; das Substrat muß mit den Fingern gut angedrückt werden, damit sich keine Luftlöcher bilden

EIN MOOSPFOSTEN ALS STÜTZE

Eine geeignete Stütze für Pflanzen, die mit Luftwurzeln klettern, kann man herstellen, indem man zuerst lockeres, langfaseriges Torfmoos 10 Minuten in Wasser einweicht. Dann wird das überschüssige Wasser ausgedrückt und das Moos in einer etwa 1 cm dicken Schicht auf einem Stück Packpapier ausgebreitet. Ein zugespitzter Pfosten wird auf die Moosschicht gelegt; er muß so weit überstehen, daß die Spitze bis auf den Topfboden reicht. Das Moos wird mit Hilfe des Papiers fest um den Pfosten gewickelt.

Wenn die gewünschte Dicke erreicht ist, verschnürt man das Moos. Das zugespitzte Ende des Pfostens wird in einen Topf gesteckt, eine Kletterpflanze eingesetzt und am Pfosten festgebunden. Das Moos durch tägliches Besprühen feucht halten.

können. Zum Schluß drückt man es mit dem Daumen noch einmal um die Stengelbasis herum fest und gießt die Pflanze so lange, bis Wasser aus dem Dränageloch heraussickert.

GIESSEN

Wie oft die Pflanze danach gegossen werden muß, hängt natürlich von den Ansprüchen der jeweiligen Art ab. Episcien (Gattung *Episcia)* und Sommer- oder Stubenefeu *(Senecio mikanioides)* gedeihen in einem gleichmäßig feuchten Substrat am besten; bei einer Morgan-Fetthenne *(Sedum morganianum)* erzielt man bessere Ergebnisse, wenn das Substrat vor jedem erneuten Gießen leicht abgetrocknet ist. Auch der Wachstumszyklus ist beim Gießen zu beachten – ruhende Pflanzen benötigen weniger Wasser als solche, die Neuzuwachs oder Blüten hervorbringen. Zu berücksichtigen ist außerdem der Typ des Behälters und sein Standort. Wie bereits erwähnt, hält sich in einem Kunststofftopf die Feuchtigkeit länger als in einem Tontopf; das gleiche gilt für einen geschlossenen Behälter im Vergleich zu einem mit Dränagelöchern. Eine Pflanze in einer dunklen Ecke braucht seltener gegossen zu werden als eine, die an einem voll sonnigen und gut belüfteten Ort untergebracht ist.

Die größte Gefahr für die Pflanzen besteht darin, daß sie zu viel Wasser erhalten. Hierdurch wird die Luft aus dem Topfballen vollständig verdrängt, die Wurzeln erhalten dann keinen Sauerstoff mehr und sterben ab. Vor jedem Gießen sollte man deshalb das Substrat mit dem Finger prüfen. Wenn es sich trocken und krümelig anfühlt, wird gründlich gegossen. Viele Hobbygärtner ziehen es vor, kleinere Pflanzen ebenso wie in Ampeln kultivierte in den Ausguß oder die Badewanne zu stellen und für eine halbe Stunde bis an den oberen Topfrand in Wasser zu versenken; danach werden sie so aufgestellt, daß das überschüssige Wasser dränieren kann. Bei dieser Gelegenheit kann man gleich das Laub besprühen oder im Wasser schwenken, damit Staub und eventuell vorhandene Insekten entfernt werden. In jedem Fall sollte man kein kaltes, sondern immer nur lauwarmes Wasser verwenden. Stark gechlortes Wasser läßt man vor Gebrauch über Nacht stehen. Gegossen wird am Morgen, so daß Blätter und Stengel bis zum Einbruch der Nacht abtrocknen können; damit beugt man Krankheiten vor, die durch Feuchtigkeit begünstigt werden.

ERHÖHEN DER LUFTFEUCHTIGKEIT

Ebenso nachteilig wie zu viel Feuchtigkeit im Substrat wirkt sich eine zu geringe Luftfeuchtigkeit auf Zimmerpflanzen aus. Sie gedeihen besonders gut in Küchen und Badezimmern – Räumen also, in denen die Luft oft feucht ist. In einem trockenen, sonnigen Wohnraum stellt man die Pflanzen in Gruppen auf, damit sie gegenseitig von der von ihren Blättern verdunsteten Feuchtigkeit profitieren; zur Erhöhung der Luftfeuchtigkeit tragen auch Untersetzer mit einer 2 bis 3 Zentimeter dicken Schicht Kieselsteine oder grobem Sand bei. Diese Schicht wird mit Wasser gefüllt, das jedoch keinesfalls bis an die Töpfe heranreichen darf. Viele Pflanzen, in erster Linie tropische Gewächse wie Philodendren, profitieren auch von einem häufigen Besprühen mit Wasser. Das geschieht am besten mit einem

Zerstäuber, und zwar am Morgen oder frühen Nachmittag, damit die Pflanzen bis zum Abend wieder abgetrocknet sind. Die meisten Arten blühen und gedeihen bei niedrigen Nachttemperaturen am besten; der richtige Temperaturbereich ist für jede Art im enzyklopädischen Teil im 5. Kapitel angegeben. Allerdings können in verschiedenen Teilen eines Zimmers unterschiedliche Temperaturen herrschen, und ein Wandthermometer gibt nur Annäherungswerte. Genauere Aufschlüsse erhält man durch ein nahe den Pflanzen angebrachtes Thermometer; zu empfehlen ist ein sogenanntes Minimum-Maximum-Thermometer, an dem sich die Höchst- und Tiefstwerte des Tages ablesen lassen.

DÜNGEN

Zwar benötigen auch Kletterpflanzen Nährstoffe, sie kommen jedoch in Zimmerkultur mit erstaunlich geringen Mengen aus, weil das relativ schwache Licht den Prozeß der Photosynthese und damit alle weiteren Lebensvorgänge verlangsamt. Neben einem Übermaß an Wasser ist ein Übermaß an Dünger die häufigste Todesursache bei Zimmerpflanzen. Zu reichlich bemessener Dünger, der einer Pflanze zu einer Fülle von glänzendem Laub verhelfen soll, kann genau die entgegengesetzte Wirkung haben – die Düngersalze können von der Pflanze nicht verwertet werden, bleiben im Substrat und verbrennen die Wurzeln; die Folge ist, daß die Blätter welken und abfallen. Die meisten in einer Gärtnerei oder bei einem Händler gekauften Pflanzen kommen aus einem gut beleuchteten

EINE RUNDE BLÄTTERPLASTIK

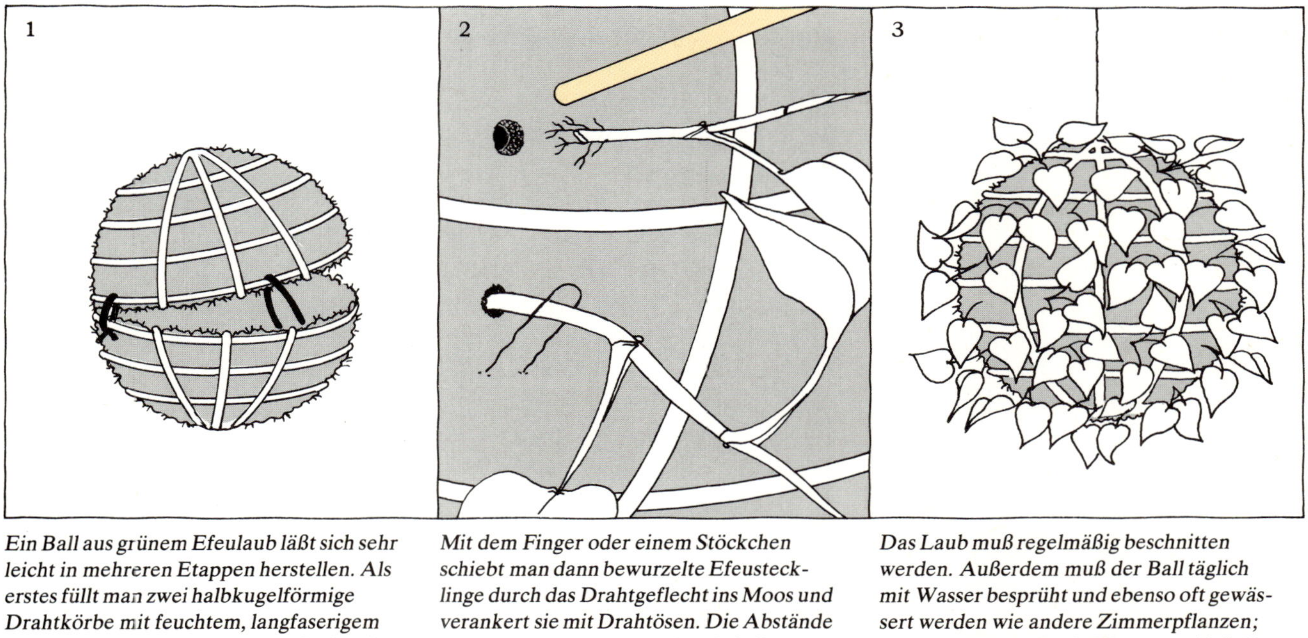

1: *Ein Ball aus grünem Efeulaub läßt sich sehr leicht in mehreren Etappen herstellen. Als erstes füllt man zwei halbkugelförmige Drahtkörbe mit feuchtem, langfaserigem Torfmoos und verbindet sie sorgfältig mit rostfreiem Draht zu einer Kugel.*

2: *Mit dem Finger oder einem Stöckchen schiebt man dann bewurzelte Efeustecklinge durch das Drahtgeflecht ins Moos und verankert sie mit Drahtösen. Die Abstände müssen so bemessen werden, daß die Pflänzchen sich ausbreiten können.*

3: *Das Laub muß regelmäßig beschnitten werden. Außerdem muß der Ball täglich mit Wasser besprüht und ebenso oft gewässert werden wie andere Zimmerpflanzen; dazu taucht man ihn in Wasser und läßt ihn anschließend ausreichend dränieren.*

Gewächshaus und sind gewöhnlich auf Monate hinaus mit Nährstoffen versorgt. Während sie sich einem Leben unter weniger idealen Bedingungen anpassen, benötigen sie mindestens drei, oft genug auch sechs Monate lang keinen weiteren Dünger. Außerdem ist bei den meisten Blattgewächsen vom Spätherbst bis zum zeitigen Frühjahr keine weitere Nährstoffzufuhr erforderlich; Blütengewächse werden während der Ruheperiode überhaupt nicht gedüngt – man wartet ab, bis das neue Wachstum einsetzt.

Beim Düngen sollte man sich an die im enzyklopädischen Teil gegebenen Empfehlungen für die einzelnen Arten halten. Die meisten Zimmerpflanzendünger haben einen hohen Anteil an Phosphor, aber einen relativ geringen an Stickstoff und Kalium (1 : 2 : 1). Niemals sollte man die auf dem Etikett angegebene Menge überschreiten; erfahrene Gärtner halten es sogar für richtiger, nur die Hälfte oder ein Viertel der angegebenen Menge zu verwenden. In jedem Fall – selbst bei verdünntem Flüssigdünger – sollte man vor dem Düngen das Substrat anfeuchten, damit die Wurzeln nicht verbrannt werden. Ruhende, kranke oder frisch eingetopfte Exemplare dürfen überhaupt keinen Dünger erhalten, ein Sämling erst, wenn er 7 bis 10 Zentimeter hoch ist, ein Steckling, sobald Neuzuwachs erkennbar ist; dann erhalten sie einen auf mindestens die Hälfte der angegebenen Stärke verdünnten Dünger. Eine weiße Kruste auf dem Substrat oder an den Wänden eines porösen Topfes deutet auf überschüssige Düngersalze hin; die Pflanze muß dann zwei- oder dreimal gründlich gegossen werden, damit die Salze aus dem Substrat geschwemmt werden, man kann sie aber auch mit ihrem Topf für eine halbe Stunde in einen Eimer mit lauwarmem Wasser stellen.

SCHÄDLINGSBEKÄMPFUNG IM HAUS

Pflanzen mit kletternden und überhängenden Trieben werden im Zimmer relativ selten von Krankheiten und Schädlingen befallen. Wenn man eine Pflanze kauft, sollte man sie sorgfältig auf Anzeichen eines etwaigen Befalls untersuchen und sie zunächst ein paar Wochen von anderen Zimmerpflanzen getrennt aufstellen, um ganz sicher zu gehen, daß etwaige Krankheiten oder Schädlinge nicht auf die übrigen Zimmerpflanzen übertragen werden. Werden an der Unterseite der Blätter, an den Trieben oder am Neuzuwachs Schädlinge festgestellt, bringt man die Pflanze sofort in die Badewanne. Weitverbreitete Schädlinge wie Spinnmilben, Weiße Fliegen und Blattläuse kann man oft mit einem Wasserstrahl aus der Brause fortspülen. Kleinere Pflanzen kann man kopfunter halten und in Seifenwasser schwenken; bei größeren wäscht man die Blätter mit einem in Seifenwasser getauchten Schwamm ab und spült mit klarem Wasser nach.

Einige Schädlinge lassen sich mit solchen Maßnahmen nicht vernichten. Schildläuse – kleine, ovale, sehr fest sitzende Insekten – kann man entfernen, indem man die Pflanze mit Seifenwasser einweicht und dann mit einer alten Zahnbürste abscheuert. Woll- oder Schmierläuse betupft man mit einem in denaturierten Alkohol getauchten Wattebausch. Größere Schädlinge, wie zum Beispiel Schnecken, kann man absammeln; man stellt eine Untertasse mit Bier als Köder auf, um sie anzulocken und zu ertränken, oder streut Schneckenkorn auf das Substrat. Hat ein Schädlingsbefall größere Ausmaße angenommen oder beginnt eine Krankheit das Laub zu verunstalten, gibt es zwei Möglichkeiten. Man kann die Pflanze mit einem auf den jeweiligen Zweck abgestimmten Pflanzenschutzmittel behandeln; dabei müssen die Anweisungen auf der Packung peinlich genau befolgt werden. Die Bekämpfung sollte im Freien stattfinden, damit sich im Zimmer keine schädlichen Dämpfe entwickeln. Die einfachere Lösung besteht darin, daß man das geschädigte Exemplar in die Mülltonne wirft.

Nach einem Winter im Haus profitieren viele Pflanzen von einem Sommer im Freien. Man wartet, bis keine Frostgefahr mehr besteht, und sorgt dann für einen allmählichen Übergang, damit die an trübe Beleuchtung und fast unbewegte Luft gewöhnten Pflanzen nicht durch helles Sonnenlicht und stürmische Winde geschockt werden. Man stellt sie ein paar Wochen an einem schattigen, geschützten Ort auf; dann kommen die lichthungrigeren unter ihnen in die direkte Sonne. Damit sie nicht zu rasch austrocknen, setzt man die Töpfe entweder in größere, mit einem feuchtigkeitshaltenden Material wie Torf oder Torfmoos gefüllte Behälter oder versenkt sie in einem Graben mit grobem Kies oder Schlacke, dessen Oberfläche man mit grobem Torf, verrottetem Laub oder einer anderen Mulchschicht, die die Feuchtigkeit gut hält, abdeckt.

EIN SOMMER IM FREIEN

Im Sommer sollte man auch prüfen, ob die Pflanzen umgetopft werden und Stecklinge für die Anzucht neuer Exemplare geschnitten werden müssen. Im Herbst haben sie sich im allgemeinen gut erholt und befinden sich bei bester Gesundheit. Rechtzeitig vor Einsetzen der Kälte holt man sie ins Haus zurück. Totes Holz oder störende Triebe werden entfernt; dann wäscht man das Laub ab oder besprüht es, um alle Insekten zu vernichten, die sich im Garten auf ihnen niedergelassen haben.

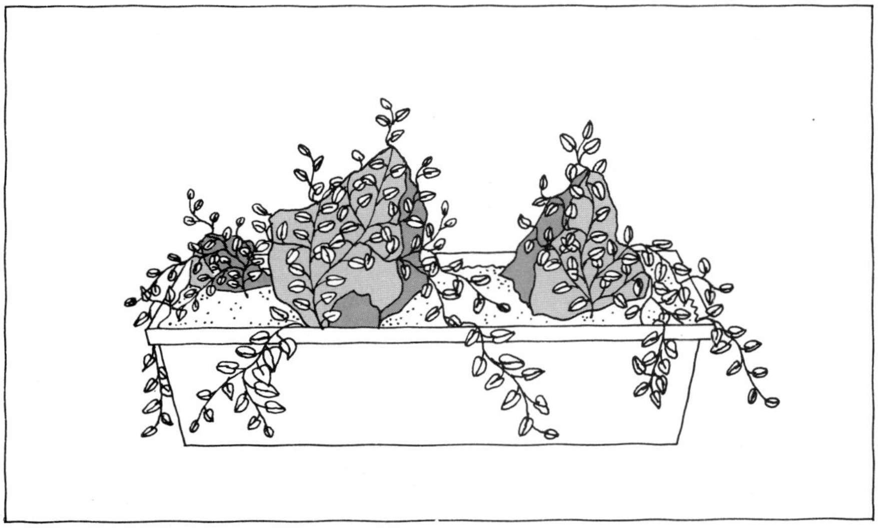

EIN STEINGARTEN IM ZIMMER
*Pflanzen, die wie die Kletter-Feige (*Ficus pumila*) oder der Kanarische Efeu (*Hedera helix *subsp.* canariensis*) in der Natur mit kleinen Luftwurzeln an Steinen haften, können dies auch im Zimmer tun und dabei ihre Stengel und Blätter auf reizvolle Weise zur Schau stellen. Für eine derart naturalistische Anlage wählt man eine wasserfest mit Folie ausgekleidete Hartholz- oder eine Kunststoffwanne. Auf den Boden kommt eine 5 cm hohe Dränageschicht aus grobem Kies. Darauf legt man einen oder mehrere Steinbrocken, die so weit im Substrat vergraben werden, daß eine natürlich wirkende Miniaturlandschaft entsteht. Substrat einfüllen, eine Kletterpflanze an die Basis jedes Steines pflanzen und das Substrat gut andrücken, damit keine Luftlöcher entstehen.*

Reizvolle Wege der Raumgestaltung

Man braucht kein besonderes gärtnerisches Geschick, um eine Pflanze im Zimmer erfolgreich zu kultivieren. Viele Kletterpflanzen passen sich den Verhältnissen im Haus bereitwillig an und sind mit durchschnittlichen Raumtemperaturen ebenso zufrieden wie manchmal mit nur schwachem oder durch Vorhänge gedämpftem Licht.

Kletterpflanzen in Zimmerkultur sind vielseitig und aufsehenerregend zugleich. Sie haben eine verblüffende Vielfalt an Größen, Farben und Formen zu bieten. Einige Arten werden wegen ihres dekorativen Laubes kultiviert, andere wegen ihrer prächtigen Blüten. Es gibt kleine, zarte Gewächse, wie zum Beispiel die zierliche Kletter-Feige *(Ficus pumila),* aber auch Riesen, die wie das Fensterblatt *(Monstera deliciosa)* im Haus Höhen von 1,80 Meter und mehr erreichen. Einige, zum Beispiel die Tradeskantien, sind äußerst wüchsig und werden am besten alljährlich durch junge Exemplare ersetzt; andere dagegen – wie die Efeutute *(Scindapsus aureus)* – sind so zurückhaltend, daß sie jahrelang nicht über den ihnen zugedachten Raum hinauswachsen.

Wegen ihrer biegsamen Triebe kann man die meisten Arten so ziehen, daß sie sich den Eigenarten fast jedes Standorts anpassen. Eine buntblättrige Sorte des Gewöhnlichen Efeus *(Hedera helix* subsp. *helix)* kann ein Fenster oder einen Erker rahmen, aber auch an Stäben oder einem Spalier hochklettern und abwechslungsreiche Muster auf eine kahle Wand oder Decke zeichnen. Ein Königswein *(Cissus rhombifolia),* an straff gespannten Drähten gezogen, liefert einen vom Boden bis zur Decke durchgehenden natürlichen Raumteiler. Arten mit überhängenden Trieben wie etwa eine *Gynura* oder ein Harfenstrauch (Gattung *Plectranthus)* füllen, an einem Haken an der Wand aufgehängt oder in eine hübsche Ampel gesetzt, leere, sonnige Ecken mit funkelndem Laub.

Die meisten der im Haus kultivierten Kletterpflanzen müssen regelmäßig geformt und so ausgelichtet werden, daß sie nicht zu groß werden und Licht und Luft ins Pflanzeninnere gelangen können. Ein nicht zurückgeschnittener Jasmin kann in einer einzigen Wachstumsperiode ein Fenster völlig verdunkeln. Wegen ihrer Blüten kultivierte Arten werden daher im zeitigen Frühjahr oder unmittelbar nach der Blütezeit beschnitten; Blattgewächse können durch Abkneifen der Triebspitzen jederzeit in Form gehalten werden. Alle Kletterpflanzen lohnen die geringe Mühe, die sie bereiten, mit unermüdlichem Wachstum.

Die Blätter eines Königsweins hängen über ein Treppengeländer herab. Diese beliebte Art gedeiht bei angemessener Beleuchtung auch an kühlen Stellen des Hauses.

VOGUE

Dramatische Akzente durch üppiges Laub

Von den federähnlichen Trieben eines Zier-Spargels bis zu den breiten, durchlöcherten Blättern eines Fensterblatts reicht die fast grenzenlose Vielfalt der kletternden Blattgewächse fürs Haus. Eine Kletter-Feige kann einen hölzernen Rahmen am Fenster erklimmen. In eine Ampel gepflanzt, läßt der Zier-Spargel *Asparagus densiflorus* 'Sprengeri' seine zarten Triebe bis zu 60 Zentimeter lang überhängen, an einem Spalier dagegen kann er sogar bis zu 3 Meter in die Höhe klettern.

Die kaum zentimetergroßen, sehr dünnen Blätter einer Kletter-Feige bilden einen zarten Teppich. Mit Haftwurzeln findet die Pflanze auch an glatten Flächen Halt.

Das Fensterblatt ist eine robuste Pflanze aus dem tropischen Regenwald und gleichfalls ein Wurzelkletterer. Die glänzenden Blätter können bis zu 30 Zentimeter lang werden.

Die 4 bis 9 Zentimeter langen Blätter einer Gynura aurantiaca *sind auf beiden Seiten mit purpurnen Härchen bedeckt. Die Pflanze gedeiht in direkter Sonne am besten.*

*Die nadelähnlichen Scheinblätter eines Feder-Spargels (*Asparagus setaceus, *links) und eines Zier-Spargels (*Asparagus densiflorus *'Sprengeri', rechts) sind abgeflachte Sprosse, die die Funktion der Blätter übernehmen. Beide können mit Dornen klettern; ohne Stütze hängen ihre Triebe über.*

Die vielen Gesichter der Cissus-Arten

Die Gattung *Cissus,* der viele in den Tropen und Subtropen heimische immergrüne Arten angehören, hat eine Vielfalt an Größen und Formen zu bieten. Die Blätter können dick, breit und kühn geformt sein, aber auch so zart wie Flaumfedern. Die mit Ranken kletternden Pflanzen sind mit den Reben verwandt, aber ihre Früchte, die in Zimmerkultur nicht ausgebildet werden, sind ungenießbar. Die meisten Arten bevorzugen helles indirektes oder durch Vorhänge gedämpftes Licht und ein Substrat, das vor jedem erneuten Gießen leicht abgetrocknet sein sollte.

Das Laub eines Cissus incisa *hängt dekorativ von einer Säule herab. Diese Cissus-Art gedeiht auch bei verhältnismäßig stark schwankenden Zimmertemperaturen.*

Diese Cissus-Art fällt durch ihre zierlichen Blätter auf. Zum guten Gedeihen benötigt diese Urwaldpflanze feuchte Luft und Temperaturen nicht über 22° C.

*Der Känguruhwein (*Cissus antarctica*) trägt glänzend dunkelgrüne Blätter, kann im Zimmer bis zu 2 Meter hoch klettern und leidet nicht unter trockener Zimmerluft.*

Kletterpflanzen, die Farbe bekennen

Viele tropische Blütengewächse, die wie die Schwarzäugige Susanne und die Efeu- oder Hänge-Pelargonie bei uns im Garten einjährig kultiviert werden, können im Zimmer das ganze Jahr hindurch blühen. Mehrjährige Arten wie die Bougainvilleen, die nur in mildem Klima im Freien gedeihen, sind gleichfalls prächtige Zimmerpflanzen, die einen unübersehbaren Rahmen für ein Südfenster liefern können. Die meisten Arten benötigen gleichbleibende Feuchtigkeit, Wärme und häufiges Düngen.

Der Harfenstrauch bringt Trauben aus kleinen, orchideenähnlichen Blüten hervor. In einer Ampel kultiviert, erreichen seine Triebe Längen bis zu 60 Zentimeter.

Dipladenia sanderi *'Rosea' trägt das ganze Jahr hindurch hübsche, lachsrosa Blüten.*

Leuchtend gefärbte, papierartige Hochblätter machen den Reiz der Bougainvilleen aus; sie sitzen unterhalb der eigentlichen Blüten, die selbst recht unscheinbar wirken.

Die doldenartigen Blütenstände der Efeu- oder Hänge-Pelargonie erscheinen an schlanken, überhängenden Trieben, die bis zu 1,20 Meter lang werden können.

Zwei Blüten einer Schwarzäugigen Susanne leuchten aus einem Hintergrund aus dichtem Laub hervor. Die Pflanze benötigt kühle Nächte und ein feuchtes Substrat.

Eine Passionsblume prunkt mit einer großen, ungewöhnlichen Blüte. Die für sonnige Fenster geeigneten Pflanzen gedeihen bei relativ niedrigen Nachttemperaturen am besten.

Eine Enzyklopädie der Kletterpflanzen 5

Kletterpflanzen sind wie kleine Kinder: Wenn sie brav sind, dann sind sie wahre Musterexemplare an Bravheit, und wenn sie ungezogen sind, dann sind sie unerträglich. Ihre Gewohnheit, sich ständig dem Licht entgegenzurecken, kann dazu führen, daß sie auch den besten Gartenentwurf zunichte machen. Sie klettern an jeder geeigneten Stütze mit Hilfe von Ranken, Luftwurzeln und Blattstielen empor, finden mit hakenden Dornen oder Stacheln Halt oder winden sich mit ihren Trieben um straff gespannte Drähte oder Schnüre. Die folgende Enzyklopädie, in der auch Ampelpflanzen aufgenommen sind, soll dem Gärtner helfen, die richtigen Arten für seine Zwecke auszuwählen, indem sie beschreibt, auf welche Weise und wie schnell jede der Pflanzen wächst.

So sollte man zum Beispiel von vornherein wissen, daß die Wistarien ungestüme und erbarmungslose Pflanzen sind. Wird ein Exemplar der Gattung *Wisteria* in der Nähe eines Baumes angepflanzt, umschlingt und erwürgt es ihn. Andere Pflanzen dagegen sind so zurückhaltend, daß ihr kletternder Habitus kaum auffällt. Der Feder-Spargel *(Asparagus setaceus)* zum Beispiel besitzt weiche Triebe mit kleinen Dornen, die sich an einer Stütze festhaken und im Freien oder im Gewächshaus 3 Meter lang werden können. Die meisten Leute bemerken jedoch überhaupt nicht, daß er eine Kletterpflanze ist, weil er im Zimmer gewöhnlich in Ampeln kultiviert wird, so daß seine Triebe überhängen können.

Wer die Wuchseigentümlichkeiten der Kletterpflanzen kennt, kann eine niederliegende Pflanze zum Bedecken eines steinigen Abhangs auswählen, eine andere, die einen Baumstumpf mit einem hübschen Polster überzieht, ein blühendes Gewächs, das sich durch ein Spalier flicht, oder ein immergrünes, das an einer Ziegelmauer Halt findet. Es genügt jedoch nicht, die Wuchseigentümlichkeiten zu kennen; ebenso wichtig ist die Kenntnis der optimalen Bedingungen für jede einzelne Art.

Die Pflanzen sind nach ihren wissenschaftlichen Namen alphabetisch geordnet; sofern ein deutscher Name gebräuchlich ist, steht er in Klammern und erscheint als Querverweis zu dem wissenschaftlichen im Register. Die Tabelle auf den Seiten 146 bis 150 ermöglicht einen schnellen Überblick über die Merkmale aller beschriebenen Arten.

Viele Kletterpflanzen tragen sehr hübsche und außergewöhnlich geformte Blüten in den unterschiedlichsten Farbtönen – so zum Beispiel die Glockenrebe (oben links), das Geißblatt (oben rechts) und die Schwarzäugige Susanne (unten rechts).

KIWIPFLANZE (Frucht)
Actinidia chinensis

KIWIPFLANZE (Blüten)
Actinidia chinensis

Actinidia kolomikta

SINNBLUME
Aeschynanthus radicans

A

ACTINIDIA

A. arguta (Japanische Stachelbeere); *A. chinensis* (Kiwipflanze); *A. kolomikta; A. polygama*

Die *Actinidia*-Arten, die zuweilen im Deutschen auch Strahlengriffel genannt werden, schlingen sich um aufrechte Stützen und erreichen rasch Höhen von 2–15 m; es sind ausdauernde Pflanzen, die Zäune und andere Baulichkeiten mit glänzenden, herzförmigen Blättern überziehen. Die weißen oder rosa Blüten duften gewöhnlich. Die Pflanzen können ein- oder zweihäusig sein; im letzteren Fall müssen männliche und weibliche Exemplare vorhanden sein, damit die zum Teil eßbaren, saftigen Früchte gebildet werden.

Die Japanische Stachelbeere ist eine sehr wüchsige Art, die in ihrer ostasiatischen Heimat bis in die Kronen hoher Bäume emporklettert. Mit ihren glänzenden, 8–12 cm langen, dunkelgrünen Blättern an langen, roten Stielen eignet sie sich ganz hervorragend als Schattenspender. Um die Sommermitte erscheinen unscheinbare, schwach duftende, weiße Blüten, aus denen sich grünlichgelb gefärbte Früchte von gut 2 cm Durchmesser entwickeln. Die jungen Triebe und die Blätter der Kiwipflanze sind samtig rot behaart. Diese Art trägt gleichfalls um die Sommermitte cremefarbene Blüten von ungefähr 4 cm Durchmesser, die sich im Verblühen orangegelb färben; aus ihnen gehen flaumige, grüne Früchte von 4–5 cm Durchmesser hervor, die wie Stachelbeeren schmecken. Die 12–18 cm langen Blätter sind dunkelgrün.

Die 10–15 cm langen Blätter von *A. kolomikta* tragen an der Spitze weiße oder rosa Flecke; an männlichen Pflanzen und an Exemplaren, die in der vollen Sonne stehen, ist die Blattfärbung besonders deutlich ausgeprägt. An männlichen Exemplaren von *A. polygama* schimmern die jungen Blätter silbrig; die ausgewachsenen Blätter sind 7–12 cm lang, glänzend, leuchtendgrün und gelegentlich gelb gefleckt. Die ovalen, gelben Früchte sind eßbar. Diese Art wirkt auf Katzen so erregend, daß sie die Pflanzen mit ihren Krallen zerfetzen.

KULTUR. Die *Actinidia*-Arten gedeihen in Gegenden mit warmem und gemäßigtem Klima in voller Sonne oder im Halbschatten; *A. chinensis* ist bedingt winterhart und benötigt einen geschützten Standort. Die Pflanzen sind mit jedem guten Gartenboden zufrieden, der jedoch nicht kalkhaltig sein darf; eine kräftige Stütze ist unerläßlich. Geeignete Standorte sind feuchte, aber gut dränierte Stellen; der Boden darf bei warmer Witterung nicht austrocknen. Im zeitigen Frühjahr werden die Triebspitzen von *A. arguta* und von *A. chinensis* abgekniffen, um die Pflanzen zu dichterem Wachstum anzuregen. Die Blüten erscheinen am Zuwachs des Vorjahres. *Actinidia*-Arten leiden kaum unter Schadinsekten. Eine Vermehrung ist durch Aussaat im Frühjahr möglich, ebenso durch Triebstecklinge, die man im Mittsommer schneidet, in feuchtem Sand bewurzeln läßt und im folgenden Frühjahr auspflanzt.

SINNBLUME
Aeschynanthus speciosus

AESCHYNANTHUS

A. radicans, Syn. *A. lobbianus und A. parvifolius*; *A. speciosus*, Syn. *Trichosporum speciosum* (beide werden Sinnblume genannt)

Die überhängenden, 60–90 cm langen Triebe der Sinnblumen mit ihren glänzenden, immergrünen Blättern und leuchtend gefärbten, röhrenförmigen Blüten kommen in Ampeln am besten zur Geltung. Die 4 cm langen, roten Blüten von *A. radicans* haben einen gelben Schlund und erscheinen im späten Frühjahr und zu Anfang des Sommers. *A. speciosus* trägt vom Herbst bis zum Frühjahr 8 cm lange, orangefarbene Blüten mit scharlachroten Spitzen.

KULTUR. Die Sinnblumen sind Zimmerpflanzen. Sie gedeihen am besten, wenn sie im Winter täglich mindestens 4 Stunden direkte Sonne, zu anderen Zeiten helles, durch Vorhänge gedämpftes Licht erhalten; auch eine Kultur bei 14–16 Stunden künstlicher Beleuchtung pro Tag ist möglich. Zu empfehlen sind Nachttemperaturen von 18°–21° C, Tagestemperaturen von 21°–24° C und eine Luftfeuchtigkeit von 50–60 %. Man pflanzt sie in ein erdefreies Substrat, das

FINGERBLATT-AKEBIE
Akebia quinata

Allamanda cathartica

während der gesamten Wachstumsperiode gleichmäßig feucht gehalten werden muß. Alle 2 Wochen erhalten die Pflanzen einen auf die Hälfte der angegebenen Stärke verdünnten Zimmerpflanzendünger.

Im Winter müssen die Sinnblumen eine Ruheperiode einlegen, während der kaum gegossen und nicht gedüngt wird; die Nachttemperaturen müssen um 13° C liegen. Im ersten Jahr sollten Sinnblumen nicht blühen; wenn die neuen Triebe eine Länge von 7–10 cm erreicht haben, kneift man ihre Spitzen ab, um die Pflanzen zu buschigerem Wachstum und reicherer Blüte im zweiten Jahr anzuregen. Wenn die Blütezeit an älteren Exemplaren beendet ist, schneidet man die Triebe auf 15 cm zurück, damit sie sich auch weiterhin verzweigen. Umgetopft wird alle 3 Jahre im Frühjahr; dabei kann man zum Zwecke der Vermehrung Triebstecklinge schneiden, die man in feuchtem Sand oder Vermiculit bewurzeln läßt.

AKEBIA

A.quinata (Fingerblatt-Akebie)

Diese in kälteren Gegenden halbimmergrüne, ungewöhnlich rasch wachsende Kletterpflanze kann im Laufe der Jahre eine Höhe von 9 m erreichen, läßt sich aber durch regelmäßiges Zurückschneiden kleiner halten und ist auch als Bodenbedecker geeignet. In kalten Wintern wird das Laub abgeworfen. Die aus 5 glatten, glänzenden, rundlichen, jeweils 2–8 cm langen Fiederblättchen zusammengesetzten Blätter sorgen für eine zarte Struktur und durchsonnten Schatten, wenn sie Baulichkeiten im Garten überziehen. Im Frühjahr tragen die Pflanzen Stände aus unscheinbaren, duftenden Blüten; die weiblichen sind gut 2 cm breit und purpurn, die männlichen erscheinen in größerer Zahl, sind kleiner und hellpurpurn gefärbt.

KULTUR. Die Fingerblatt-Akebie gedeiht in Sonne und Halbschatten; sie bevorzugt einen leichten Boden mit durchschnittlichem Nährstoffgehalt, ist aber auch mit jedem anderen, gut dränierten Boden zufrieden. Gedüngt wird, falls erforderlich, im Frühjahr mit einem Handelsdünger. Nach der Blüte müssen die Pflanzen alljährlich beschnitten werden, damit sie nicht zu groß werden; schwache Triebe werden entfernt. Auch ein Rückschnitt bis dicht über dem Boden ist möglich, da die Pflanzen rasch wieder austreiben. Gepflanzt wird im Frühjahr; wenn die Pflanzen nicht als Bodenbedecker eingesetzt werden, ist eine kräftige Stütze erforderlich. Akebien leiden kaum unter Krankheiten und Schädlingen. Eine Vermehrung ist durch Absenker oder Triebstecklinge im Frühsommer möglich.

ALLAMANDA

A. cathartica

Diese immergrüne, tropische Kletterpflanze kann in Europa nicht im Freien kultiviert werden; in Wintergärten oder Gewächshäusern, in denen die Triebe an 15 cm unter dem Dach gespannten Drähten Halt finden, wirkt sie jedoch sehr dekorativ. Die großen, glänzend dunkelgrünen und 10–15 cm langen Blätter bilden einen dichten Hintergrund für die duftenden, leuchtendgelben, trichterförmigen Blüten, die einen Durchmesser von 7–10 cm haben; die Blütezeit liegt in der zweiten Sommerhälfte. Besonders großblütige Kultursorten sind neben anderen 'Grandiflora' und 'Schottii'.

KULTUR. *A. cathartica* gedeiht am besten in nährstoffreichem Substrat in tiefen Töpfen oder auf Rabatten im Gewächshaus oder Wintergarten. Im Sommer wird reichlich gegossen, im Winter nur sehr wenig. Den ganzen Sommer hindurch erhalten die Pflanzen etwa alle 10 Tage einen auf die Hälfte der angegebenen Stärke verdünnten Flüssigdünger. Im Winter dürfen die Temperaturen nachts nicht unter 13° C absinken. Damit die Pflanzen eine gute Form behalten und nicht zu groß werden, sollten die Spitzen junger Triebe regelmäßig abgekniffen werden.

Eine Vermehrung ist möglich durch 8 cm lange Triebstecklinge, die man im Frühjahr in einen Kasten mit Bodenheizung (24°–27° C) in feuchten Sand oder Vermiculit pflanzt. Wenn sich nach 3 Wochen

Wurzeln gebildet haben, werden die Stecklinge in 8- bis 10-cm-Töpfe verpflanzt; später im Jahr kommen sie in 15-cm-Töpfe. Wenn der Neuzuwachs unter 15 cm Länge bleibt, werden sie in jedem Frühjahr in den nächstgrößeren Topf umgepflanzt.

AMPELOPSIS

A. brevipedunculata, Syn. *Cissus brevipedunculata* und *Vitis brevipedunculata* (Ussuri-Scheinrebe)

Die zu den Weinrebengewächsen (Vitaceae) gehörenden Scheinreben klettern mit Hilfe von Sproßranken und tragen tief eingeschnittene, dreilappige, grüne Blätter, die dichten Schatten liefern und an Mauern sowie an Zäunen und Laubengängen zarte Muster zeichnen. Die Ussuri-Scheinrebe ist auch als Bodenbedecker geeignet, zumal sie sogar in hartem, steinigem Boden und unter anderen widrigen Umständen gedeiht. Gartenfreunde schätzen an ihr besonders die Dolden aus kaum halbzentimetergroßen Früchten, die vor dem Laubfall im Spätsommer und Herbst heranreifen. Die Früchte verändern ihre Farbe von Hellgrün über Türkis, Lavendel und Dunkelpurpur zu Porzellanblau; häufig sind alle Farben gleichzeitig in einer Dolde vertreten. Am schönsten sind die Früchte nach einem langen, warmen Sommer.

KULTUR. Die Ussuri-Scheinrebe gedeiht in voller Sonne oder Halbschatten und bevorzugt einen leichten Boden. Sie sollte einmal jährlich etwas Handelsdünger erhalten. Im Frühjahr wird sie kräftig zurückgeschnitten, damit sie ihre Form nicht verliert und nicht zu groß wird. Blattfleckenkrankheiten und Raupenbefall werden mit handelsüblichen Pflanzenschutzmitteln bekämpft. Eine Vermehrung ist im Frühjahr durch Triebstecklinge oder Absenker möglich; aus Absenkern hervorgegangene Jungpflanzen werden im folgenden Frühjahr von der Mutterpflanze getrennt.

USSURI-SCHEINREBE
Ampelopsis brevipedunculata

ARAUJIA

A. sericifera

Diese in Südamerika heimische Kletterpflanze kann nur im Mittelmeergebiet und an klimatisch besonders begünstigten Standorten im Freien kultiviert werden. Sie ist eine immergrüne, etwas mehlig wirkende Pflanze mit hellgrünen, länglichovalen Blättern und flach ausgebreiteten, schwach duftenden, cremeweißen Blüten mit einem Durchmesser von gut 2 cm, die im Spätsommer erscheinen. Besonders hübsch sind die grünen, tief gefurchten Fruchtkapseln, die gut 12 cm lang und 7 cm breit und mit seidigen, quastentragenden Samen gefüllt sind, aber nur bei ausreichender Wärme gebildet werden.

KULTUR. *A. sericifera* gedeiht in jedem nährstoffreichen, gut dränierten Gartenboden. In Mitteleuropa muß sie im Zimmer oder Kalthaus kultiviert und in Töpfe mit handelsüblicher Blumenerde gepflanzt werden. In beiden Fällen benötigt sie volle Sonne und ein Gerüst zum Klettern. Eine Vermehrung ist im Frühjahr durch Aussaat in einen beheizten Kasten möglich.

ARISTOLOCHIA

A. elegans (Zierliche Pfeifenblume, Zierliche Osterluzei); *A. macrophylla*, Syn. *A. durior* und *A. sipho* (Pfeifenwinde)

Die Zierliche Pfeifenblume oder Osterluzei *(A. elegans)* ist eine immergrüne, bei uns nicht winterharte Art. Sie wird am besten im Gewächshaus kultiviert, wo sie eine Höhe von 3 m erreichen kann. Im Sommer erscheinen duftlose Blüten mit einem Durchmesser von 7–8 cm zwischen ebenso großen, herzförmigen Blättern. Die Blütenköpfe sind außen weiß mit purpurner Äderung, innen bräunlichpurpurn mit weißer Zeichnung.

Die Pfeifenwinde *(A. macrophylla)* ist eine wüchsige, ausdauernde Schlingpflanze, die man als Sicht- oder Windschutz, aber auch vor einer Mauer kultivieren kann. Ihre breit herzförmigen Blätter, die im Herbst abgeworfen werden, sind glänzend dunkelgrün, werden bis zu

ZIERLICHE PFEIFENBLUME
Aristolochia elegans

PFEIFENWINDE
Aristolochia macrophylla

ZIER-SPARGEL
Asparagus asparagoides

ZIER-SPARGEL
Asparagus densiflorus 'Sprengeri'

30 cm lang und bilden einen dichten Vorhang, der eine Höhe bis zu 6 m erreichen kann. Im Frühjahr des zweiten Jahres bringen die Pflanzen unscheinbare Blüten mit grünlichgelbem Stiel und bräunlichpurpurnem Kopf von 4 cm Durchmesser hervor; ihr Duft wird von manchen Leuten als unangenehm empfunden.

KULTUR. Die Zierliche Pfeifenblume gedeiht im Gewächshaus am besten, wenn sie im Winter direkte Sonne und im Sommer gedämpftes Licht erhält. Die Temperaturen sollten im Winter möglichst nicht unter 13° C absinken, die Luftfeuchtigkeit bei 40–50 % liegen. Die Pflanzen werden entweder einzeln in handelsübliche Blumenerde eingetopft oder in Abständen von 30–45 cm auf eine Rabatte gepflanzt; man spannt Drähte als Stütze. Während der Wachstumsperiode wird das Substrat feucht gehalten und einmal monatlich mit einem auf die Hälfte der angegebenen Stärke verdünnten Zimmerpflanzendünger gedüngt. Während der Ruheperiode im Winter wird bei Temperaturen um 13° C wenig gewässert und überhaupt nicht gedüngt. Man beschneidet im Frühjahr und topft dabei gegebenenfalls um. Eine Vermehrung ist im Frühsommer durch Triebstecklinge möglich, die man in einem beheizten Kasten (21°–24° C) in einer Mischung aus Sand und Torf zu gleichen Teilen bewurzeln läßt; bewurzelte Stecklinge in Einzeltöpfe pikieren.

Die Pfeifenwinde gedeiht in voller Sonne und Halbschatten, verträgt auch verschmutzte Stadtluft und ist mit jedem nährstoffreichen, gut dränierten Gartenboden zufrieden. Es empfiehlt sich, vor dem Pflanzen Kompost oder Torf in den Boden einzuarbeiten und einmal jährlich mit einem Handelsdünger zu düngen. In kälteren Gegenden müssen die Pflanzen im ersten Jahr mit einer dicken Mulchschicht vor Frost geschützt werden. In jeder Wachstumsperiode kneift man die Triebspitzen ein- oder zweimal ab, um die Pflanzen zu stärkerer Verzweigung anzuregen; zu dicht gewordene Exemplare können im zeitigen Frühjahr ausgelichtet werden. Eine Vermehrung ist durch Absenker im Spätsommer möglich, ebenso durch Triebstecklinge in der Sommermitte.

Pfeifenwinde und Zierliche Pfeifenblume werden häufig von Spinnmilben und Blattläusen befallen.

FEDER-SPARGEL
Asparagus setaceus

ASARINA

A. procumbens, Syn. *Antirrhinum asarina* (Maurandie, Kammsame)

Diese in Südeuropa heimische, niederliegende Staude eignet sich zum Bedecken von kahlem, trockenem Boden unter Koniferen und an ähnlich ungünstigen Stellen; auch für warme Nischen in Steingärten ist sie geeignet. Die ganze Pflanze fühlt sich feucht und klebrig an und besitzt kleine, gegenständige, fünflappige Blätter und weiße Blüten mit gelbem Schlund, die denen des Löwenmauls ähneln und den ganzen Sommer hindurch erscheinen.

KULTUR. *A. procumbens* benötigt volle Sonne. Sie verträgt trockenen und nährstoffarmen Boden, gedeiht aber am besten in feuchtem, gut dräniertem und mit Torf oder Lauberde angereichertem Gartenboden. Diese Art kann entweder als einjährige Pflanze kultiviert oder mit Winterschutz im Freien überwintert werden.

ASPARAGUS

A. asparagoides, Syn. *A. medeoloides* (Zier-Spargel); *A. densiflorus* 'Sprengeri', Syn. *A. sprengeri* (Zier-Spargel); *A. setaceus*, Syn. *A. plumosus* (Feder-Spargel)

Sowohl der Zier-Spargel *A. asparagoides* als auch der Feder-Spargel sind Kletterpflanzen, die mit Blattdornen an kräftigen Schnüren oder Drähten Halt finden. *A. asparagoides* erreicht relativ schnell eine Höhe von 3 m; der Feder-Spargel wächst langsamer, kann aber fast ebenso hoch werden. Läßt man die Pflanzen ohne Stütze wachsen, hängt das immergrüne Laub anmutig über; als Kletterpflanzen kultiviert, wirken sie auf Rabatten oder in Kästen oder Töpfen entlang der Wand eines Gewächshauses sehr dekorativ. Beide Arten tragen im Frühjahr unscheinbare grünlichweiße oder weiße Blüten.

Beaumontia grandiflora

AMPEL-KNOLLENBEGONIE
Begonia x *tuberhybrida* 'Pendula'

Die Triebe von *A. densiflorus* 'Sprengeri' werden bis zu 1 m lang; wird die Pflanze in einen Topf oder eine Ampel gesetzt, hängen die mit leuchtendgrünen Scheinblättern (Phyllokladien) besetzten Triebe bogenförmig über. Im Frühjahr und zu Beginn des Sommers können duftende weiße oder blaßrosa Blüten erscheinen.

KULTUR. Alle Zier-Spargel gedeihen am besten, wenn sie helles, indirektes Licht oder täglich 12–14 Stunden künstliche Beleuchtung erhalten. Ideal sind Nachttemperaturen von 10°–13° C, Tagestemperaturen von 20°–22° C und eine Luftfeuchtigkeit von 40–50 %. Man pflanzt entweder einzeln in Töpfe oder mit Abständen von 30 cm in Kästen oder auf Rabatten mit handelsüblicher Blumenerde. Das Substrat feuchthalten, aber nicht durchnässen. Neu gekaufte oder frisch eingetopfte Pflanzen dürfen in den ersten 4–6 Monaten nicht gedüngt werden; danach erhalten sie alle 2 Wochen einen auf die Hälfte der angegebenen Stärke verdünnten Zimmerpflanzendünger. Im Winter müssen sie eine Ruheperiode einlegen, während der sie nicht gedüngt und nur sehr sparsam gegossen werden. Vergilbende Triebe müssen entfernt werden, damit junge an ihre Stelle treten können. Wenn sich die Wurzeln im Behälter drängen, muß umgetopft werden. Zier-Spargel werden leicht von Spinnmilben, Blattläusen und Thripsen befallen. Eine Vermehrung ist durch Teilung älterer Exemplare oder durch Aussaat möglich.

B

BEAUMONTIA

B. grandiflora

Die im subtropischen Klima heimische *Beaumontia grandiflora* kann sich mit ihren kräftigen, verholzten Stämmen verhältnismäßig rasch in Höhen von 4–9 m emporwinden. Die glänzenden, immergrünen Blätter werden bis zu 20 cm lang. Im Frühjahr und Sommer erscheinen am Zuwachs des Vorjahres Hunderte von trompetenförmigen, weißen Blüten mit einem Durchmesser und einer Länge von ungefähr 10 cm. In Europa kann die Pflanze ausschließlich im Gewächshaus kultiviert werden.

KULTUR. *B. grandiflora* sollte soviel Licht wie möglich erhalten. Zu empfehlen sind Temperaturen, die nachts zwischen 16° und 18° C und am Tage zwischen 21° und 27° C liegen, sowie eine Luftfeuchtigkeit von 60 %. Die Pflanzen gedeihen in nährstoffreicher, feuchter, gut dränierter und sterilisierter Blumenerde am besten. Es empfiehlt sich, sie nicht in Töpfen zu kultivieren, sondern auf Beeten oder Rabatten, wo ihren Wurzeln ausreichend Platz zur Verfügung steht. Das Substrat muß feucht gehalten, darf aber nicht durchnäßt werden; im Spätsommer wird weniger gewässert, damit die Pflanzen reichlich Blüten ansetzen können. Im Frühjahr wird mit einem Handelsdünger gedüngt. Unmittelbar nach der Blüte ist ein kräftiger Rückschnitt erforderlich; er hat die Aufgabe, die Größe der Pflanzen zu regulieren, sie auszulichten und zur Ausbildung von Seitentrieben anzuregen, an denen die Blüten des nächsten Jahres erscheinen können. *Beaumontia*-Arten leiden kaum unter Schädlingen. Eine Vermehrung ist möglich durch Triebstecklinge, die man am besten in feuchtem Sand, Vermiculit oder einer Mischung aus Torf und Sand zu gleichen Teilen bewurzeln läßt.

BEGONIA

B. x *tuberhybrida* 'Pendula'-Sortengruppe (Ampel- oder Hänge-Knollenbegonien)

In Ampeln gepflanzt und im Gewächshaus oder an einem sonnigen Fenster aufgehängt, entwickeln sich diese Begonien rasch zu prächtigen Solitärpflanzen. Ihre 0,60–1,20 m langen Triebe hängen über den Rand des Behälters herab und tragen den ganzen Sommer hindurch eine Fülle von Blüten, die je nach Sorte groß oder klein, einfach oder halbgefüllt sein können. Die oft gekräuselten oder gewellten Blütenblätter sind leuchtend scharlachrot, rosa, orange, gelb oder weiß. Die glänzenden Blätter sind herz- oder pfeilförmig und haben einen gesägten Rand. Nach der Ruheperiode können die Pflanzen den Sommer an halbschattigen Standorten im Freien verbringen.

KULTUR. Ampel- oder Hänge-Knollenbegonien gedeihen am besten, wenn man sie im Frühjahr in direkter Sonne anzieht; während der Blütezeit im Sommer dagegen müssen sie vor der Sonne geschützt werden und benötigen indirektes oder durch Vorhänge gedämpftes Licht. Im Zimmer sollten die Nachttemperaturen zwischen 13° und 16° C liegen, die Luftfeuchtigkeit bei 40–50 %. Im zeitigen Frühjahr pflanzt man die Knollen in flache Töpfe mit einer Mischung aus feuchtem Torf und Sand. Wenn die neuen Triebe erscheinen, setzt man 3 oder 4 Exemplare in einen 15- oder 20-cm-Topf mit handelsüblicher Blumenerde und Torf zu gleichen Teilen. Das Substrat muß feucht gehalten, darf aber nicht durchnäßt werden; gedüngt wird während der Wachstumsperiode alle 2 Wochen mit einem auf die Hälfte der angegebenen Stärke verdünnten Flüssigdünger. Besonders große Blüten bilden sich, wenn man alle zuerst erscheinenden Blütenknospen abkneift und vom zweiten Knospenansatz an jedem Trieb nur die Mittelknospe stehenläßt. Im Herbst wird nicht mehr gedüngt und allmählich immer weniger gegossen, damit das Laub absterben kann. Nachdem die Knollen abgetrocknet sind, werden alle Stengelreste sorgfältig entfernt. Den Winter über lagert man die Knollen am besten an einem kühlen, trockenen Ort bei Temperaturen zwischen 4° und 10° C.

Im Verlauf mehrerer Wachstumsperioden werden die Knollen allmählich größer. Große Knollen können im Spätwinter geteilt werden, wenn sie ihre Ruheperiode beenden und Knospen zu erscheinen beginnen. Außerdem lassen sich diese Begonien durch Triebstecklinge vermehren, die man im Frühsommer schneidet und in einer Mischung aus Sand und Torf zu gleichen Teilen bewurzeln läßt. An diesen Stecklingen bilden sich in der ersten Wachstumsperiode kleine Knollen, die im Winter gelagert und im Frühjahr wieder angezogen werden, bis sie zu Normalgröße herangewachsen sind.

BERBERIDOPSIS

B. corallina (Korallenstrauch)

Der Korallenstrauch ist bei uns nur an klimatisch besonders begünstigten Standorten winterhart; in Gegenden mit wärmerem Klima wie dem Süden Frankreichs gedeiht er an kühlen, feuchten Stellen. Die immergrüne Pflanze kann unter günstigen Bedingungen 3–6 m hoch werden. An den Trieben sitzen wechselständige, 8 cm lange dicke und lederige Blätter, die herzförmig oder oval und stachelig gezähnt sind. Die rundlichen, dunkel karminroten Blüten von rund 1 cm Durchmesser erscheinen im Spätsommer an langen Stielen in endständigen, überhängenden Trauben.

KULTUR. An kühlen, beschatteten Standorten und in nicht alkalischem Boden wirkt der Korallenstrauch in frostfreien Gegenden vor einer nach Norden gerichteten Mauer sehr dekorativ; besonders gut gedeiht er in baumbestandenem Gelände. Er benötigt eine kräftige Stütze. Eine Vermehrung kann im Frühjahr durch Aussaat, Absenker oder Triebstecklinge erfolgen. Bei uns ist nur eine Kultur im Zimmer, Kalthaus oder Wintergarten möglich.

BIGNONIA

B. capreolata, Syn. *Anisostichus capreolatus* und *Doxantha capreolata* (Kreuzrebe)

Mit Hilfe von Blattranken, an deren Enden krallenartige Haken sitzen, klettert die Kreuzrebe rasch bis zu einer Höhe von 15 m empor und überzieht Mauern, Zäune, Baumstümpfe oder Spaliere mit immergrünen, 5–15 cm langen Fiederblättern. Im Frühsommer erscheinen Trugdolden aus bräunlich-orangefarbenen, trompetenförmigen, 5 cm langen Blüten, aus denen sich bis zum Herbst flache, 12–18 cm lange Samenkapseln entwickeln.

KULTUR. Die Kreuzrebe gedeiht in Gegenden mit mildem Klima in jedem gut dränierten Gartenboden in voller Sonne oder Halbschat-

KREUZREBE
Bignonia capreolata

Bougainvillea glabra

Campanula isophylla 'Alba'

ten. Bei uns ist sie nicht winterhart und kann nur im Gewächshaus kultiviert werden. Da die Kreuzrebe zu starkem Wuchern neigt, düngt man nur junge Exemplare oder ältere, deren Wachstum zu wünschen übrigläßt. Im Frühjahr wird jeder Trieb auf halbe Länge zurückgeschnitten, um die Pflanzen zum Neuaustrieb und verstärktem Blütenansatz anzuregen. Dabei werden gleichzeitig schwache Triebe entfernt und die Pflanzen geformt. Eine Vermehrung ist durch Triebstecklinge möglich, die man in einer Mischung aus feuchtem Torf und Sand zu gleichen Teilen bewurzeln läßt. Sofern Samen erhältlich sind, ist auch eine Vermehrung durch Aussaat möglich.

BOUGAINVILLEA

B. x buttiana; B. glabra; B. spectabilis (Bougainvillea, Drillingsblume)

Bei den farbenprächtigen „Blüten" der Bougainvilleen handelt es sich in Wirklichkeit um papierartige Hochblätter unterhalb der eigentlichen, unscheinbaren Blüten. In Gegenden mit warmem Klima können diese Blüten das ganze Jahr hindurch erscheinen, Hauptblütezeit ist jedoch der Sommer. Die Farbskala der Arten und Sorten reicht von Weiß über Creme zu Gelb und von Blaßviolett über Purpur zu Karmin und Orange. *B. x buttiana* und ihre Sorten bringen die schönsten Hochblätter hervor, die Pflanzen müssen aber ständig beschnitten werden, da sie stark wuchern. Die Bougainvilleen besitzen schwache Triebe mit hakigen Dornen, mit deren Hilfe sie klettern können; dennoch müssen sie an Stützen angebunden werden, damit sie nicht von ihrem eigenen Gewicht herabgezogen werden. In Gegenden mit mediterranem Klima werden die Bougainvilleen als Sicht- und Windschutz kultiviert und überziehen Laubengänge und Veranden. In Gegenden mit gemäßigtem Klima können sie nur als Kletterpflanzen im Gewächshaus oder als buschige Exemplare in Töpfen im Zimmer gehalten werden.

KULTUR. Im Freien benötigen die Bougainvilleen durchsonnte Standorte und einen gut dränierten Gartenboden, der feucht gehalten werden muß, aber nicht durchnäßt werden darf.

Im Gewächshaus pflanzt man Bougainvilleen in große Töpfe oder auf Rabatten mit handelsüblicher Blumenerde; eingetopften Pflanzen gibt man Stäbe oder zu Ösen gebogenen Draht als Stütze. Vor jedem erneuten Gießen muß das Substrat leicht abgetrocknet sein; gedüngt wird während der Wachstumsperiode im Frühjahr und Sommer einmal monatlich mit einem auf die Hälfte der angegebenen Stärke verdünnten Flüssigdünger. Unmittelbar nach der Blüte oder vor Einsetzen des neuen Wachstums im Frühjahr werden die Pflanzen zurückgeschnitten. In den Wintermonaten wird nicht gedüngt und nur wenig gegossen. Die Temperaturen sollten im Winter nachts zwischen 7° und 10° C und am Tage zwischen 13° und 16° C liegen; im Sommer dürfen sie bis auf 27° C ansteigen, sofern für die erforderliche Luftfeuchtigkeit und Belüftung gesorgt ist. Eine Vermehrung ist im späten Frühjahr oder zu Beginn des Sommers durch Bewurzeln von Triebstecklingen in feuchtem Sand möglich.

C

CAMPANULA

C. isophylla (Ampel-Glockenblume)

Die Ampel-Glockenblume bringt nur 15 cm lange Triebe hervor, breitet sich aber stark aus. Sie ist eine Staude, deren glatte ovale oder herzförmige Blätter in frostfreien Gärten dichte und zugleich zarte Matten bilden. In Zimmerkultur gedeihen sie in Töpfen oder Ampeln an einem sonnigen Fenster. Im Spätsommer und im Herbst bringt *C. isophylla* blaßblaue Blüten von gut 2 cm Durchmesser hervor; die Kultursorte 'Alba' blüht weiß, die Sorte 'Mayi' besitzt cremefarben gezeichnete, flaumig behaarte Blätter.

KULTUR. In Zimmerkultur benötigt die Ampel-Glockenblume Nachttemperaturen von 10°–13° C und Tagestemperaturen von 20°–22° C sowie täglich 4 Stunden direkte Sonne, nur im Sommer ist durch Vorhänge gedämpftes Licht ausreichend; auch eine Kultur bei täglich 14–16 Stunden künstlicher Beleuchtung ist möglich. Als Substrat eignet sich handelsübliche Blumenerde, die während der Wachstumsperiode feucht gehalten werden muß; gedüngt wird einmal monatlich mit einem auf die Hälfte der angegebenen Stärke verdünnten Flüssigdünger. Im Winter wird nicht gedüngt und nur wenig gegossen. Bei Einsetzen des neuen Wachstums im Frühjahr kneift man die Triebspitzen ab, um die Pflanzen zu stärkerer Verzweigung und vermehrter Blütenproduktion anzuregen. Eine Vermehrung ist im Frühjahr durch Teilung oder Triebstecklinge möglich, die man in feuchtem Sand oder Vermiculit bewurzeln läßt.

CAMPSIS

C. grandiflora, Syn. *C. chinensis, Tecoma grandiflora, Bignonia chinensis* und *B. grandiflora; C. radicans,* syn. *Bignonia radicans* und *Tecoma radicans; C.* x *tagliabuana* 'Madame Galen' (alle Arten heißen Klettertrompete oder Trompetenblume)

Im Spätsommer tragen diese laubwerfenden Kletterpflanzen endständige Rispen aus leuchtenden, trompetenförmigen Blüten, die orange- oder scharlachrot gefärbt und 5–8 cm lang sind. Ihre Blätter sind aus 5–11 Fiedern mit gesägten Rändern zusammengesetzt. Die Klettertrompeten eignen sich hervorragend zum Überziehen von Mauern, Baumstümpfen, Zäunen oder Pergolen; mit Hilfe von Haftwurzeln können sie an rauhen Flächen 6–9 m hoch klettern.

C. grandiflora trägt orangerote Blüten in Gruppen von 6–12; die Blüten von *C. radicans* sind innen hellorange und außen scharlachrot (es gibt auch Sorten mit gelben und dunkel scharlachroten Blüten), *C.* x *tagliabuana* 'Madame Galen' trägt lachsrosa Blüten.

KULTUR. Die Klettertrompeten gedeihen am besten in voller Sonne und nährstoffreichem, feuchtem und gut dräniertem Boden, der mit Kompost oder Lauberde angereichert wurde. Die widerstandsfähigste Art ist *C. radicans*; *C. grandiflora* ist bei uns nur im Weinbauklima bedingt winterhart und wird besser im Kalthaus kultiviert. Die etwas härtere *C.* x *tagliabuana* 'Madame Galen' benötigt ebenso wie andere Arten und Sorten klimatisch begünstigte Standorte und eine dicke Mulchschicht als Winterschutz.

Neue Triebe müssen an Stützen festgebunden werden, bis sich Haftwurzeln gebildet haben; auch schwere, ausgewachsene Exemplare müssen unter Umständen angebunden werden.

Fest verwurzelte Exemplare werden durch einen Rückschnitt im zeitigen Frühjahr vor Einsetzen neuen Wachstums unter Kontrolle gehalten. Später kneift man die Triebspitzen ab, um eine stärkere Verzweigung in der Nähe der Basis anzuregen. Eine Vermehrung ist im zeitigen Frühjahr durch Abtrennen und Wiedereinpflanzen von Wurzelschößlingen möglich; außerdem gewinnt man neue Pflanzen durch Aussaat im Frühjahr oder Triebstecklinge, die man in feuchtem Sand oder Torf bewurzeln läßt.

KLETTERTROMPETE
Campsis radicans

CARDIOSPERMUM

C. halicacabum (Ballonblume, Herzsame)

Die Ballonblume klettert mit Hilfe von Ranken häufig in einer einzigen Wachstumsperiode 3 m und mehr in die Höhe. Sie trägt fein zerteilte, 5 cm lange Blätter und im Sommer unscheinbare weiße Blüten, aus denen sich dekorative Früchte entwickeln. Die ballonförmigen Kapseln sind grün und papierartig, haben Durchmesser von gut 2 cm und enthalten schwarze Samen, von denen jeder einen herzförmigen, weißen Fleck trägt. In Gegenden mit gemäßigtem Klima werden die Ballonblumen einjährig kultiviert, in Gegenden mit mediterranem Klima sind sie mehrjährig. Doch selbst bei einjähriger Kultur können sie durch ihr rasches Wachstum Spaliere, Bogengänge und Zäune mit zartem Grün überziehen.

KULTUR. Die Ballonblume gedeiht am besten in voller Sonne und gut dräniertem Gartenboden. Die Aussaat erfolgt im zeitigen Frühjahr unter Glas oder, wenn keine Frostgefahr mehr besteht, ins

BALLONBLUME
Cardiospermum halicacabum

Celastrus orbiculatus

LEUCHTERBLUME
Ceropegia linearis subsp. *woodii*

KÄNGURUHWEIN
Cissus antarctica

BUNTE KLIMME
Cissus discolor

Freie. Um die Keimung zu beschleunigen, sollte man die Samen über Nacht in Wasser einweichen. Im Zimmer angezogene Sämlinge werden in Torftöpfe pikiert und mit Abständen von 30 cm ausgepflanzt; Sämlinge im Freiland werden entsprechend ausgedünnt. Die Pflanzen benötigen ein Spalier oder eine Schnur zum Klettern.

CELASTRUS

C. orbiculatus, Syn. *C. articulatus; C. rosthornianus; C. scandens* (alle Arten werden Baumwürger genannt)

Die rasch wachsenden Baumwürger wirken sehr dekorativ, wenn sie Laubengänge, Spaliere, Zäune und Baumstümpfe oder eine mit senkrechten Stützen versehene Mauer überziehen. Keinesfalls sollte man jedoch einen jüngeren Baum als Stütze verwenden, denn die Triebe umschlingen ihn so kraftvoll, daß er absterben kann. Grüne, bis zu 12 cm lange Blätter sorgen den Sommer über für einen dichten Überzug; im Herbst färben sie sich gelb und fallen danach ab. Im Frühsommer tragen die Pflanzen unscheinbare, grünlichweiße Blüten. An weiblichen Exemplaren erscheinen gelborangefarbene Früchte, die aufplatzen und scharlachrote Samen erkennen lassen.

Die Baumwürger werden im allgemeinen 6–9 m hoch und besitzen rundliche Blätter; die Früchte erscheinen in kleinen Gruppen an den Trieben. *C. scandens* wird nur etwa 6 m hoch, wächst aber stark in die Breite; er trägt ovale Blätter.

KULTUR. Die Baumwürger gedeihen in voller Sonne oder Halbschatten in jedem Gartenboden, der nicht ständig naß ist. Um die Pflanzen unter Kontrolle zu halten und zur Ausbildung zahlreicher Früchte anzuregen, sollten sie alljährlich im Frühjahr stark zurückgeschnitten werden.

Die Baumwürger breiten sich gelegentlich durch Wurzelausläufer stark aus und können lästig werden. In solchen Fällen trennt man unerwünschte Schößlinge mit einem scharfen Spaten ab. Eine Vermehrung ist durch Absenker oder Triebstecklinge im Frühjahr möglich. Damit Früchte gebildet werden, müssen sowohl männliche als auch weibliche Exemplare vorhanden sein.

CEROPEGIA

C. linearis subsp. *woodii*, Syn. *C. woodii* (Leuchterblume)

Die in den Tropen heimische Leuchterblume besitzt lange, drahtige, purpurfarbene Triebe, an denen paarweise knapp zentimetergroße, herzförmige, sukkulente Blätter sitzen, die auf der Oberseite silbern gesprenkelt sind und eine purpurne Unterseite haben. Im Herbst erscheinen gelegentlich in den Blattachseln kleine Stände aus wächsernen, trüb fleischfarbenen Blüten; die rasch wachsenden Pflanzen werden jedoch in erster Linie wegen ihres hübschen Laubes kultiviert. Man kann ihre 0,90–1,20 m langen Triebe an kleine Spaliere anbinden; sie kommen jedoch besser zur Geltung, wenn man sie über den Rand eines Behälters herabhängen läßt.

KULTUR. Die Leuchterblume benötigt helles, indirektes Licht oder täglich 12–14 Stunden künstliche Beleuchtung; sie bevorzugt Temperaturen, die nachts zwischen 10° und 13° C und am Tage zwischen 20° und 22° C liegen. Man pflanzt sie in handelsübliche Blumenerde, der man zur besseren Dränage die gleiche Menge groben Sand zugesetzt hat. Vom Frühjahr bis zum Herbst muß das Substrat vor jedem erneuten Gießen leicht abgetrocknet sein; im Winter wird nur so viel gegossen, daß die Blätter nicht schrumpfen. Vom Frühjahr bis zur Sommermitte erhalten die Pflanzen gelegentlich einen auf die Hälfte der angegebenen Stärke verdünnten Zimmerpflanzendünger, zu anderen Zeiten wird nicht gedüngt. Abkneifen der Triebspitzen fördert buschiges Wachstum. Für ihren Behälter zu groß gewordene Exemplare können jederzeit umgetopft werde, am besten im Frühjahr. Eine Vermehrung ist durch Stecklinge möglich, außerdem kann man die kleinen Brutknollen, die gelegentlich in den Blattachseln erscheinen, wenn die Pflanzen geblüht haben, ablösen und in feuchten Sand oder Vermiculit einpflanzen.

KÖNIGSWEIN
Cissus rhombifolia

JACKMANNII-WALDREBE
Clematis x jackmanii

WALDREBE
Clematis montana

CISSUS

C. antarctica (Känguruhwein, Russischer Wein); *C. discolor* (Bunte Klimme); *C. incisa; C. rhombifolia,* irrtümlich für *Rhoicissus rhomboides* gehalten (Königswein)

Die *Cissus*-Arten wachsen mit Hilfe von Ranken an Spalieren, Schnüren oder anderen Stützen empor. Die hier aufgeführten Arten sind in den Tropen heimisch und können deshalb bei uns nicht im Freien kultiviert werden; als Zimmerpflanzen sind sie jedoch sehr beliebt und vielseitig verwendbar. Sie werden zwar überwiegend an Stützen kultiviert, man kann ihre schwachen Triebe aber auch über den Rand von Ampeln herabhängen lassen.

Der Känguruhwein trägt ovale, glänzend dunkelgrüne Blätter mit gezähnten Rändern, die 10–15 cm lang werden; die behaarten Stengel können Längen bis zu 2 m erreichen.

Die Blätter der Bunten Klimme sind 7–10 cm lang und herzförmig; die Oberseiten sind violett, silbern und purpurn gezeichnet, die Unterseiten rötlich-purpurn gefärbt und flaumig behaart. Die roten Stengel können bis zu 2,50 m lang werden.

C. incisa hat fleischige, 2–5 cm lange, dreilappige Blätter; sie sitzen an verholzten, 1,20–1,50 m langen Stengeln. Die Blätter des Königsweins sind gleichfalls dreilappig, werden aber 10 cm lang und fast ebenso breit. Sie sind in der Jugend bronzefarben und mit feinen, rötlichen Härchen bedeckt, färben sich später aber grün. Die behaarten, braunen Stengel erreichen im allgemeinen Längen zwischen 1,80 und 2,50 m.

KULTUR. Alle *Cissus*-Arten gedeihen am besten, wenn sie indirektes oder durch Vorhänge gedämpftes Licht oder aber täglich 10–12 Stunden künstliche Beleuchtung erhalten. Die meisten Arten benötigen Nachttemperaturen von 10°–13° C und Tagestemperaturen von 20°–22° C; die Luftfeuchtigkeit braucht nur 30–40 % zu betragen. *C. discolor* bevorzugt im Winter Temperaturen zwischen 18° und 21° C in der Nacht und 24° und 27° C bei Tage, sonst können die Blätter abfallen; die Luftfeuchtigkeit sollte bei 50 % liegen. Als Substrat eignet sich eine Mischung aus Lehmerde, Torf und grobem Sand zu gleichen Teilen, der man pro Eimer 1 Eßlöffel gemahlenen Kalk zusetzt. Gelegentlich erhalten die Pflanzen einen auf ein Viertel der angegebenen Stärke verdünnten Zimmerpflanzendünger. Im Sommer müssen die *Cissus*-Arten reichlich gegossen werden, zu anderen Zeiten dürfen sie nur wenig Wasser erhalten; das Substrat muß vor jedem erneuten Gießen leicht abgetrocknet sein. Der Schnitt erfolgt im zeitigen Frühjahr. Sollen die Pflanzen weniger lange Triebe ausbilden und eher buschig wachsen, müssen im Frühjahr die Triebspitzen abgekniffen werden.

Eine Vermehrung ist durch Triebstecklinge möglich, die man in einem beheizten Kasten mit einer Mischung aus Torf und Sand zu gleichen Teilen bewurzeln läßt.

CLEMATIS

C. armandii; C. florida; C. x *jackmanii* (Jackmannii-Hybriden); *C. macropetala; C. montana; C. orientalis; C. rehderana; C. tangutica; C. viticella* (alle Arten werden Waldrebe genannt)

Die Waldreben sind starkwüchsige Pflanzen, die mit Blattranken an jeder geeigneten Stütze emporklettern und zu verschiedenen Zeiten eine Fülle von herrlichen Blüten hervorbringen. Die Blätter der ausdauernden Pflanzen sorgen an Terrassenüberdachungen für Schatten oder überziehen Mauern und Zäune mit dichten Matten; man kann sie auch mit Kletterrosen kombinieren oder an Baumstämmen emporwachsen lassen. Je nach Art und Klima können die Waldreben immergrün oder sommergrün sein. Die 2–15 cm großen Blüten haben 4–8 leuchtend gefärbte Blütenblätter. An einigen Arten bleiben die federigen Fruchtstände bis weit in den Winter hinein an den Pflanzen sitzen. In der Vase halten sich die Blüten relativ lange. Die Blüten werden zum Teil am Zuwachs des laufenden Jahres, zum Teil an dem des Vorjahres gebildet; danach richten sich Zeitpunkt und Ausmaß des Rückschnitts.

C. armandii ist immergrün. Die lederigen, glänzenden Blätter sind dreiteilig; im Frühjahr erscheinen weiße Blüten mit einem Durchmesser von 5 cm. Die Sorte 'Sieboldii' von *C. florida* fällt durch gefüllte Blüten auf, die denen der Passionsblumen ähneln; die äußeren Blütenblätter sind cremeweiß mit grünen Streifen, im Zentrum sitzen blütenblattähnliche Staubblätter.

Die Sorten der Jackmannii-Hybriden tragen in der zweiten Sommerhälfte zahlreiche flach ausgebreitete, leuchtend blauviolette, aus vier Blütenblättern zusammengesetzte Blüten. Sie lassen sich besonders gut mit Rosen kombinieren, da sie Höhen von 3–4 m erreichen und alljährlich im Frühjahr bis dicht über dem Boden zurückgeschnitten werden können. *C. macropetala* ist eine zierliche Pflanze, die bis zu 3,50 m hoch wird und im Frühsommer hängende, glockenförmige Blüten hervorbringt; sie sind leuchtend blauviolett mit blasseren, kronblattähnlichen Staubgefäßen.

C. montana ist eine der wüchsigsten und am leichtesten zu kultivierenden Arten. Wenn man sie nicht zurückschneidet, wird sie rasch 7–9 m hoch. Am Zuwachs des Vorjahres entfalten sich im zeitigen Frühjahr rötliche, dreilappige Blätter, die sich später dunkelgrün färben, und weiße Blüten von 5 cm Durchmesser. Von dieser Art gibt es einige Kultursorten mit Blüten in verschiedenen Rosatönen. *C. orientalis* und *C. tangutica* sind einander sehr ähnlich; beide sind äußerst wüchsig und tragen vom Spätsommer bis zum Herbst duftende, gelbe Blüten mit dicken Blütenblättern.

C. rehderana ist eine besonders hübsche Art mit hängenden, wie Schlüsselblumen duftenden, blaßgelben Glockenblüten; die Blütezeit dauert vom Frühsommer bis zu Beginn des Herbstes. Die Pflanze wird 4,50–6,00 m hoch und trägt schlanke, tief zerteilte Blätter.

C. viticella wird 3,00–3,50 m hoch und bringt im Sommer und Frühherbst rötlichpurpurne oder violette Blüten von 5–6 cm Durchmesser hervor. Von dieser Art gibt es mehrere Kultursorten mit karminroten, purpurnen oder weißen Blüten.

Durch Kreuzungen ist eine Reihe von Kultursorten entstanden, die sich durch prächtige Blüten mit Durchmessern bis zu 15 cm auszeichnen. Zu den Sorten, die ihre Blüten im späten Frühjahr und zu Beginn des Sommers am Zuwachs des Vorjahres tragen, gehören neben anderen: 'Belle of Woking', gefüllt, silbrig blaßviolett; 'Duchess of Edinburgh', gefüllt, duftend, weiß mit einem Anflug von Grün; 'Lasurstern', dunkelblau mit weißen Staubgefäßen; 'Nelly Moser', lavendelrosa mit breiten, karminroten Streifen, mit einer zweiten Blütezeit im Spätsommer; und 'Vyvyan Pennell', gefüllt, dunkel blauviolett mit karminroten Flecken.

Zahlreiche Sorten tragen ihre Blüten von der Sommermitte bis zum Frühherbst am Zuwachs des laufenden Jahres: 'Comtesse du Bouchaud', rosa bis rötlichviolett; 'Duchess of Albany', rosaviolett; 'Ernest Markham', leuchtendrot; 'Gipsy Queen', samtig, dunkelviolett; 'Gravetye Beauty', leuchtendrot; 'Hagley', muschelrosa mit purpurnen Antheren; 'Jackmanii Superba', dunkel purpurviolett; 'Lady Betty Balfour', violett bis purpurn mit goldgelben Staubblättern; 'Lord Neville', bläulichpurpurn; 'Perle d'Azur', blaß- bis mittelblau; 'Ville de Lyon', leuchtendrot mit gelbem Zentrum.

KULTUR. Die Waldreben gedeihen am besten an Standorten, an denen ihre Wurzeln kühlen Schatten vorfinden, die oberirdischen Teile aber volle Sonne erhalten. Sie reagieren empfindlich auf Störungen ihres Wurzelwachstums und werden deshalb in Behältern angezogen und – möglichst im Frühjahr – in feuchten, gut dränierten, leicht alkalischen bis neutralen Boden gepflanzt. Die Krone jeder Pflanze sollte sich 5 cm unterhalb der Erdoberfläche befinden. Während der Wachstumsperiode wird der Boden mit einer 5–8 cm dicken Mulchschicht aus Torf oder Kompost feucht und kühl gehalten; man kann den Wurzelbereich auch mit großen Steinen abdecken. Zum Klettern sollte ein leichtes Spalier oder eine andere geeignete Stütze vorhanden sein.

Waldreben können viele Jahre überdauern. Der Schnitt richtet sich nach der Blütezeit: Arten und Sorten, die ihre Blüten am Zuwachs des Vorjahres tragen, benötigen nach der Blüte nur einen leichten

WALDREBE
Clematis orientalis

Formschnitt. Arten und Sorten, die ihre Blüten später am Zuwachs des laufenden Jahres hervorbringen, werden im zeitigen Frühjahr bis auf 30–45 cm über dem Boden zurückgeschnitten.

Die durch einen Pilz verursachte Clematiskrankheit führt gelegentlich dazu, daß die oberirdischen Teile der Pflanzen absterben; werden jedoch die erkrankten Stengel entfernt und die Wurzeln feucht und schattig gehalten, erscheinen gewöhnlich noch in derselben Wachstumsperiode oder im folgenden Frühjahr neue Triebe. Eine Vermehrung ist durch Triebstecklinge möglich, die man im Sommer schneidet und in feuchtem Sand und Torf bewurzeln läßt. Im Frühjahr festgeheftete Absenker bilden im allgemeinen schon innerhalb eines Jahres Wurzeln aus.

LOSBAUM
Clerodendrum thomsoniae

CLERODENDRUM

C. thomsoniae (Losbaum, Schicksalsbaum)

Hängende, zweifarbige Blüten im Frühjahr und Sommer machen diese Art zu einer dekorativen Gewächshaus- oder Zimmerpflanze. Die langen, immergrünen Triebe können an ein Spalier angebunden werden, aber auch über den Rand einer Ampel herabhängen. Sobald die Triebe eine Länge von ungefähr 30 cm erreicht haben, erscheinen an ihrem Ende bis zu 15 cm lange und 8 cm breite Stände aus Blüten mit dunkelroten Kronblättern und an der Basis ballonartig aufgeblasenen, weißen Kelchblättern. Die auffallend geäderten, herzförmigen Blätter sind 7–15 cm lang, dunkelgrün und flaumig behaart.

KULTUR. *C. thomsoniae* gedeiht auf einer Rabatte im Gewächshaus am besten, kann aber auch als Zimmerpflanze in hellem indirektem oder durch Vorhänge gedämpftem Licht kultiviert werden; auch eine Kultur bei 12–14 Stunden künstlicher Beleuchtung pro Tag ist möglich. Die Temperaturen sollten nachts bei 16°–18° C und am Tage bei 21° C oder darüber liegen. Das Substrat (handelsübliche Blumenerde) muß gleichmäßig feucht gehalten, darf aber nie durchnäßt werden. Während der Wachstumsperiode erhalten die Pflanzen alle 2 Wochen einen auf die Hälfte der angegebenen Stärke verdünnten Zimmerpflanzendünger. Nach der Blüte werden alle Triebe um ein Drittel gekürzt, um die Pflanzen zur Ausbildung neuer Triebe und Blüten anzuregen; außerdem können Triebe entfernt werden, die die Symmetrie stören. Eine Vermehrung ist durch junge Triebstecklinge möglich, die man in einem Kasten mit Bodenheizung in einer Mischung aus Sand und Torf bewurzeln läßt.

RUHMESBLUME
Clianthus puniceus

CLIANTHUS

C. puniceus (Ruhmesblume)

Die Ruhmesblume, ein wüchsiger, halbimmergrüner Strauch, ist in Neuseeland heimisch, wo sie 9 m hohe Hauswände mühelos mit ihren wuchernden Trieben überzieht. In Gegenden mit gemäßigtem Klima benötigt sie einen geschützten Standort und wird nur selten höher als 3,00–3,50 m; wo mit Winterfrösten zu rechnen ist, kultiviert man die Ruhmesblume besser im Kalthaus. Die Pflanzen haben unpaarige, aus 12–24 Fiedern zusammengesetzte Blätter und tragen im Sommer ungefähr 10 cm lange Trauben aus leuchtendroten, wie Hummerscheren geformten Blüten. Gelegentlich ist auch eine weißblühende Kultursorte im Fachhandel erhältlich.

KULTUR. Die Ruhmesblume gedeiht in voller Sonne in jedem gut dränierten Boden. Da sie sich schlecht verpflanzen läßt, wird sie am besten bei schwacher Wärme aus Samen angezogen. Die Aussaat erfolgt in Töpfe; beim Pikieren ist darauf zu achten, daß die Wurzelballen nicht beschädigt werden. Die Jungpflanzen, die gewöhnlich erst nach einigen Jahren zu blühen beginnen, werden entweder vor eine warme, geschützte Mauer in den Garten gepflanzt oder auf eine Rabatte im Kalthaus. Zum Klettern benötigen sie eine Stütze, zum Beispiel ein Spalier oder eine Schnur. Eine Vermehrung ist außer durch Aussaat auch durch Stecklinge möglich, denen etwas Holz anhaftet; sie werden im Sommer geschnitten und in feuchten Sand oder Vermiculit gepflanzt.

COBAEA

C. scandens (Glockenrebe, Glockenwinde)

Die Glockenrebe ist eine kraftvolle, ausdauernde Kletterpflanze, die bei uns jedoch nur einjährig kultiviert werden kann, da sie nicht winterhart ist. Sie kann in einem Sommer 4,50–7,50 m hoch werden und überzieht mit Hilfe verzweigter Blattranken sehr rasch Zäune, Spaliere oder Mauern. Vom Frühjahr bis in den Herbst hinein trägt sie prächtige Blüten, die etwa 5 cm lang und 4 cm breit sind, sie ähneln grünlichpurpurnen, lavendelblauen, violetten oder weißen Tassen, die auf grünen Untertassen sitzen. Wenn sich die Knospen öffnen, duften sie etwas unangenehm; voll geöffnete Blüten verströmen jedoch einen honigähnlichen Duft.

KULTUR. Die Glockenrebe bevorzugt volle Sonne und feuchten, gut dränierten Boden; zu nährstoffreicher Boden fördert das Blattwachstum auf Kosten des Blütenansatzes. Die Pflanzen leiden kaum unter Schädlingen. Die Aussaat erfolgt im Frühjahr im Haus; wenn keine Frostgefahr mehr besteht, werden die Sämlinge mit Abständen von 45–60 cm ins Freie gepflanzt. Zum Klettern benötigen sie eine Stütze, zum Beispiel ein Spalier, Stäbe oder Drahtgeflecht. Abkneifen der Triebspitzen fördert die Verzweigung und damit die Ausbildung einer großen Zahl von Blüten.

GLOCKENREBE
Cobaea scandens

COLUMNEA

C. x *banksii; C. gloriosa; C. hirta; C. microphylla*

Die in den Tropen heimischen Columneen bringen, im Gewächshaus oder einem hellen Zimmer in Ampeln kultiviert, prächtige, 5–10 cm lange Röhrenblüten hervor. Gelegentlich entwickeln sich aus ihnen murmelähnliche, weiße Früchte. Die Triebe können, wenn sie nicht abgekniffen werden, bis zu 1,20 m lang werden und tragen gegenständige, 2–13 cm lange und oft behaarte Blätter.

C. x *banksii* trägt von November bis April zinnoberrote, 6–8 cm lange Blüten. *C. gloriosa* hat rote Blüten mit gelbem Schlund und blüht gleichfalls vom Herbst bis zum Frühjahr. *C. hirta* blüht im Herbst zinnoberrot. Die sehr kleinen Blätter von *C. microphylla* sind purpurn behaart, vom Herbst bis zum späten Frühjahr erscheinen 5 cm lange, orange- bis scharlachrote Blüten.

KULTUR. Die Columneen gedeihen am besten, wenn sie helles indirektes oder durch Vorhänge gedämpftes Licht oder täglich etwa 14–16 Stunden künstliche Beleuchtung erhalten. Die Temperaturen sollten im allgemeinen nachts bei 18° C und am Tage zwischen 21° und 24° C liegen. Die Pflanzen blühen am besten, wenn sie im Winter eine Ruheperiode mit Nachttemperaturen von 10°–16° C einlegen können. In dieser Zeit wird nicht gedüngt und nur wenig gegossen. Die Luftfeuchtigkeit sollte möglichst bei 60 % liegen.

Als Substrat ist ein handelsüblicher erdefreier Kompost am besten geeignet; er muß gleichmäßig feucht gehalten werden. Wenn die Blüten vorzeitig welken, wurden die Pflanzen zu reichlich gegossen, wenn die Blätter vergilben, haben sie zu wenig Wasser erhalten. Gedüngt wird während der Wachstumsperiode allmonatlich mit einem auf die Hälfte der angegebenen Stärke verdünnten Zimmerpflanzendünger. Um die Pflanzen zu neuem Wachstum anzuregen, schneidet man die Triebe nach der Blüte zurück. Eine Vermehrung ist im Frühjahr oder Sommer durch 8 cm lange Triebstecklinge oder durch Teilung möglich; Stecklinge oder Teilstücke werden in feuchten Sand oder Vermiculit gepflanzt.

Columnea gloriosa

D

DECUMARIA

D. barbara (Sternhortensie)

Diese stämmige, halbimmergrüne Kletterpflanze trägt gegenständige, eiförmige Blätter und gehört wie die Hortensie (Gattung *Hydrangea)*, der sie sehr ähnlich sieht, zur Familie der Steinbrechgewächse (Saxifragaceae). Ihre im Frühsommer erscheinenden Blüten stehen in kleinen Ständen beieinander und sind sämtlich fertil; die

Pflanze unterscheidet sich hierin von den Hortensien, die große Stände mit vielen unfruchtbaren Blüten haben. *D. barbara* klettert mit Hilfe von Haftwurzeln, die an Mauern und Baumstämmen Halt finden. An geschützten Standorten kann sie 6–9 m hoch werden.

KULTUR. Die Sternhortensie gedeiht in geschützten Lagen in Sonne oder leichtem Schatten in jedem nährstoffreichen, gut dränierten Gartenboden; sie benötigt in unserem Klima Winterschutz. Nach der Blüte kann sie einen Formschnitt erhalten. Eine Vermehrung ist durch Stecklinge vom jungen Holz möglich, die man im Frühsommer schneidet und bei schwacher Wärme bewurzeln läßt.

HELMBOHNE
Dolichos lablab

DOLICHOS

D. lablab, Syn. *Lablab niger* (Helmbohne, Faselbohne)

Unter günstigen Bedingungen klettert die Helmbohne in einem einzigen Sommer 3–9 m hoch und kann einen Zaun oder ein Spalier rasch bedecken. Der deutsche Name ist irreführend, da es sich bei der Helmbohne nicht um eine Bohne (Gattung *Phaseolus)* handelt; sie gehört jedoch wie diese zu den Schmetterlingsblütlern (Papilionaceae oder Leguminosae). Die Pflanze hat 15 cm lange Blätter und trägt im Sommer bis zu 10 cm lange Trauben aus purpurnen oder weißen Blüten, aus denen sich flache Samenhülsen entwickeln. In Gegenden mit gemäßigtem Klima kann die Helmbohne nur als Sommerblume kultiviert werden; im Mittelmeergebiet ist sie eine Staude, neigt jedoch dazu, nach ein paar Jahren zu verholzen und sieht dann weniger reizvoll aus.

KULTUR. Die Helmbohne benötigt einen geschützten Standort und volle Sonne, gedeiht aber in jedem gut dränierten Boden. Da sich Sämlinge nur selten mit Erfolg verpflanzen lassen, erfolgt die Aussaat am besten an Ort und Stelle ins Freiland, sobald keine Frostgefahr mehr besteht. In Gegenden mit kälterem Klima steht den Pflanzen allerdings nur eine kurze Wachstumsperiode zur Verfügung; dort empfiehlt es sich, sie schon früher im Haus in Torftöpfe auszusäen und die Sämlinge mit den Töpfen an den ihnen zugedachten Ort zu pflanzen. Man kann sie gut im Kalthaus oder Wintergarten kultivieren. Der Pflanzabstand sollte 30 cm betragen. Zum Klettern benötigen sie ein Spalier, Schnur oder Drahtgeflecht.

Die Vermehrung erfolgt ausschließlich durch Aussaat.

E

ECCREMOCARPUS

E. scaber (Schönranke)

Diese hübsche, immergrüne Pflanze kann bei uns nur an klimatisch besonders begünstigten Standorten im Freien überwintern und wird deshalb als Sommerblume kultiviert; sie ist aber auch für eine Kultur im Kalthaus oder Wintergarten geeignet. Die doppelt gefiederten, dunkelgrünen Blätter enden in dünnen Ranken, mit deren Hilfe die Schönranke unter günstigen Bedingungen 3,00–3,50 m hoch klettert; durch regelmäßiges Abkneifen der Triebspitzen kann die Pflanze jedoch kleiner gehalten werden. Die schmal röhrenförmigen, gut 2 cm langen Blüten sind leuchtend orangerot und erscheinen vom Sommer bis zum ersten Frost in Trauben von 6–12.

KULTUR. Im Freien pflanzt man Gruppen von jeweils 3 Sämlingen in guten Gartenboden am Fuß einer warmen Mauer, sobald keine Frostgefahr mehr besteht. Ein Spalier, Stäbe, Schnur oder Drahtgeflecht sind geeignete Stützen. Bei trockener Witterung muß reichlich gewässert werden. Damit immer wieder neue Blüten erscheinen, muß man abgewelkte regelmäßig entfernen. Im Gewächshaus ist die Schönranke mehrjährig, sie kann auf eine Rabatte oder in große Behälter mit guter Blumenerde gepflanzt werden. Während der Wachstumsperiode wird gelegentlich mit einem handelsüblichen Flüssigdünger gedüngt. Einjährig im Freien kultivierte Exemplare werden im Herbst ausgerissen oder, wenn sie in Töpfen kultiviert wurden, zum Überwintern ins Haus geholt. An geschützten Standorten können die Pflanzen den Winter überleben, auch wenn oberirdische Teile vom Frost vernichtet werden; abgestorbene Triebe werden im Frühjahr entfernt, damit Platz ist für Neuaustrieb aus der Basis. Eine Vermehrung ist durch Samen möglich, die man im Februar und März im Haus bei mäßiger Wärme in Töpfe aussät.

EPISCIA

E. cupreata; E. dianthiflora; E. lilacina, Syn. *E. chontalensis; E. reptans,* Syn. *E. fulgida*

Die Episcien breiten sich durch Ausläufer, aus denen neue Pflanzen hervorgehen, stark aus. Das samtige Laub kann neben Grün auch Schattierungen von Rot, Purpur, Bronze, Kupfer und Silber aufweisen. Im Zimmer kultiviert man die Pflanzen gewöhnlich in Ampeln, damit ihre langen Triebe und Ausläufer überhängen können. Da die Episcien im tropischen Regenwald heimisch sind, benötigen sie eine sehr hohe Luftfeuchtigkeit. Besonders gut gedeihen sie, wenn man sie auf moosbedeckte Baumstämme setzt, die feucht gehalten und zum Beispiel im Gewächshaus auf eine mit feuchter Erde bedeckte Bank gelegt werden. Vom zeitigen Frühjahr bis zum Frühherbst erscheinen zarte, 1–4 cm große Röhrenblüten.

E. cupreata besitzt zarte, verzweigte Triebe, an denen leuchtend orangerote Blüten erscheinen; die gefältelten, flaumig behaarten Blätter werden 5–8 cm lang und sind kupfern, silbern oder bronzefarben gezeichnet. *E. dianthiflora* ist in Kultur am weitesten verbreitet; sie bildet Polster aus samtigen, 4 cm langen, ovalen, grünen Blättern mit purpurnen Mittelrippen; die 3 cm langen, weißen Blüten haben gefranste Säume und sind im Schlund purpurn gefleckt. Die Blüten von *E. lilacina* sind lavendelblau, die bronzegrünen Blätter werden 7–10 cm lang. *E. reptans* trägt behaarte, dunkelgrüne Blätter, die bis zu 12 cm lang werden und entlang den Mittelrippen eine hellgrüne oder silberne Zeichnung aufweisen; die 4 cm langen Blüten sind rot.

KULTUR. Die Episcien gedeihen am besten in hellem indirektem oder durch Vorhänge gedämpftem Licht oder bei 14–16 Stunden künstlicher Beleuchtung am Tag; bei zu starkem Licht bleichen die Blätter aus und verbrennen. Zu empfehlen sind Nachttemperaturen um 18° C, Tagestemperaturen von 21°–24° C sowie eine Luftfeuchtigkeit von 60 %; wenn die Luft zu trocken ist, trocknen die Blattränder aus und rollen sich ein. Als Substrat ist ein erdefreier Kompost am besten geeignet; er muß gleichmäßig feucht gehalten, darf aber nicht durchnäßt werden. Auf die Blätter darf kein kaltes Wasser gelangen, da sie sonst braunfleckig werden. Um die Pflanzen zu besonders dichtem Wuchs und zur Ausbildung von zahlreichen Blüten anzuregen, kneift man nach der Blüte die Ausläufer ab und schneidet überlange Triebe zurück. Für ihren Behälter zu groß gewordene Exemplare müssen umgetopft werden, da Episcien nicht gedeihen, wenn ihren Wurzeln nicht genügend Platz zur Verfügung steht. Eine Vermehrung ist jederzeit durch Ausläufer oder Triebstecklinge möglich, die man in einer Mischung aus Torf und Sand zu gleichen Teilen oder feuchtem Vermiculit bewurzeln läßt.

Episcia cupreata

EUONYMUS

E. fortunei, Syn. *E. radicans* var. *acutus* (Kletter-Spindelstrauch)

Die Triebe des immergrünen Kletter-Spindelstrauchs wuchern am Boden entlang, wurzeln überall an und bilden dichte Matten, die große Flächen überziehen können. Die Pflanze wird gelegentlich in Strauchform kultiviert, kann aber auch als Bodenbedecker eingesetzt werden, vor allem dort, wo an steilen Uferböschungen Erosionsgefahr besteht. Sie wuchert über Zäune und Steinbrocken und kann an geschützten Standorten auch an einer Hauswand oder einer anderen Stütze emporgeleitet werden.

Die Wildform findet sich in Kultur relativ selten. Sie wurde von Kultursorten wie 'Carrierei', bei der es sich möglicherweise um die Altersform von *E. fortunei* handelt, weitgehend verdrängt; diese Sorte hat dunkelgrüne, gut 2 cm lange Blätter und wird gewöhnlich nur knapp 1 m hoch, wächst aber bis zu 1,80 m in die Breite. Die

KLETTER-SPINDELSTRAUCH
Euonymus fortunei 'Kewensis'

EFEU-ARALIE
x Fatshedera lizei

KLETTER-FEIGE
Ficus pumila

2–5 cm langen Blätter der Sorte 'Coloratus' färben sich im Herbst und Winter rötlichpurpurn. 'Kewensis' (Syn. 'Minimus') ist eine niederliegende Sorte, die gern in Steingärten kultiviert wird; ihre Triebe werden knapp 1 m lang, die Blätter sind sehr klein. Die Varietät *vegetus* schließlich ist von eher strauchigem Wuchs, besitzt rundliche, 4 cm breite Blätter und trägt im Herbst orangerote Früchte.

KULTUR. Der Kletter-Spindelstrauch und seine Sorten gedeihen in voller Sonne oder leichtem Schatten fast überall in Europa, nur für Gegenden mit sehr kaltem Klima sind sie nicht zu empfehlen; an besonders heißen Standorten können die jungen Blätter von der Sonne verbrannt werden. Die Pflanzen sind mit jedem feuchten, gut dränierten Gartenboden zufrieden; gepflanzt wird im Frühjahr oder Herbst in Abständen von 60 cm. Wenn sie in die Höhe wachsen sollen, ist eine kräftige Stütze erforderlich. Eine Vermehrung ist im Frühjahr durch Triebstecklinge möglich, die man in feuchtem Sand oder Vermiculit bewurzeln läßt.

F

x FATSHEDERA

x *F. lizei* (Efeu-Aralie, Bastard-Aralie)

Die teils strauchige, teils kletternde Efeu-Aralie ist aus einer Kreuzung zwischen dem Irischen Efeu *(Hedera helix* subsp. *helix* 'Hibernica') und der Zimmeraralie *(Fatsia japonica* 'Moseri') hervorgegangen. Sie hat zwar nicht die für Efeu typischen Luftwurzeln, aber ihre zähen, seilähnlichen, 1,20–2,40 m langen Triebe können ohne weiteres an Stützen angebunden und an ihnen emporgezogen werden. Die Efeu-Aralie ist nicht so buschig wie die Zimmeraralie, man kann aber durch regelmäßigen Rückschnitt dafür sorgen, daß die Triebe dicht mit Blättern besetzt sind und 0,90–1,20 m in die Breite wachsen. Die glänzenden, immergrünen Blätter sind wie die des Irischen Efeus tief eingeschnitten, werden aber bis zu 25 cm breit. In Gegenden mit mildem Klima können die Pflanzen an niedrigen Mauern und Uferböschungen als Bodenbedecker eingesetzt werden; eine Kultur in Behältern ist sowohl im Freien als auch im Zimmer möglich. Für die Zimmerkultur ist die Sorte 'Variegata' mit rahmweißen Blattspitzen besonders gut geeignet.

KULTUR. In Zimmerkultur gedeiht die Efeu-Aralie am besten, wenn sie täglich 4 Stunden direkte Sonne oder 12–14 Stunden künstliche Beleuchtung erhält, sie kann aber notfalls auch bei hellem, indirektem Licht kultiviert werden. Die Temperaturen sollten nachts etwa zwischen 4° und 13° C und am Tage zwischen 18° und 22° C liegen. Das Substrat aus handelsüblicher Blumenerde muß ständig leicht feucht gehalten werden. Frisch eingetopfte Pflanzen dürfen in den ersten 4–6 Monaten nicht gedüngt werden; fest verwurzelte erhalten alle 3 Monate, außer im Winter, einen auf die Hälfte der angegebenen Stärke verdünnten Zimmerpflanzendünger. Für ihren Behälter zu groß gewordene Exemplare werden im zeitigen Frühjahr vor Einsetzen des neuen Wachstums umgetopft. Man kann sie zu stärkerer Verzweigung anregen, indem man sie im Frühjahr bis auf 10–15 cm über dem Boden zurückschneidet.

In Südeuropa, wo die Efeu-Aralie im Freien kultiviert werden kann, benötigt sie volle Sonne oder Halbschatten und einen gut dränierten Boden. Wird sie als Bodenbedecker eingesetzt, heftet man die Triebe am Boden fest, sobald sie ungefähr 45 cm lang sind; bei kletternden Exemplaren werden sie an eine Stütze angebunden. Eine Vermehrung ist durch Triebstecklinge möglich, die man im Sommer schneidet und in feuchtem Sand oder Vermiculit bewurzeln läßt.

FICUS

F. pumila, Syn. *F. stipulata* und *F. repens* (Kletter-Feige); *F. sagittata* 'Variegata', Syn. *F. radicans* 'Variegata'

Die Kletter-Feige bildet zahlreiche einander überkreuzende Triebe aus, die mit ihren gut 2 cm langen, herzförmigen und auffallend geäderten Blättern im Laufe der Zeit eine dichte Matte bilden. Da sie mit Luftwurzeln, die denen des Efeus ähneln, an Betonblöcken, Ziegelsteinen und sogar Putz Halt findet, eignet sich die immergrüne Pflanze besonders gut zum Überziehen von Mauerwerk; wegen ihres dichten, flachen Wuchses kann sie auch als Sicht- und Windschutz eingesetzt werden. Allerdings ist sie nur in Gegenden mit mildem Klima winterhart; andernorts muß sie unter Glas kultiviert werden und kann dann 6–9 m hoch werden. Unbeschnittene, ausgewachsene Exemplare können recht unterschiedlich aussehen; sie entwickeln vorstehende Äste mit großen, dicken, 5–10 cm langen Blättern und ungenießbaren, herzförmigen, bräunlichpurpurnen Früchten von etwa 5 cm Durchmesser. Eine kleinwüchsige Kultursorte trägt nur 1–2 cm lange Blätter.

Besonders beliebt ist die Sorte 'Variegata' von *F. sagittata*. Sie hat schlanke, zugespitzt längliche Blätter, die grün und weiß marmoriert sind. Beide Arten und ihre Sorten werden häufig auch im Zimmer kultiviert, entweder in Ampeln, damit ihre langen Triebe überhängen können, oder aber in Töpfen mit einer Stütze zum Klettern.

KULTUR. *F. pumila* und *F. radicans* gedeihen am besten, wenn sie helles indirektes oder durch Vorhänge gedämpftes Licht erhalten oder täglich 12–14 Stunden künstliche Beleuchtung von mittlerer Intensität. Die Temperaturen sollten in der Nacht zwischen 16° und 18° C liegen und am Tage bei 21° C oder darüber; bei Pflanzen, die vor einer Wand kultiviert werden, können sie etwas niedriger sein. Die Luftfeuchtigkeit sollte 50 % betragen. Man pflanzt in ein erdefreies Substrat, das ständig leicht feucht gehalten werden muß, aber nicht durchnäßt werden darf, da die Wurzeln der Feigen-Arten leicht faulen. Umgetopft wird nur, wenn die Pflanzen für ihren Behälter zu groß geworden sind. Um sie zu buschigem Wachstum anzuregen, kneift man die Triebspitzen ab. Eine Vermehrung ist durch Bewurzeln von Triebstecklingen in feuchtem Sand oder einer Mischung aus Torf und Sand zu gleichen Teilen möglich.

FITTONIA

F. verschaffeltii var. *argyroneura, F. verschaffeltii* var. *verschaffeltii*

Die Fittonien sind niederliegende Pflanzen mit ovalen, papierartigen, auffallend geäderten Blättern von 5–10 cm Länge. Man kultiviert sie im Zimmer in Ampeln, über deren Rand ihre 20–25 cm langen Triebe herabhängen können. Bei *F. verschaffeltii* var. *verschaffeltii* ist das Adernetz auf den Blättern rot, bei der Varietät *argyroneura* dagegen silbrigweiß.

KULTUR. Die Fittonien gedeihen im schwachen Licht eines Nordfensters oder bei täglich 8–14 Stunden künstlicher Beleuchtung. Die Temperaturen sollten nachts zwischen 18° und 21° C und am Tage zwischen 21° und 24° C liegen. Da die Fittonien eine hohe Luftfeuchtigkeit von etwa 50 % benötigen, sollte man das Laub, vor allem wenn die Pflanzen sehr warm gehalten werden, täglich mit lauwarmem Wasser besprühen. Man pflanzt sie in ein Torfkultursubstrat, das ständig feucht gehalten werden muß, aber nie durchnäßt werden darf. Gedüngt wird einmal monatlich, außer im Winter, mit einem auf die Hälfte der angegebenen Stärke verdünnten Flüssigdünger. Wenn die Pflanzen nach 3 oder 4 Jahren unansehnlich geworden sind, ersetzt man sie am besten durch junge Exemplare; Jungpflanzen lassen sich aus Triebstecklingen anziehen, die in feuchtem Sand oder Vermiculit Wurzeln ausbilden.

Fittonia verschaffeltii var. *argyroneura*

FORSYTHIA

F. suspensa (Hänge-Forsythie)

Diese frühlingsblühende Pflanze ist ein wüchsiger Zierstrauch mit bogig überhängenden Trieben, die man aber auch an einem Spalier oder Draht flach vor einer Mauer ziehen kann. Die sommergrüne Hänge-Forsythie wird 2,50–3,00 m hoch und trägt eiförmige, häufig dreizählige Blätter sowie goldgelbe, von den Trieben herabhängende Glockenblüten von gut 2 cm Länge. Die Blüten erscheinen um die Frühjahrsmitte vor dem Blattaustrieb in kleinen Ständen am Zu-

DUFTTRICHTER
Gelsemium sempervirens

Gynura procumbens 'Purple Passion'

wachs des Vorjahres. Die Varietät *sieboldii* eignet sich mit ihren langen, immer wieder anwurzelnden Trieben zum Bedecken von Uferböschungen; die Varietät *fortunei* (Syn. 'Fortunei') hat etwas steifere, aber gleichfalls überhängende Triebe.

KULTUR. Die Hänge-Forsythien gedeihen in fast jedem Gartenboden und bringen in voller Sonne die meisten Blüten hervor. Vor einer Mauer kultivierte Sträucher werden unmittelbar nach der Blüte bis auf 2 cm ans alte Holz heran zurückgeschnitten; auf diese Weise werden sie zur Ausbildung kräftiger neuer Triebe angeregt, an denen die Blüten des kommenden Jahres erscheinen. Die Vermehrung erfolgt am einfachsten durch Absenker.

G

GELSEMIUM

G. sempervirens (Dufttrichter)

Der Dufttrichter, eine frostempfindliche immergrüne Staude, erreicht im Freien Höhen bis zu 6 m. Alle Teile der Pflanze sind giftig, können aber bedenkenlos berührt werden. Im späten Frühjahr oder zu Beginn des Sommers erscheinen Stände aus duftenden, gelben, 2–4 cm großen Trompetenblüten. Der Dufttrichter kann in Südeuropa an warmen, geschützten Standorten, zum Beispiel vor einer sonnigen Mauer, im Freien kultiviert werden. Bei uns ist er nicht winterhart. In Zimmerkultur läßt man seine Triebe an einem Spalier emporwachsen oder über den Rand einer Ampel herabhängen.

KULTUR. Der Dufttrichter kann bei uns nur im Zimmer kultiviert werden; seine Blütezeit liegt dann im Winter und Frühjahr. Er benötigt volle Sonne oder helles, indirektes Licht. Die Temperaturen sollten nachts zwischen 10° und 13° C und am Tage zwischen 20° und 22° C liegen, die Luftfeuchtigkeit 50 % betragen. Während der Wachstumsperiode muß das Substrat gleichmäßig feucht gehalten werden, nur während der Ruheperiode im Herbst wird weniger gegossen. Die Pflanzen erhalten einmal monatlich, die Ruheperiode ausgenommen, einen auf die Hälfte der angegebenen Stärke verdünnten Flüssigdünger. Eine Vermehrung ist im Frühjahr durch Stecklinge vom Neuzuwachs und durch Aussaat möglich.

GYNURA

G. aurantiaca; G. procumbens, Syn. *G. sarmentosa*

Unter den für die Zimmerkultur geeigneten Pflanzen gibt es nur wenige, deren Blätter wie die der *Gynura*-Arten schillern. Die überhängenden Triebe sind ebenso wie die Blätter so dicht mit purpurnen Härchen bedeckt, daß ihre eigentliche Grünfärbung kaum zu erkennen ist. Die Purpurfärbung ist bei jungen Blättern besonders ausgeprägt; bei älteren beschränkt sich die Behaarung in der Regel auf Streifen neben den Adern und an den Rändern.

Die Blätter von *G. aurantiaca* sind leierförmig-fiederspaltig und 4–9 cm lang; die Triebe wachsen anfangs aufrecht und hängen erst mit zunehmendem Alter über. Die schlanken Stengel von *G. procumbens* hängen gleichfalls über, können aber auch in die Höhe geleitet werden, wenn man sie an einer Stütze anbindet. Die Stengel und die Unterseiten der ungefähr 7–10 cm langen, ganzrandig lanzettlichen Blätter sind weinrot gefärbt.

In Zimmerkultur werden diese ausdauernden Pflanzen höchstens 1 m hoch, während sie in ihrer tropischen Heimat Höhen bis zu 3 m erreichen. Im Spätwinter oder zeitigen Frühjahr können kleine gelbe oder orangefarbene Blütenköpfchen erscheinen, die jedoch unangenehm duften. Im allgemeinen kultiviert man die Pflanzen in Ampeln und läßt ihre Triebe überhängen.

KULTUR. Die *Gynura*-Arten bevorzugen direkte Sonne, sind notfalls aber auch mit hellem, indirektem Licht oder täglich etwa 14–16 Stunden künstlicher Beleuchtung zufrieden. Die Luftfeuchtigkeit sollte möglichst bei 50 % liegen, die Temperaturen in der Nacht bei 18°–21° C und am Tage bei 21°–24° C. Als Substrat eignet sich eine handelsübliche Blumenerde, die gleichmäßig feucht gehalten wird. Während der Wachstumsperiode erhalten die Pflanzen einmal monatlich einen auf die Hälfte der angegebenen Stärke verdünnten Zimmerpflanzendünger. Da junge Exemplare am farbigsten sind, ersetzt man ältere alle 2–3 Jahre durch neue; zu groß gewordene Pflanzen kann man auch umtopfen. Buschiges Wachstum kann durch Abkneifen der Triebspitzen gefördert werden. Eine Vermehrung ist durch abgekniffene Triebspitzen möglich, die in klarem Wasser, feuchtem Sand oder Vermiculit Wurzeln ausbilden.

H

HARDENBERGIA

H. comptoniana, Syn. *Kennedia comptoniana*

Diese in Australien heimische Pflanze kann bei uns nur im Kalthaus kultiviert werden. Ihre schlaffen, ineinander verworrenen Stengel werden ungefähr 3,00–4,50 m lang, die immergrünen Blätter sind aus 3–5 ovalen Fiedern zusammengesetzt. Im zeitigen Frühjahr erscheinen 1 cm große, blauviolette Blüten in 15–20 cm langen Ähren. Man kann die Pflanze an einem Spalier ziehen oder an Drähten, die unter dem Dach des Gewächshauses gespannt wurden.

KULTUR. *H. comptoniana* gedeiht in Gegenden mit warmem Klima in leichtem Schatten am besten, verträgt im Kalthaus jedoch auch volle Sonne. Man pflanzt sie in gut dränierten Boden auf Beete oder Rabatten; da sie auch Trockenheit verträgt, muß der Boden nicht ständig feucht gehalten werden. Überlange Triebe werden regelmäßig gekürzt und abgewelkte Blütenstände entfernt.

Ideal ist indirektes Licht, die Temperaturen sollten nachts zwischen 7° und 10° C und am Tage zwischen 13° und 16° C liegen. Als Substrat eignet sich eine Mischung aus 2 Teilen Torf, 1 Teil Lehmerde und 1 Teil grobem Sand, der man auf jeweils 3,5 Liter 1 Eßlöffel Knochenmehl, 1 Eßlöffel gemahlenen Kalk und eine Handvoll Holzkohle zusetzt. Vor jedem erneuten Gießen muß das Substrat leicht abgetrocknet sein. Einmal im Monat erhalten die Pflanzen etwas Handelsdünger. Eine Vermehrung ist durch Samen möglich, sofern sie erhältlich sind, oder durch Triebspitzen im Frühjahr.

GEWÖHNLICHER EFEU
Hedera helix subsp. *helix*

HEDERA

H. colchica, Syn. *H. amurensis* (Kaukasus-Efeu); *H. helix* subsp. *canariensis,* Syn. *H. canariensis* (Kanarischer Efeu); *H. helix* subsp. *helix* (Gewöhnlicher Efeu)

Die als Bodenbedecker, Kletter- und Ampelpflanzen äußerst beliebten Efeu-Arten und -Sorten gehören zu den wenigen immergrünen Kletterpflanzen, die auch bei uns winterhart sind. Sie entwickeln eine Jugend- und eine Altersform mit deutlich unterschiedenem Habitus und Laub. An jungen Exemplaren erscheinen an den kletternden oder überhängenden Trieben Luftwurzeln, die sich an jeder erreichbaren Oberfläche festklammern; die glänzenden Blätter sind drei- bis fünflappig. Wenn die Pflanzen am oberen Ende ihrer Stütze angekommen sind, werden die Stengel steif und verholzen, das Wachstum wird buschig, die Blätter werden oval, und es erscheinen Büschel aus kleinen, blaßgrünen Blüten, aus denen sich schwarze oder purpurne, giftige Früchte entwickeln.

Efeu kann als schattenverträglicher Bodenbedecker ebenso eingesetzt werden wie zum Überziehen von Mauern; man kann ihn auch am Spalier ziehen, kunstvoll beschneiden, in Blumenkästen oder Ampeln pflanzen oder für sich allein in Kübel setzen. Die genannten Arten und Sorten sind auch für die Zimmerkultur geeignet.

Der Kaukasus-Efeu hat besonders große Blätter, die bis zu 25 cm lang und 15 cm breit werden können; deshalb ist diese Pflanze zum Bedecken häßlicher Mauern und Zäune besonders gut geeignet. Die dicken, lederigen Blätter sind oval oder herzförmig und dunkelgrün. Besonders hübsch sind die Kultursorten 'Dentato-Variegata' mit auffällig gelben oder rahmweißen Blatträndern und 'Paddy's Pride', deren breite, blaßgrüne Blätter ein gelbes Zentrum und dunkelgrüne Ränder haben; gelegentlich sind sie ausschließlich gelb.

KANARISCHER EFEU
Hedera helix subsp. *canariensis* 'Variegata'

WACHSBLUME
Hoya carnosa

Der Kanarische Efeu fällt durch seine weinroten Stämme und Zweige auf. Die großen Blätter haben einen Durchmesser von 12–18 cm und sind im Sommer leuchtend grün; im Herbst nehmen sie Bronzetöne an. Die Blätter der Kultursorte 'Variegata' (Syn. 'Gloire de Marengo') sind wesentlich kleiner, unregelmäßig graugrün gefärbt und außerdem cremeweiß gefleckt.

Der Gewöhnliche Efeu mit seinen kletternden oder überhängenden Trieben und dunkelgrünen, 5–10 cm langen Blättern ist ein vertrauter Anblick. Es gibt mehr als 60 Namensorten mit gelappten, rundlichen oder herzförmigen Blättern, die glatte, gewellte, gefältelte oder gekräuselte Ränder haben können. Einige besonders beliebte und völlig winterharte buntblätterige Sorten sind 'Buttercup' (Syn. 'Golden Cloud' und 'Russel's Gold') mit goldgelbem Laub; 'Chicago' mit kleinen, bronzepurpurn gezeichneten Blättern; 'Gold Heart' (Syn. 'Golden Jubilee'), dunkelgrüne Blätter mit gelbem Zentrum; 'Hibernica' (Syn. *H. hibernica*), der als Bodenbedecker sehr beliebte Irische Efeu mit großen, fünflappigen Blättern; und 'Marginata' (Syn. 'Silver Queen') mit grünweißen Blättern, die zur Winterszeit einen Anflug von Rosa aufweisen.

KULTUR. Im Freien bevorzugen die Efeu-Arten und -Sorten Sonne oder Halbschatten und einen gut dränierten, mit Torf, Kompost oder Lauberde angereicherten Boden. Gepflanzt wird im Herbst oder Frühjahr; Exemplare, die eine Mauer überziehen sollen, werden so nah wie möglich an sie herangepflanzt. Nach dem Pflanzen werden sie bis auf 15 cm über dem Boden zurückgeschnitten; fest verwurzelte Exemplare erhalten durch regelmäßigen Rückschnitt im Frühjahr die gewünschte Form und Größe. Überlange Triebe können jederzeit gekürzt werden. Wenn als Bodenbedecker eingesetzter Efeu dünne oder kahle Stellen aufweist, kann man die Pflanzen im Frühjahr durch einen Rückschnitt bis dicht über dem Boden verjüngen; eine andere Möglichkeit besteht darin, daß man einen langen Trieb auf der Kahlstelle festheftet, bis er angewurzelt ist.

In Zimmerkultur gedeiht Efeu in voller Sonne, indirektem Licht und bei täglich bis zu 14 Stunden künstlicher Beleuchtung; grünblätterige Exemplare sind notfalls auch mit Schatten und schwachem Licht zufrieden, aber buntblätterige verlieren an ungenügend beleuchteten Standorten ihre Farben. Sie benötigen kräftiges, gedämpftes Licht und Schutz vor direkter Sonne. Die Temperaturen müssen das ganze Jahr hindurch relativ niedrig sein; im Winter sollten sie nur wenige Grade über dem Gefrierpunkt liegen. Gepflanzt wird in eine handelsübliche Blumenerde. Frisch eingetopfte Exemplare dürfen in den ersten 6 Monaten nicht gedüngt werden; danach erhalten sie gelegentlich einen auf die Hälfte der angegebenen Stärke verdünnten Zimmerpflanzendünger. Für ihren Behälter zu groß gewordene Exemplare können jederzeit umgetopft werden. Eine Vermehrung ist durch Triebstecklinge möglich, von denen man jeweils drei in einen Topf mit feuchtem Sand oder Vermiculit pflanzt.

HOLBOELLIA

H. coriacea

Dieser im Himalaya heimische Kletterstrauch trägt männliche und weibliche Blüten auf verschiedenen Pflanzen; Früchte können nur gebildet werden, wenn Exemplare beiderlei Geschlechts vorhanden sind. Die männlichen Blüten sind purpurn und erscheinen in Ständen an den Triebspitzen; die weiblichen sind cremefarben und gehen aus den Blattachseln hervor. Blütezeit ist das Frühjahr. Die purpurnen Früchte haben einen Durchmesser von 5 cm, sind eßbar und enthalten schwarze Samen. Die Pflanzen erreichen Höhen von 6 m und eignen sich zum Überziehen von Bäumen, Regenrohren und Mauern. Die Blätter sind handförmig zerteilt.

KULTUR. *H. coriacea* ist nur im milden west- und südeuropäischen Klima winterhart und wird bei uns am besten im Kalthaus kultiviert. Die Pflanze gedeiht in fast jedem Boden in Sonne oder Schatten; Blüten werden allerdings nur in voller Sonne gebildet. Eine Vermehrung ist durch Aussaat oder Absenker möglich.

HOYA

H. bella, Syn. *H. paxtonii; H. carnosa* (beide heißen Wachsblume)

Die sukkulenten Triebe der Wachsblumen, die mit zunehmendem Alter verholzen, haben Luftwurzeln, mit denen die Pflanzen an Stützen Halt finden. Es sind tropische Gewächse, die bei uns nur im Gewächshaus oder im Zimmer kultiviert werden können. In Zimmerkultur werden die langsam wachsenden Wachsblumen gewöhnlich an 0,60–1,20 m hohen Spalieren gezogen oder in Ampeln gepflanzt.

H. bella ist eine Art mit überhängenden Trieben, die in Ampeln am besten zur Geltung kommen. An den Triebenden erscheinen im Sommer Stände aus sternförmig ausgebreiteten, weißen Blüten mit rosaviolettem Zentrum.

Die 5–10 cm langen, dunkelgrünen Blätter von *H. carnosa* sind dick und lederig; es gibt auch eine Kultursorte mit Blättern, bei denen gelblichweiße, rot überhauchte Ränder ein blaugrünes Zentrum umgeben. Im Sommer und Frühherbst erscheinen symmetrische Stände aus wächsernen, duftenden, gleichfalls sternförmig ausgebreiteten Blüten; sie sind rosaweiß mit rotem Zentrum. Bei warmer Witterung scheiden sie Nektartröpfchen aus. Die Blüten, die sich mehrere Wochen halten, erscheinen Jahr für Jahr an denselben Kurztrieben, die deshalb nicht entfernt werden dürfen.

KULTUR. Die Wachsblumen gedeihen am besten, wenn sie täglich 4 Stunden direkte Sonne erhalten, sind aber auch mit hellem indirektem oder durch Vorhänge gedämpftem Licht zufrieden. Zu empfehlen sind Nachttemperatuen um 10° C, Tagestemperaturen von 21° C oder darüber sowie eine Luftfeuchtigkeit von 40–50%. für *H. bella* sollten die Temperaturen etwas höher liegen – nachts zwischen 16° und 18° C und am Tage bei 24° C oder darüber. Als Substrat eignet sich am besten eine Mischung aus 2 Teilen Blumenerde und 1 Teil Sand, der man auf jeweils 3,5 Liter 1 Eßlöffel gemahlenen Kalk und 1 Eßlöffel Knochenmehl zusetzt. Während der Wachstumsperiode im Frühjahr und Sommer muß das Substrat ständig leicht feucht gehalten werden; alle 2 Monate wird mit einem geeigneten Handelsdünger gedüngt. Im Winter wird nicht gedüngt und nur sehr wenig gegossen. Für ihren Behälter zu groß gewordene Exemplare sollte man im Frühjahr umtopfen.

Beschneiden ist nur selten erforderlich; gegebenenfalls wird der Schnitt im zeitigen Frühjahr ausgeführt. Blütentriebe dürfen nicht entfernt werden. Eine Vermehrung ist im Sommer durch Triebstecklinge möglich, die in einem Kasten mit Bodenheizung anwurzeln.

GEWÖHNLICHER HOPFEN
Humulus lupulus

HUMULUS

H. lupulus (Gewöhnlicher Hopfen); *H. scandens,* Syn. *H. japonicus* (Japanischer Hopfen)

Die Hopfen sind wüchsige, grob strukturierte Kletterpflanzen, die im Sommer ein Spalier bedecken oder unschöne Gegenstände dem Blick entziehen können. Der Japanische Hopfen ist eine Einjahrspflanze, die in einer Wachstumsperiode 6–10 m hoch klettert. Die rauh behaarten, hellgrünen Blätter haben einen Durchmesser von 15–20 cm und 5–7 gesägte Lappen. Die papierähnlichen, zapfenartigen Fruchtstände erscheinen nur an den weiblichen Pflanzen. Der mehrjährige Gewöhnliche Hopfen wird gewerblich zur Bierherstellung angebaut; in den Gärten findet man zumeist die Kultursorte 'Aureus', die goldgelbe Blätter hat.

KULTUR. Die Hopfen gedeihen am besten in voller Sonne oder Halbschatten und sind mit fast jedem Boden zufrieden, bevorzugen jedoch feuchte, leichte Lehmböden, die gut dräniert und reich an Humus sind. Die Pflanzen vertragen Trockenheit, Hitze und Wind. Der einjährige Japanische Hopfen wird im Herbst ausgerissen, der Gewöhnliche Hopfen bis dicht über dem Boden zurückgeschnitten. Beide können durch Aussaat vermehrt werden, der Gewöhnliche Hopfen läßt sich auch durch Wurzelausläufer vermehren. Die Pflanzen benötigen Stützen, an denen sie emporklettern können – Pfosten oder Spaliere, wenn man sie freistehend kultiviert, und Drähte, wenn sie eine Mauer überziehen sollen.

KLETTER-HORTENSIE
Hydrangea anomala subsp. *petiolaris*

KAISERWINDE
Ipomoea nil 'Scarlet O'Hara'

PURPUR-PRUNKWINDE
Ipomoea purpurea

GEFIEDERTE STERNWINDE
Ipomoea quamoclit

HYDRANGEA

H. anomala subsp. *petiolaris,* Syn. *H. petiolaris* und *H. scandens* (Kletter-Hortensie)

Die Kletter-Hortensie ist ein großer, winterharter Strauch, der mit Hilfe von Haftwurzeln an Stein- und Ziegelmauern emporklettert. Sie kann weit über 10 m hoch werden und fast 1 m lange Seitenäste ausbilden. Da die rote Borke an älteren Stämmen abblättert, bringen die Sträucher auch nach dem Laubfall noch Farbe in den winterlichen Garten. Am schönsten sieht eine Kletter-Hortensie jedoch im Sommer aus. Ihre glänzend dunkelgrünen Blätter sind oval, 5–10 cm lang und haben fein gesägte Ränder. Die duftenden, weißen Blütenstände können Durchmesser von ungefähr 12 cm erreichen; sie bestehen aus sehr kleinen fertilen Blüten, umgeben von einem Kranz aus 2–4 cm großen sterilen Blüten. Es empfiehlt sich nicht, Kletter-Hortensien an Holzflächen zu kultivieren, weil sie diese mit ihren Haftwurzeln leicht beschädigen können. Die Pflanzen, die Wind, Kälte und salzhaltige Luft vertragen, sind erst nach 2–3 Jahren fest angewurzelt; danach wachsen sie jedoch sehr schnell.

KULTUR. Die Kletter-Hortensie blüht und gedeiht in voller Sonne am besten, ist notfalls aber auch mit Schatten zufrieden. Sie benötigt einen gut dränierten, mit organischem Material angereicherten Boden; dieser muß in den ersten paar Jahren gleichmäßig feucht gehalten werden, später vertragen die Pflanzen auch Trockenheit. Ältere Exemplare werden alljährlich im Frühjahr gedüngt. Mit einem Rückschnitt im Winter oder zeitigen Frühjahr können Form und Größe reguliert werden. Kletter-Hortensien leiden nur selten unter Krankheiten und Schädlingen. Eine Vermehrung ist möglich durch Nebentriebe, die man im Sommer schneidet und im kalten Frühbeet oder Gewächshaus bewurzeln läßt.

I

IPOMOEA

I. alba, Syn. *I. bona-nox, Calonyction aculeatum* und *Calonyction album* (Mondwinde); *I. nil,* Syn. *I. imperialis, Convolvulus nil* und *Pharbitis nil* (Kaiserwinde); *I. purpurea,* Syn. *Convolvulus purpureus* und *Pharbitis purpurea* (Purpur-Prunkwinde); *I. quamoclit,* Syn. *Quamoclit pinnata,* und *Q. vulgaris* (Gefiederte Sternwinde); *I. tricolor,* Syn. *I. violacea, Pharbitis violacea* und *Ph. tricolor* (Dreifarbige Prunkwinde)

An dieser Gruppe sehr unterschiedlicher Windepflanzen schätzt man vor allem die hübschen, leuchtend gefärbten Blüten und die Schnelligkeit, mit der sie an Pfosten, Schnüren, Zäunen, Mauern und Uferböschungen emporklettern können. Sie werden in der Regel einjährig kultiviert; unter Glas im zeitigen Frühjahr angezogene Sämlinge werden in den Garten gepflanzt, sobald keine Frostgefahr mehr besteht. Auch eine Kultur im Zimmer ist möglich; man kann die Pflanzen an Moospfosten kultivieren, an Spalieren oder mit überhängenden Trieben in Ampeln und sie in Sonnenzimmern, luftigen und hellen Wohnräumen oder Gewächshäusern unterbringen.

Die stacheligen Triebe der Mondwinde können in der Natur Höhen bis zu 12 m erreichen, werden in Zimmer- oder Gewächshauskultur jedoch selten höher als 3 m. Diese Art ist bei uns relativ selten und für das Freiland schlecht geeignet; gelegentlich sind jedoch Samen erhältlich. Ovale bis herzförmige, etwa 20 cm lange Blätter umgeben duftende, weiße Blüten mit einem Durchmesser bis zu 15 cm, die sich am Abend öffnen. Blütezeit ist von der Sommermitte bis zum Einsetzen des ersten Frostes.

Die Prunkwinden *(I. purpurea* und *I. tricolor)* haben herzförmige, 10–12 cm lange Blätter. Die trompetenförmigen, bis zu 10 cm großen Blüten, die sich am Morgen öffnen und gegen Mittag wieder schließen, können blau, purpurn, rosa, scharlachrot, weiß oder mehrfarbig, einfach oder gefüllt sein. Die Purpur-Prunkwinde und die Dreifarbige Prunkwinde sind einander sehr ähnlich; aus ihnen hervorgegangene Kultursorten sind neben anderen 'Flying Saucers' mit großen, blau und weiß gestreiften Blüten, die denen der Winden

DREIFARBIGE PRUNKWINDE
Ipomoea tricolor

WINTER-JASMIN
Jasminum nudiflorum

ECHTER ODER HEIL-JASMIN
Jasminum officinale

(Gattung *Convolvulus)* ähneln; 'Heavenly Blue' mit leuchtendblauen Blüten und 'Pearly Gates' mit weißen Blüten.

Die Kaiserwinde ist gleichfalls sehr variabel. Eine sehr schöne Kultursorte ist 'Scarlet O'Hara' mit leuchtend purpurroten Blüten. Wesentlich kleinere Blüten trägt die Gefiederte Sternwinde. Sie hat fein zerteiltes Laub, ihre 4 cm breiten Blüten können orangefarben, scharlachrot oder weiß sein.

KULTUR. Die genannten Arten und Sorten gedeihen im Freiland in voller Sonne oder leichtem Schatten; zu dichter Schatten verhindert den Blütenansatz. Jeder normale, gut dränierte Gartenboden ist geeignet; zu nährstoffreicher Boden fördert die Ausbildung von Laub anstelle von Blüten. Es empfiehlt sich, die Pflanzen vor stürmischen Winden zu schützen, da diese das Laub zerreißen können.

In Zimmerkultur gedeihen die Pflanzen am besten, wenn sie täglich mindestens 4 Stunden direkte Sonne erhalten; die Temperaturen sollten nachts zwischen 16° und 18° C und am Tage bei 21° C oder darüber liegen. Man pflanzt in eine handelsübliche Blumenerde, die gleichmäßig feucht gehalten werden muß. Sobald die Pflanzen eine Höhe von 10 cm erreicht haben, erhalten sie einen auf die Hälfte der angegebenen Stärke verdünnten Zimmerpflanzendünger; danach wird allmonatlich gedüngt. Die meisten der genannten Arten und Sorten werden durch Samen vermehrt; bei der Mondwinde ist auch eine Vermehrung durch Stecklinge möglich.

J

JASMINUM

J. floridum; J. multiflorum, Syn. *J. gracillimum; J. nudiflorum* (Winter-Jasmin); *J. officinale* (Echter oder Heil-Jasmin); *J. polyanthum* (Vielblütiger Jasmin); *J.* x *stephanense*

Ein einziger Trieb des immergrünen Vielblütigen Jasmins kann einen ganzen Raum mit dem süßen Duft seiner weißen Blüten erfüllen, aber nicht alle Arten duften – die gelben Blüten des Winter-Jasmins zum Beispiel sind vollkommen duftlos. *J. floridum*, *J. officinale* und *J. polyanthum* können je nach Klima immer- oder sommergrün sein. Die Jasmin-Arten sind Spreizklimmer und sehen am besten aus, wenn man ihre Triebe an Spaliere oder andere geeignete Stützen anbindet. Winterharte Arten werden im Freien kultiviert, während die frostempfindlichen für eine Kultur im Zimmer oder Gewächshaus geeignet sind.

J. floridum bringt schwache, 90 cm lange Triebe mit glänzend dunkelgrünen Blättern hervor, die in drei 4 cm lange Fiedern zerteilt sind. Im Sommer und gelegentlich auch zu anderen Zeiten erscheinen Stände aus gelben Blüten mit gut 2 cm Durchmesser. *J. multiflorum* hat behaarte Stämme, die 6–9 m lang werden können; die duftenden, weißen Blüten mit einem Durchmesser von gleichfalls gut 2 cm erscheinen zwischen trübgrünen Blättern mit behaarter Unterseite.

Der Winter-Jasmin wird bei uns 1,00–2,50 m hoch, in Gegenden mit mildem Klima jedoch erheblich höher. Die leuchtendgelben, gut 2 cm großen Blüten erscheinen an noch blattlosen, überhängenden, grünen Trieben. Diese Art wird häufig vor einer nach Osten oder Westen gelegenen Mauer am Spalier gezogen.

Der Echte oder Heil-Jasmin ist eine halbimmergrüne Schlingpflanze, die eine Höhe von 9–12 m erreichen kann. Die glänzenden Blätter sind aus 3–7 Fiedern von 1–6 cm Größe zusammengesetzt, die besonders stark duftenden Blüten sind weiß und haben einen Durchmesser von gut 2 cm. Von dieser Art gibt es auch eine Sorte mit goldgelb gezeichnetem Laub.

Der Vielblütige Jasmin kann bis zu 3 m hoch werden, seine Blätter sind aus 5–7 lederigen, knapp 8 cm langen Fiedern zusammengesetzt. Im zeitigen Frühjahr erscheinen rosa Knospen, die sich zu 2 cm großen, weißen Blüten öffnen.

Die sehr wüchsige Hybride *J.* x *stephanense* trägt im Juni und Juli 5–8 cm lange Stände aus duftenden, blaßrosa Blüten. Ihre Stämme ranken sich 3,00–4,50 m empor; in Gegenden mit mildem Klima ist die Pflanze halbimmergrün. Die Blätter können ganzrandig oder aus

5 Fiedern zusammengesetzt sein. *J.* x *stephanense* ist die einzige bekannte Hybride dieser Gattung und eignet sich hervorragend zum Verdecken eines häßlichen Schuppens oder Baumstumpfes.

Von den genannten Arten ist nur *J. nudiflorum* bei uns ausreichend winterhart, extrem harte Winter ausgenommen; die anderen benötigen klimatisch begünstigte und besonders geschützte Standorte. Wo diese Bedingungen nicht gegeben sind, kultiviert man sie besser als Kübelpflanzen, die frostfrei überwintert werden, oder als Topfpflanzen im Zimmer oder Gewächshaus.

KULTUR. Im Freien gedeihen die Jasmin-Arten am besten in voller Sonne oder leichtem Schatten in einem gut dränierten, mit Lauberde, Torf oder Kompost angereicherten, leichten Boden. Die Triebe werden an Stützen angebunden; der Boden muß die ganze Wachstumsperiode hindurch gleichmäßig feucht gehalten werden. Nach der Blüte können die Pflanzen zur Regulierung von Form und Größe beschnitten werden; Triebe des Winter-Jasmins, die Blüten getragen haben, werden bis auf 1 cm ans alte Holz heran gekürzt.

In Zimmerkultur benötigen die Jasmin-Arten täglich mindestens 4 Stunden direkte Sonne oder 14–16 Stunden künstliche Beleuchtung. Die Temperaturen sollten nachts zwischen 10° und 13° C und am Tage zwischen 20° und 22° C liegen. Als Substrat eignet sich eine Mischung aus Blumenerde, Torf und grobem Sand zu gleichen Teilen, der man auf jeweils 3,5 Liter je 1 Eßlöffel Knochenmehl und gemahlenen Kalk zusetzt. Das Substrat muß feucht gehalten, darf aber nicht durchnäßt werden. Eine Vermehrung ist im Spätsommer durch Triebstecklinge möglich, die man in feuchtem Sand oder einer Mischung aus Sand und Torf zu gleichen Teilen bewurzeln läßt.

L

LAPAGERIA

L. rosea

In frostfreien Gärten bringt *L. rosea* den ganzen Sommer und Herbst hindurch an ihren dünnen, drahtigen Stengeln glockenförmige Blüten hervor. Die immergrüne, verholzte Kletterpflanze wird etwa 4,50 m hoch. Die lederigen, zugespitzten Blätter werden 5–8 cm lang, die hängenden, wächsernen Blüten mit einer Länge von 7–10 cm und einem Durchmesser von 5 cm erscheinen einzeln oder in Gruppen von zwei oder drei. Die einander überlappenden, roten Blütenblätter sind innen weiß gefleckt. Die Pflanzen eignen sich in erster Linie fürs Kalthaus, wo man sie am besten an Drähten unter dem Dach zieht, damit die Blüten herabhängen können. Eine Kultur im Freien ist in Mitteleuropa nur in klimatisch besonders begünstigten Gegenden an geschützten Standorten möglich.

Lapageria rosea

KULTUR. Wo *L. rosea* im Freien kultiviert werden kann, bevorzugt sie leichten Schatten; vor allem im Sommer muß sie vor direkter Sonne geschützt werden. Auch im Gewächshaus muß sie im Sommer beschattet werden; man kann zum Beispiel an den Scheiben einen für diesen Zweck im Handel erhältlichen Anstrich aufbringen. Der Boden sollte leicht, gut dräniert und mit Humus angereichert sein; er muß gleichmäßig feucht gehalten werden. Im Frühjahr und Sommer wird mit einem Handelsdünger gedüngt. Totes Holz wird im Frühjahr entfernt; gleichzeitig können Form und Größe der Pflanzen reguliert werden. Die besten Ergebnisse erzielt man unter kontrollierten Bedingungen im beschatteten Kalthaus; zu empfehlen sind Nachttemperaturen von 7°–10° C und Tagestemperaturen von 13°–16° C. Eine Vermehrung ist durch Triebstecklinge möglich.

LATHYRUS

L. grandiflorus (Große Platterbse); *L. latifolius* (Staudenwicke); *L. odoratus* (Edelwicke, Duftwicke)

Die Platterbsen oder Wicken werden schon seit langem in den Gärten geschätzt, weil sie eine Fülle von Blüten in hübschen Pastelltönen hervorbringen und ihre Triebe mit Hilfe verzweigter Ranken bereitwillig Zäune und andere Baulichkeiten überziehen.

STAUDENWICKE
Lathyrus latifolius

EDELWICKE
Lathyrus odoratus

GEISSBLATT
Lonicera x brownii

GEISSBLATT
Lonicera periclymenum

Die Große Platterbse ist eine Staude, die Jahr für Jahr wiederkommt und an einer geeigneten Stütze bis zu 1,80 m in die Höhe klettern kann. Die 4 cm breiten Blüten erscheinen im allgemeinen in Gruppen von zwei oder drei und weisen Schattierungen von Purpur und Rosa auf; sie halten sich zwar jeweils nur einen Tag, erscheinen aber in großer Fülle.

Die sehr wüchsige, winterharte, mehrjährige Staudenwicke trägt an bis zu 2,50 m langen Stengeln Paare von 10 cm langen, blaugrünen Blättern. Den ganzen Sommer und Frühherbst hindurch erscheinen auf 30 cm langen Stielen Trauben aus 4 cm großen, weißen, rosa oder rosapurpurnen Blüten. Die einjährige Edel- oder Duftwicke wird vor allem wegen ihrer hübschen, duftenden Blüten geschätzt; sie haben Durchmesser von 2–5 cm und erscheinen den ganzen Sommer hindurch. Die Farbskala reicht von Weiß, Blau und Lavendel über Lachs und Rot bis zu Rosa; die Blüten können auch zweifarbig sein und glatte, gewellte oder gekräuselte Blütenblätter haben. An den Stengeln, die 1,50–3,00 m hoch werden, sitzen hellgrüne, paarige Fiederblätter von 5 cm Länge.

KULTUR. Die *Lathyrus*-Arten sollten so früh wie möglich aus Samen angezogen werden, damit man sich im Laufe der Wachstumsperiode lange an ihren Blüten erfreuen kann. Sie gedeihen am besten in tiefgründigem, nährstoffreichem Boden, der kühl und feucht gehalten wird. Die mehrjährigen Arten *L. latifolius* und *L. grandiflorus* vertragen zwar Halbschatten, entwickeln sich aber zufriedenstellender in voller Sonne. Man pflanzt sie im zeitigen Frühjahr mit Abständen von 45–60 cm ungefähr 5 cm tief in nährstoffreichen, gut dränierten Boden. Durch Entfernen abgewelkter Blüten läßt sich die Blütezeit verlängern. Im Herbst werden die Pflanzen bis dicht über dem Boden zurückgeschnitten.

Die nicht immer leicht zu kultivierenden Pfanzen benötigen volle Sonne, eine lange Wachstumsperiode und einen kühlen, feuchten und humusreichen Boden, der neutral oder leicht alkalisch sein muß. In Gegenden mit mildem Klima kann die Aussaat im Spätsommer oder Frühherbst erfolgen. Überall sonst wird der Boden im Herbst vorbereitet; die Aussaat erfolgt im Haus oder ins Freie, wenn sich der Boden erwärmt hat. Man hebt einen 30 cm breiten und 60 cm tiefen Graben aus und füllt ihn mit einer Mischung aus 2 Teilen Kompost, 2 Teilen Lehmerde und 1 Teil Sand. Es empfiehlt sich, die Samen vor der Aussaat über Nacht in lauwarmes Wasser zu legen, damit ihre Schale weich wird. Die Samen benötigen Abstände von 20–25 cm und werden 5 cm hoch mit Erde bedeckt. Wenn die Sämlinge 10 cm hoch sind, regt man sie zur Verzweigung an, indem man die Triebspitzen abkneift, füllt Erde nach und sorgt für eine geeignete Stütze (Netzstoff, Spalier oder Drahtgeflecht). Da die Pflanzen keine Blüten mehr hervorbringen, wenn sie Samen gebildet haben, sollten abgewelkte Blüten regelmäßig entfernt werden.

GEISSBLATT
Lonicera sempervirens

LONICERA

L. x *brownii*; *L. henryi; L. japonica; L. periclymenum; L. sempervirens* (alle Arten heißen Geißblatt oder Heckenkirsche)

Die winterharten und schnell wachsenden Geißblatt-Arten bringen bei wenig Pflege eine Fülle von Blättern, Blüten und Früchten hervor; einige können sogar lästig werden, wenn man ihr Wachstum nicht ständig unter Kontrolle hält. Die röhrenförmigen Blüten erscheinen in Paaren, Büscheln oder Quirlen; sie verströmen oft einen starken Duft und können leuchtend-, orange- oder korallrot, gelb oder weiß sein. Ihre im Herbst erscheinenden Früchte werden gern von Vögeln gefressen. Die verholzten Stengel dieser Windepflanzen benötigen in der Regel kräftige Stützen wie Spaliere, Laubengänge, Pergolen, Mauern und Zäune. Läßt man die Pflanzen niederliegend wachsen, geben sie auch gute Bodenbedecker ab und können Erosion an Uferböschungen verhindern.

L. x *brownii* hat behaarte, 4–9 cm lange Blätter und trägt den ganzen Sommer hindurch leuchtend orange und rot gefärbte Blüten von 2–4 cm Durchmesser. An den schlanken, bis zu 4,50 m langen

BOCKSDORN
Lycium halimifolium

PFENNIGKRAUT
Lysimachia nummularia

Stämmen von *L. henryi* sitzen herzförmige, dunkelgrüne Blätter. Die gelblichen oder rötlichpurpurnen Blüten erscheinen im Sommer paarweise; aus ihnen gehen schwarze Früchte hervor.

Die immergrüne *L. japonica* ist besonders wüchsig; wenn sie nicht ständig zurückgeschnitten wird, kann sie sehr lästig werden. Sie bringt rasch eine dichte Masse von schlanken Stämmen hervor, die in einer einzigen Wachstumsperiode 4,50 m an Länge gewinnen können. Die kleinen, länglich-ovalen Blätter sind hellgrün; im Sommer erscheinen weiße Blüten, die sich im Verblühen gelb färben.

L. periclymenum ist *L. japonica* sehr ähnlich. Diese Art trägt gleichfalls kleine, dunkelgrüne Blätter, aber ihr Wachstum läßt sich leichter unter Kontrolle halten. Die Blüten sind in der Knospe rötlichpurpurn, in geöffnetem Zustand innen cremegelb und außen gelb bis purpurn gefärbt. Bei der Kultursorte 'Belgica' sind die Blüten rötlichpurpurn überhaucht.

L. sempervirens ist bei uns nur bedingt winterhart und benötigt einen geschützten Standort vor einer warmen Mauer. Die Pflanze trägt den ganzen Sommer über und noch im Frühherbst duftlose, korallen- oder leuchtendrote Blüten von 5 cm Durchmesser, aus denen rote Früchte hervorgehen.

KULTUR. Die meisten Geißblatt-Arten gedeihen in voller Sonne oder leichtem Schatten und nährstoffreichem, gut dräniertem Boden. *L. japonica* und *L. sempervirens* vertragen Trockenheit; die anderen Arten benötigen einen feuchten Boden. Gepflanzt wird im Frühjahr oder Herbst; an Böschungen sollten die Abstände 90 cm betragen, auf ebenem Gelände 1,80 m. Düngen (im Frühjahr und um die Sommermitte) ist nur bei nährstoffarmem Boden erforderlich.

Mit einem Schnitt unmittelbar nach der Blüte können Form und Größe der Sträucher reguliert werden; einige der ältesten Stämme sollten alljährlich dicht über dem Boden abgeschnitten werden, um die Ausbildung von Neuzuwachs anzuregen. Eine Vermehrung ist im Sommer durch Triebstecklinge oder Absenker möglich.

LYCIUM

L. chinense; L. halimifolium, zuweilen zu *L. barbarum* gestellt (beide werden Bocksdorn und Teufelszwirn genannt)

Mit ihren stacheligen, überhängenden, bis zu 3 m langen Trieben ähneln die laubwerfenden Bocksdorn-Arten eher wuchernden Sträuchern als Kletterpflanzen. Sie können in großen Gärten als Bodenbedecker eingesetzt werden, aber auch als Sicht- und Windschutz und zum Überziehen von Stützmauern und Bäumen. Die mit glänzenden, graugrünen Blättern besetzten Triebe wurzeln an, wo immer sie den Boden berühren, auch wenn er kaum Nährstoffe enthält. Die 2–3 cm langen Blüten erscheinen im Sommer einzeln oder in Büscheln an den Zweigen; im Herbst haben sich aus ihnen rote oder orangefarbene Früchte entwickelt, die sich lange halten. Die Blüten von *L. halimifolium* sind blaß purpurn; *L. chinense* trägt etwa 1 cm lange, dunkel purpurne Blüten. Beide Arten sind in Europa eingebürgert und völlig winterhart.

KULTUR. Die Bocksdorn-Arten gedeihen am besten in voller Sonne, sind aber mit jedem gut dränierten Boden zufrieden. Wenn sie aufrecht wachsen sollen, müssen ihre Triebe an Stützen angebunden werden. Im Frühjahr werden die Pflanzen ausgelichtet und auf die gewünschte Größe zurückgeschnitten; Wurzelschößlinge sind zu entfernen. Eine Vermehrung ist durch Aussaat, Stecklinge oder bewurzelte Schößlinge möglich.

LYSIMACHIA

L. nummularia (Pfennigkraut)

Das Pfennigkraut ist eine niederliegende Staude, die häufig in Aquarien, nassen Böden und am Rande von Teichen kultiviert wird, aber auch in Ampeln oder Kästen gepflanzt werden kann. Die Pflanze breitet sich durch wurzelnde Ausläufer rasch aus und kann leicht lästig werden. Die Stengel sind dicht mit paarweise angeordneten, runden, leuchtendgrünen Blättern von gut 2 cm Durchmesser bedeckt. Vom späten Frühjahr bis zu Beginn des Herbstes gehen aus den Blattachseln ungefähr 2 cm große, leuchtendgelbe, becherförmige Blüten hervor. Eine besonders hübsche Kultursorte ist *L. nummularia* 'Aurea' mit goldgelben Blättern.

KULTUR. In Zimmerkultur gedeiht das Pfennigkraut am besten in voller Sonne oder durch Vorhänge gedämpftem Licht. Man pflanzt es in handelsübliche Blumenerde, die gleichbleibend feucht gehalten werden muß; die Pflanze wächst auch in bis zu 5 cm tiefem Wasser.

Im Garten gedeiht das Pfennigkraut in Sonne oder Schatten in humusreichem, ständig feuchtem Boden am besten. Die Pflanzen benötigen Abstände von 20–45 cm. Eine Vermehrung ist durch Abtrennen und Wiedereinpflanzen bewurzelter Triebe möglich.

M

MANDEVILLA

M. laxa, Syn. *M. suaveolens; M. splendens*, Syn. *Dipladenia splendens* (Dipladenie)

Eine Fülle von duftenden Blüten entschädigt für das spärliche Laub und die Pflege, die die genannten Arten erfordern. Die Blüten, die sich am Morgen öffnen und am Abend wieder schließen, erscheinen im Frühsommer und ein zweites Mal im Herbst, auch an noch jungen Exemplaren. Die Pflanzen sind bei uns nicht winterhart und müssen im Wintergarten, einem Sonnenzimmer oder einem hellen, warmen Wohnraum kultiviert werden; dort können sie durch Beschneiden auf einer Höhe von knapp 1 m gehalten werden. *M. laxa* ist eine laubwerfende Art, *M. splendens* ist immergrün.

M. laxa trägt den ganzen Sommer hindurch weiße Trompetenblüten mit einem Durchmesser von 5 cm. Wo genügend Platz vorhanden ist, erreichen ihre drahtigen Triebe rasch Längen von 4,50–6,00 m; da diese Art jedoch im Herbst die Blätter abwirft, empfiehlt es sich, andere Kletterpflanzen von dichtem Wuchs um ihre Basis herum zu pflanzen. Die schmal herzförmigen, 7–15 cm langen Blätter sind dünn, auf der Oberseite dunkelgrün und auf der Unterseite graugrün gefärbt. Wenn die abgewelkten Blüten nicht entfernt werden, entwickeln sich im Herbst unschöne lange Fruchtkapseln aus ihnen.

M. splendens hat schmale, zugespitzte, 7–20 cm lange Blätter. Die trompetenförmigen Blüten haben einen Durchmesser von 5–10 cm; sie sind weiß und im Schlund hellrosa getönt, im Verblühen färben sie sich rosa. Bleiben die Triebe von *M. splendens* unbeschnitten, können sie bis zu 3 m lang werden.

KULTUR. Im Zimmer benötigen die genannten Arten helles indirektes oder durch Vorhänge gedämpftes Licht und Temperaturen, die nachts zwischen 16° und 18° C und am Tage bei 21° C liegen. Als Substrat verwendet man eine Mischung aus Torf, Blumenerde und grobem Sand; sie muß während der Wachstumsperiode gleichmäßig feucht gehalten werden, während der Ruheperiode dagegen darf nur wenig gegossen werden. Im Frühjahr und Sommer erhalten die Pflanzen alle 2 Wochen einen phosphorreichen Dünger.

Wenn die Blütezeit vorüber ist, entfernt man abgewelkte Blüten und beschneidet die Pflanzen, um sie in Form zu halten, ihre Größe zu regulieren und sie zu buschigerem Wachstum anzuregen. Eine Vermehrung ist im Frühjahr durch Triebstecklinge möglich, die man in einem Kasten mit Bodenheizung bewurzeln läßt.

MANETTIA

M. inflata (Manettie)

Diese Schlingpflanze ist in Brasilien heimisch und wird bei uns gelegentlich als Zimmerpflanze kultiviert. Die wächsernen, schmal röhrenförmigen, an der Basis verbreiterten Blüten von knapp 2 cm Länge sind scharlachrot und haben gelbe Spitzen; sie werden fast ununterbrochen in großer Fülle hervorgebracht. Die dünnen Triebe, in der Regel 0,60–1,20 m lang, sind dicht mit ovalen, etwa 5 cm langen Blättern bedeckt. In Töpfen kultivierte Exemplare können an

DIPLADENIE
Mandevilla splendens

Manettia inflata

MONDSAME
Menispermum canadense

FENSTERBLATT
Monstera deliciosa

einem Spalier gezogen werden, man kann ihre Triebe aber auch über den Rand einer Ampel herabhängen lassen.

KULTUR. Die Manettie gedeiht am besten in indirektem oder durch Vorhänge gedämpftem Licht oder bei täglich 12–14 Stunden künstlicher Beleuchtung. Zu empfehlen sind Nachttemperaturen von 13°–16° C und Tagestemperaturen von 20°–22° C. Gepflanzt wird in handelsübliche Blumenerde, die gleichbleibend nur sehr wenig feucht sein darf; während der Wachstumsperiode erhalten die Pflanzen alle 2 Wochen einen auf die Hälfte der angegebenen Stärke verdünnten Zimmerpflanzendünger. Während der Ruheperiode wird nicht gedüngt; das Substrat muß vor jedem erneuten Gießen leicht abgetrocknet sein. Um die Pflanzen in der gewünschten Form und Größe zu halten, kneift man die Triebspitzen ab oder schneidet die Triebe zurück. Die Manettien besitzen sehr wüchsige Wurzelsysteme und sollten deshalb umgetopft werden, bevor sie für ihren Behälter zu groß geworden sind. Eine Vermehrung ist durch Triebstecklinge möglich, die man in einem Kasten mit Bodenheizung bewurzeln läßt.

MENISPERMUM

M. canadense (Mondsame)

Mit seinem dichten Laub ist der Mondsame zum Bedecken von Uferböschungen, Steinen und Mauern geeignet; um zu klettern, benötigt er eine Stütze. Da die Pflanzen zweihäusig sind, müssen sowohl männliche als auch weibliche Exemplare angepflanzt werden, wenn sich Früchte bilden sollen. Die dünnen, schlingenden Triebe werden bis zu 4,50 m lang; die Blätter mit einem Durchmesser von 10–20 cm ähneln denen des Efeus. Den ganzen Sommer hindurch tragen die Pflanzen unscheinbare, grünlichweiße Blüten, aus denen sich kleine, schwarze Früchte entwickeln, die halbmondförmige Samen enthalten; Früchte und Samen sind giftig. Der mehrjährige Mondsame ist in Gegenden mit mildem Klima immergrün; in kühleren Gegenden vernichtet Frost die oberirdischen Teile.

KULTUR. Der Mondsame bevorzugt volle Sonne und einen nährstoffreichen, feuchten Gartenboden, verträgt aber auch nasse, nährstoffarme Böden und braucht vor stürmischen Winden nicht geschützt zu werden. Es empfiehlt sich, sein Wachstum durch regelmäßiges Beschneiden unter Kontrolle zu halten. Eine Vermehrung ist durch Aussaat, Triebstecklinge und Ableger möglich, die man in feuchtem Sand oder Vermiculit bewurzeln läßt.

MONSTERA

M. deliciosa, Syn. *Philodendron pertusum* (Fensterblatt)

In ihrer Heimat, den Urwäldern Mexikos und Guatemalas, trägt diese immergrüne Pflanze bis zu 90 cm lange und fast ebenso breite Blätter an armdicken, bis zu 9 m langen Stämmen; die eßbaren, zapfenähnlichen Früchte werden 20 cm lang. In Zimmerkultur hält sich das Fensterblatt in bescheidenen Ausmaßen und trägt keine Früchte. Ausgewachsene Exemplare werden bis zu 1,80 m hoch und sind unübersehbare Solitärpflanzen. Die fast kreisrunden Blätter fühlen sich an wie weiches, poliertes Leder und werden 20–30 cm lang. In der Jugend sind sie hellgrün und gewöhnlich undurchlöchert; mit zunehmendem Alter färben sie sich dunkelgrün und weisen dann auch die typischen Löcher und Zerteilungen auf.

M. deliciosa benötigt eine Stütze wie zum Beispiel ein Stück Baumstamm, an der ihre schnurähnlichen Luftwurzeln Halt finden. Einge dieser Luftwurzeln hängen herab, gelegentlich bohren sie sich in das Substrat und tragen auf diese Weise zur Ernährung und Verankerung der Pflanze bei.

KULTUR. Das Fensterblatt ist zwar sehr anpassungsfähig, gedeiht jedoch in hellem indirektem oder durch Vorhänge gedämpftem Licht am besten. Direkte Sonne kann das Laub verbrennen; erhalten die Pflanzen dagegen zuwenig Licht, können die Blätter klein und unzerteilt bleiben. Die Temperaturen sollten nachts zwischen 18° und 21° C und am Tage bei 24° C liegen; sie können auch bis auf 16° C absinken, die Pflanzen bringen dann jedoch keinen Neuzuwachs hervor. Es empfiehlt sich, sie vor Zugluft und der von Heizkörpern ausstrahlenden Wärme zu schützen. Die Luftfeuchtigkeit sollte bei 50 % oder darüber liegen; die Blätter müssen häufig mit Wasser besprüht und durch Abwischen von Staub gereinigt werden.

Gepflanzt wird in handelsübliche Blumenerde; ein 15- bis 20-cm-Topf kann eine 90 cm hohe Pflanze aufnehmen. Das Substrat muß ständig leicht feucht gehalten werden. Frisch eingetopfte Pflanzen dürfen in den ersten 4–6 Monaten nicht gedüngt werden; fest angewurzelte Exemplare erhalten zweimal jährlich, im Frühjahr und im Sommer, etwas Handelsdünger. Für ihren Behälter zu groß gewordene Exemplare können jederzeit umgetopft werden. Eine Vermehrung ist durch Triebstecklinge oder Abmoosen möglich.

MUEHLENBECKIA

M. axillaris; M. complexa, Syn. *Polygonum complexum* (beide heißen Mühlenbeckie)

Die Mühlenbeckien sind interessante und vielseitig verwendbare Pflanzen. *M. axillaris* ist eine völlig niederliegende Art, *M. complexa* dagegen ein windender Strauch mit fadendünnen Trieben. Beide tragen sehr kleine, wechselständige Blätter und Stände aus unscheinbaren, grünlichen Blüten. *M. axillaris* bildet im Steingarten und an Abhängen rasch dichte Matten; die sommergrünen Blätter sind fast kreisrund. Diese Art ist in Mitteleuropa weitgehend winterhart. *M. complexa* kann nur in Gegenden mit mildem Klima im Freien kultiviert werden; dort klettert sie mit Hilfe ihrer windenden Triebe an Pfosten und Zäunen bis zu 6 m in die Höhe. Die immergrünen Blätter sind klein und geigenförmig.

KULTUR. Im Freiland benötigen die Mühlenbeckien Sonne oder leichten Schatten und sind mit jedem guten Gartenboden zufrieden. Beide Arten können auch im Kalthaus kultiviert werden, wo man sie zumeist in Ampeln pflanzt. Eine Vermehrung ist durch Stecklinge möglich, bei *M. axillaris* außerdem durch Teilung.

MUTISIA

M. decurrens; M. oligodon

Diese prächtigen, laubwerfenden Kletterpflanzen sind bei uns nicht winterhart und werden am besten im Kalthaus kultiviert. Wenn sie fest angewurzelt sind, klettern sie mit Hilfe von Blattranken, wobei sie sich häufig ihren Weg durch wenig verzweigte Sträucher suchen. Den ganzen Sommer hindurch erscheinen große, gänseblümchenähnliche Blütenköpfchen einzeln an langen Stielen.

M. decurrens ist nicht ganz einfach zu kultivieren. Unter idealen Bedingungen erreicht sie Höhen um 3 m. Die schmalen Blätter werden 7–12 cm lang, die leuchtend orange- oder scharlachrot gefärbten Blütenköpfchen haben einen Durchmesser von 10–12 cm.

M. oligodon wird nur etwa 1,50 m hoch, breitet sich aber durch Wurzelschößlinge stark aus. Die rosa Blütenköpfchen mit einem Durchmesser von 5–8 cm erscheinen vom Frühsommer bis in den Herbst hinein in großer Fülle.

KULTUR. Die *Mutisia*-Arten benötigen einen nährstoffreichen, gut dränierten Boden und einen hellen Standort. Sie können in Kübeln oder besser auf Rabatten im Kalthaus kultiviert werden. Bis sie festen Halt gefunden haben, gibt man ihnen zweckmäßigerweise eine Stütze in Form von Schnur oder einem Spalier. Eine Vermehrung ist durch Aussaat oder Triebstecklinge möglich.

O

OXYPETALUM

O. caeruleum, Syn. *Tweedia caerulea* (Südstern)

In seiner Heimat Argentinien ist der Südstern ein hübscher, kleiner Strauch; bei uns kann er einjährig kultiviert werden, ist aber auch eine dekorative, für Gewächshaus, Wintergarten, Sonnenzimmer oder

SÜDSTERN
Oxypetalum caeruleum

Pandorea jasminoides

Pandorea pandorana

JUNGFERNREBE
Parthenocissus henryana

JUNGFERNREBE
Parthenocissus quinquefolia

helle, luftige Räume geeignete Topfpflanze, die den Sommer im Freien verbringen kann. Die schwachen, windenden Triebe können bis zu 1 m hoch werden und tragen herzförmige, weich behaarte Blätter. Die Blüten, die im Sommer in kleinen, aufrechten Ständen erscheinen, sind anfangs silbrigblau; im Verblühen färben sie sich zuerst purpurn, dann violett.

KULTUR. Im Freien benötigt der Südstern volle Sonne und einen nährstoffreichen Boden; in Zimmerkultur gedeiht er in hellem, indirektem Licht und handelsüblicher Blumenerde am besten. Das Substrat muß während der Wachstumsperiode feucht gehalten werden; im Winter wird nur so viel gegossen, daß es nicht austrocknet. Eine Vermehrung ist durch Aussaat möglich.

P

PANDOREA

P. jasminoides, Syn. *Bignonia jasminoides* und *Tecoma jasminoides; P. pandorana*

In ihrer Heimat Australien können diese rasch wachsenden, immergrünen Pflanzen Höhen bis zu 9 m erreichen. Bei uns sind sie nicht winterhart, sehen aber an einer Wand oder einem Spalier im Gewächshaus sehr dekorativ aus. Die glänzenden, leuchtendgrünen Blätter sind aus 3–9 Fiedern von jeweils 2–8 cm Länge zusammengesetzt. Vom Mittsommer an erscheinen trompetenförmige Blüten, aus denen sich geflügelte Fruchthülsen entwickeln. *P. jasminoides* kann, zumal wenn sie vernachlässigt wird, nur spärlich belaubt sein; dafür erscheinen die Büschel aus 4–5 cm langen, weißen Blüten mit rosa Schlund in großer Fülle.

P. pandorana hat dichtes Laub, aber nur 2 cm große, gelblichweiße Blüten mit purpurn geflecktem Schlund.

KULTUR. Wo die Pflanzen im Freiland kultiviert werden können, benötigen sie einen geschützten Standort, volle Sonne und feuchten, tiefgründigen, mit organischem Material angereicherten Boden; außerdem muß man sie vor Wind schützen. Der Boden muß in Trockenperioden gleichmäßig feucht gehalten werden. In Zimmerkultur gedeihen sie am besten in hellem indirektem oder durch Vorhänge gedämpftem Licht. Im zeitigen Frühjahr werden durch einen Schnitt Form und Größe der Pflanzen reguliert, totes Holz wird entfernt. Einmal jährlich düngt man mit etwas Handelsdünger. Eine Vermehrung ist durch Aussaat oder junge Triebstecklinge möglich.

JUNGFERNREBE
Parthenocissus tricuspidata

PARTHENOCISSUS

P. henryana; P. quinquefolia; P. tricuspidata (alle Arten werden Jungfernrebe genannt)

Mit Hilfe von Ranken, an denen oft Haftscheiben sitzen, klettern die hübschen Arten und Sorten der Jungfernrebe an rauhen Mauern, Laubengängen und anderen Baulichkeiten im Garten empor. Da sie sich durch wurzelnde Triebe sehr rasch ausbreiten, geben sie auch einen guten, bis 30 cm hohen Bodenbedecker ab. Im Herbst erscheinen Trauben aus glänzenden, blauschwarzen Beeren, während sich die Blätter, bevor sie abfallen und den Blick auf die verholzten Stämme freigeben, leuchtend rot färben.

Die langsam wachsende *P. henryana* kommt als Bodenbedecker am besten zur Geltung. Ihre aus fünf 4–8 cm langen Blättchen zusammengesetzten Blätter sind beim Entfalten scharlachrot, im Sommer dunkelgrün mit weißen Adern und purpurner Unterseite, und im Herbst färben sie sich wieder scharlachrot. An Drähten oder Schnüren kultiviert, kann diese Art bis zu 6 m hoch werden. Ihre leuchtenden Farben sind im Halbschatten am deutlichsten ausgeprägt; in voller Sonne neigen sie zum Verblassen. Diese Art ist nur bedingt winterhart und bei uns für das Kalthaus zu empfehlen.

Die sehr wüchsige und rasch wachsende *P. quinquefolia* hat gleichfalls fünfzählige, aus 5–15 cm langen Blättchen zusammengesetzte Blätter, die sich im Herbst leuchtend scharlachrot färben. Sie ist in Mitteleuropa völlig winterhart.

BLAUE PASSIONSBLUME
Passiflora caerulea

SCHARLACH-PASSIONSBLUME
Passiflora coccinea

Die gleichfalls winterharte, bis zu 18 m hohe *P. tricuspidata* besitzt glänzende, dreizählige Blätter, die bis zu 20 cm lang werden und sich im Herbst gelb, orange- oder scharlachrot färben. Zum Bedecken von Ziegel- und Steinmauern ist sie hervorragend geeignet, zumal sie auch verschmutzte Stadtluft verträgt. Von dieser Art gibt es mehrere beliebte Kultursorten, darunter 'Lowii' mit tief gelappten, 2–4 cm langen Blättern, die beim Entfalten einen Anhauch von Purpur aufweisen, im Sommer apfelgrün sind und sich im Herbst rot färben. 'Veitchii', gelegentlich „Mauerkatze" genannt, hat kleine, dreilappige Blätter, die nur 2–5 cm breit werden und in der Jugend gleichfalls purpurn überhaucht sind. Die kleinblätterigen Sorten wirken zarter, sind aber nicht so wüchsig wie die Wildform.

KULTUR. Die Jungfernreben gedeihen in voller Sonne oder Halbschatten. Sie sind mit fast jedem, sogar trockenem Boden zufrieden, bevorzugen aber tiefgründige, nährstoffreiche, feuchte und gut dränierte Lehmböden. Gepflanzt wird im zeitigen Frühjahr oder Herbst mit Abständen von 0,90–1,20 m nahe der Stütze, an der die Pflanzen emporwachsen sollen. Junge Triebe müssen in der Regel zu ihrer Stütze hingeleitet werden. Der Schnitt erfolgt im zeitigen Frühjahr und hat die Aufgabe, das Wachstum kletternder Exemplare zu lenken oder bodenbedeckende zu stärkerer Verzweigung anzuregen. Eine Vermehrung ist im Frühjahr durch Stecklinge oder auch durch Absenker möglich.

PASSIFLORA

P. caerulea (Blaue Passionsblume); *P. coccinea; P. edulis* (Purpur-Granadille); *P. quadrangularis* (Riesen-Granadille); *P. racemosa* (alle Arten werden auch als Passionsblume bezeichnet)

Mit ihren faszinierenden Blüten wirken die Passionsblumen im Gewächshaus äußerst dekorativ. Wo sie in Gegenden mit warmem Klima im Freien kultiviert werden können, erreichen ihre rankenbesetzten Triebe Längen von 6 m und mehr und können Zäune oder Mauern bedecken. Die zehn äußeren Blütenblätter umrahmen eine Strahlenkrone, in deren Zentrum die Fortpflanzungsorgane sitzen. Die Blüten erscheinen je nach Art vom Frühsommer bis zum Beginn des Herbstes. In ihren tropischen Heimatländern bringen einige *Passiflora*-Arten eßbare Früchte hervor; in kühleren Gegenden ist dies jedoch nur selten der Fall.

Am härtesten ist die Blaue Passionsblume. Die 7–10 cm großen Blüten sind blau, können bei den verschiedenen Sorten aber auch weiß, purpurn oder rosa sein; die dunklere Strahlenkrone wird von wesentlich blasseren Blütenblättern umringt. Die Laubblätter sind in 5–7 Lappen zerteilt. Die Sorte 'Constance Elliott' blüht weiß.

P. coccinea besitzt ovale Blätter und 10–12 cm große Blüten, deren hübsche, scharlachrote Blütenblätter eine purpurn, rosa und weiß gefärbte Krone umgeben.

Die Blüten der Purpur-Granadille sind weiß und violett gefärbt und haben einen Durchmesser von 5–6 cm; die Blätter sind gezähnt und dreilappig, die Früchte, „Granadillas" genannt, sind eßbar.

Die Riesen-Granadille ist nur für große Wintergärten oder Gewächshäuser geeignet, da sie bis zu 7,50 m hoch wird. Die duftenden, purpurn, rosa und weiß gefärbten Blüten haben einen Durchmesser von 7–10 cm, die ovalen Blätter werden 15–20 cm lang. Eine bekannte und beliebte Kultursorte ist 'John Innes'.

Die Blüten von *P. racemosa* sind aus dunkelroten Blütenblättern und einer purpurnen, weiß gebänderten Krone zusammengesetzt; die Blätter können gelappt oder ganzrandig sein.

KULTUR. Die Passionsblumen gedeihen auf Rabatten im Kalt- oder Warmhaus am besten. Als Zimmerpflanzen sollten sie täglich mindestens 4 Stunden direkte Sonne erhalten. Zu empfehlen sind Nachttemperaturen von 13°–18° C und Tagestemperaturen um 20° C oder darüber. Man pflanzt in handelsübliche Blumenerde und sorgt für eine geeignete Stütze. Das Substrat muß gleichmäßig feucht gehalten werden; alle 2 Wochen wird mit einem auf die Hälfte der angegebenen Stärke verdünnten Handelsdünger gedüngt. Wenn das

Wachstum im Herbst nachzulassen beginnt, wird nicht mehr gedüngt; außerdem muß das Stubstrat vor jedem erneuten Gießen leicht abgetrocknet sein. Im Januar werden die Pflanzen bis auf 15 cm Höhe zurückgeschnitten und damit zu neuem Wachstum angeregt.

Wo die widerstandsfähigeren Arten im Freien kultiviert werden können, werfen sie in kälteren Gegenden ihr Laub im Herbst ab; in mildem Klima sind sie immergrün. In Mitteleuropa ist nur *P. caerulea* winterhart. Die Pflanzen benötigen einen geschützten Standort in voller Sonne, eine geeignete Stütze und Winterschutz. Am besten gedeihen sie in tiefgründigem, feuchtem, gut dräniertem, sandigem Lehmboden, der mit Kompost oder Lauberde angereichert wurde. Mit einem kräftigen Rückschnitt im zeitigen Frühjahr wird totes Holz entfernt und das üppige Wachstum in Grenzen gehalten. Eine Vermehrung ist durch 10–15 cm lange Stecklinge möglich, die während der Wachstumsperiode jederzeit geschnitten werden können. Samen keimen nur langsam und nicht verläßlich.

RIESEN-GRANADILLE
Passiflora quadrangularis

PELARGONIUM

P. peltatum (Efeu- oder Hänge-Pelargonie)

An den bis zu 1,20 m langen Trieben der Hänge-Pelargonie sitzen glänzende, sukkulente Blätter, die denen des Efeus ähneln, und etwa 5–8 cm große, doldenartige Stände aus weißen, roten, rosa oder lavendelfarbenen Blüten, die vom späten Frühjahr bis zum Frühherbst in ununterbrochener Folge erscheinen. Diese wüchsige Art eignet sich gut für Kästen, Ampeln und als Topfpflanze.

KULTUR. Im Zimmer benötigt *P. peltatum* täglich mindestens 4 Stunden Sonne. Ideal sind Nachttemperaturen von 7°–13° C und Tagestemperaturen von 20°–22° C; die Nachttemperaturen dürfen aber auch bis 18° C ansteigen. Man pflanzt in handelsübliche Blumenerde, die vor jedem Gießen leicht abgetrocknet sein muß. Trockene, vergilbte oder abfallende untere Blätter deuten auf zu reichliches Gießen, zu hohe Temperaturen oder Nährstoffmangel hin. Vom Frühjahr bis zum Herbst erhalten die Pflanzen alle 2 Wochen, im Winter einmal monatlich einen auf die Hälfte der angegebenen Stärke verdünnten Zimmerpflanzendünger. Die Pflanzen gedeihen zwar, wenn ihre Wurzeln auf beengtem Raum leben müssen; dennoch sollten sie umgetopft werden, sobald sie für ihren Behälter eindeutig zu groß geworden sind.

Efeu- oder Hänge-Pelargonien können im Haus zur Blüte getrieben und dann ins Freie gebracht werden, sobald keine Frostgefahr mehr besteht. Da sie den ganzen Sommer hindurch blühen, sind sie für die Kultur in Behältern hervorragend geeignet, müssen aber vor dem ersten Frost wieder ins Haus geholt werden. In Behältern wachsende Pflanzen müssen häufig, bei warmer Witterung mindestens einmal täglich, gegossen werden und allwöchentlich etwas Flüssig- oder Blattdünger erhalten.

Im Zimmer wie im Freien kann man die Blütezeit durch regelmäßiges Entfernen abgewelkter Blüten verlängern. Eine Vermehrung ist jederzeit durch Triebstecklinge möglich; bevor man sie in feuchten Sand pflanzt, müssen die Schnittflächen leicht antrocknen.

EFEU-PELARGONIE
Pelargonium peltatum

PHASEOLUS

P. coccineus, Syn. *P. multiflorus* (Feuerbohne, Prunkbohne)

Den ganzen Sommer hindurch schmücken leuchtendrote Blüten diese Windepflanze, die in Mitteleuropa viel als Gemüse kultiviert wird und überdies rasch einen dichten und dekorativen Sicht- und Windschutz liefert. Die einjährigen Pflanzen werden 1,80–2,40 m hoch, es gibt jedoch auch Zwergsorten von nur 30 cm Höhe. Damit die Feuerbohnen in die Höhe wachsen, müssen die windenden Triebe anfangs zu ihrer Stütze hingeleitet und an ihr festgebunden werden, bis sie Halt gefunden haben. Die aus jeweils 3 breit ovalen, grünen Blättchen zusammengesetzten, 7–12 cm langen Blätter liefern einen zugleich zarten und dichten Hintergrund für die zahlreichen Schmetterlingsblüten, die in Ständen angeordnet sind und Schattierungen

FEUERBOHNE
Phaseolus coccineus

Philodendron domesticum

von Leuchtend- oder Karminrot oder Dunkelrosa aufweisen können, bei einigen Kultursorten sind sie reinweiß. Aus den Blüten entwickeln sich fleischige, eßbare Hülsen. Die Feuer- oder Prunkbohnen können Zäune, Spaliere und andere Baulichkeiten im Garten sehr rasch mit ihrem dichten Laub überziehen.

KULTUR. Die Aussaat erfolgt alljährlich Anfang Mai, wenn keine Frostgefahr mehr besteht. Man steckt die Samen an einem sonnigen, windgeschützten Ort 5 cm tief in den Boden, der nährstoffreich, feucht und gut dräniert und überdies tiefgründig durchgearbeitet und mit organischem Material angereichert sein sollte. Es empfiehlt sich, Stützen schon vor der Aussaat anzubringen. Bei warmer Witterung muß reichlich gewässert werden.

PHILODENDRON

P. domesticum, meist fälschlich *P. hastatum* genannt; *P. erubescens; P. panduriforme; P. scandens,* Syn. *P. cordatum* und *P. oxycardum* (Kletter-Philodendron); *P. squamiferum*

Die Philodendron-Arten und -Sorten erfreuen sich als Zimmerpflanzen großer Beliebtheit, weil sie auch dann noch gedeihen, wenn man sie in düsteren Ecken unterbringt oder vernachlässigt, und weil sie eine Fülle sehr unterschiedlicher Blattformen zu bieten haben. Außerdem können Jugend- und Altersformen der Blätter mancher Arten beträchtliche Unterschiede aufweisen. In der Regel werden die Pflanzen auf einem Stück Baumstamm oder auf einem Moospfosten kultiviert; in beide können die zähen, schnurähnlichen Luftwurzeln gut eindringen. Bleiben die Triebe ungestützt, liegen sie nieder oder hängen über die Ränder von Ampeln herab. Pflanzen, die aufrecht kultiviert werden, bringen größere Blätter hervor als solche, deren Achsen am Boden liegen oder überhängen.

Das Laub der Philodendron-Arten und -Sorten weist hinsichtlich Größe, Form, Farbe und Struktur eine fast grenzenlose Vielfalt auf. So sind die Blätter von *P. erubescens* 25 cm lang und pfeilförmig, auf der Oberseite glänzend dunkelgrün mit einem Anhauch von Kupfer, auf der Unterseite dagegen burgunderrot. Zwei Kultursorten mit besonders schöner Laubfärbung sind 'Green Emerald' und 'Red Emerald'. Die dunkelgrünen Blätter von *P. domesticum* sind 20 bis 30 cm lang und haben die Form von Speerspitzen; im Alter fallen sie durch erhabene Adern auf. Am weitesten verbreitet ist *P. scandens* mit herzförmigen, grünen Blättern, die in der Jugendform gewöhnlich 5–10 cm lang sind, bei der Altersform aber auch Längen bis zu 30 cm erreichen können. Bei der Unterart *exycardum*, die meist unter dem Namen *P. cordatum* im Handel ist, sind die Blätter auf beiden Seiten grün, bei anderen können die Blätter unterseits auch rötlich gefärbt sein. Die einander überlappenden Blätter von *P. panduriforme* werden 12–20 cm lang und sind dunkel olivgrün. *P. squamiferum*, eine Art, die ihre behaarten Stengel um eine Stütze windet, trägt bis zu 25 cm lange, fünflappige Blätter.

KULTUR. Zwar bleiben die Philodendren auch bei trübem Licht am Leben, sie gedeihen jedoch in hellem indirektem oder durch Vorhänge gedämpftem Licht am besten; auch eine Kultur bei täglich 8–10 Stunden künstlicher Beleuchtung ist möglich. Zu empfehlen sind Nachttemperaturen von 18°–21° C und Tagestemperaturen um 24° C. Die Luftfeuchtigkeit sollte zwischen 40 und 60 % liegen; um das zu erreichen, besprüht man das Laub häufig mit Wasser oder stellt die Pflanzen auf feuchtigkeitsspendende Untersetzer.

Gepflanzt wird in handelsübliche Blumenerde, die immer sehr wenig feucht gehalten werden muß. Neu gekaufte oder frisch eingetopfte Pflanzen dürfen in den ersten 4–6 Monaten nicht gedüngt werden; danach erhalten sie, wenn sie nur langsam wachsen sollen, alle 3–4 Monate einen auf die Hälfte der angegebenen Stärke verdünnten Zimmerpflanzendünger. Ist schnelles Wachstum erwünscht, bleibt der Dünger unverdünnt. *P. scandens* gedeiht auch in Wasser, dem man allmonatlich ein paar Tropfen Flüssigdünger zusetzt. Um die Blätter vor Schädlingsbefall zu bewahren und sie von Staub zu befreien, wäscht man sie öfter mit warmem Seifenwasser ab.

Philodendren gedeihen am besten, wenn ihre Wurzeln auf begrenztem Raum leben müssen; wenn eine Pflanze jedoch für ihren Behälter zu groß geworden ist, kann sie jederzeit umgetopft werden. Beschneiden ist nicht erforderlich, nur vergilbte oder beschädigte Blätter sollten entfernt werden. Eine Vermehrung ist durch Bewurzeln von Stecklingen in Wasser oder feuchtem Vermiculit möglich.

PILEOSTEGIA

P. viburnoides, Syn. *Schizophragma viburnoides*

Dieser langsam wachsende, immergrüne Strauch kann eine Höhe von 6 m erreichen. Mit Hilfe von Luftwurzeln findet er an Mauern und anderen rauhen Flächen Halt, er kann aber auch niederliegend als Bodenbedecker kultiviert werden. Die gegenständigen, lederigen, schmalen und zugespitzten Blätter werden 7–15 cm lang und 1–5 cm breit. Im Spätsommer und Herbst erscheinen cremeweiße Blüten in dichten, 10–15 cm langen Rispen am Ende der Triebe.

KULTUR. *P. viburnoides* ist eine Pflanze für das Kalthaus oder den Wintergarten und in Mitteleuropa allenfalls in sehr milden Lagen des Weinbauklimas winterhart. Sie gedeiht in voller Sonne ebenso wie an einer schattigen Mauer, benötigt jedoch einen gut dränierten, nährstoffreichen Boden mit viel organischem Material. Im Frühjahr empfiehlt sich ein Formschnitt. Eine Vermehrung ist im Frühjahr oder Mittsommer durch Triebstecklinge möglich, die man unter Glas in feuchtem Torf und Sand bewurzeln läßt.

PIPER

P. crocatum; P. nigrum (Schwarzer Pfeffer); *P. ornatum* (alle werden Pfeffer genannt)

An einer Stütze klettern diese Pflanzen in einer feuchtwarmen Atmosphäre 0,90–1,50 m in die Höhe. Sie bieten auch in Ampeln einen hübschen Anblick, wenn ihre Triebe über den Rand des Gefäßes herabhängen. *P. crocatum* trägt 10–15 cm lange Blätter, die auf der Oberseite olivgrün und von rosa Nerven durchzogen, auf der Unterseite dagegen dunkelpurpurn gefärbt sind.

Der Schwarze Pfeffer ist eine langsam wachsende Art mit verholzten Stengeln, die mit Hilfe von Luftwurzeln klettert. Die ovalen, 12–18 cm langen, schwärzlichgrünen Blätter weisen unregelmäßige Herzformen auf. In tropischen Gegenden bringen die Pflanzen unscheinbare Blüten in 7–15 cm langen Ständen hervor, aus denen sich 0,5 cm große Früchte entwickeln, die sich von Grün zu Rot und Schwarz verfärben. Werden die noch unreifen Früchte getrocknet und gemahlen, liefern sie den Schwarzen Pfeffer. Weißer Pfeffer wird aus reiferen Früchten ohne Fruchthaut gewonnen. In Zimmerkultur bringen die Pflanzen keine Früchte hervor.

P. ornatum ist eine dekorative Schlingpflanze mit wächsernen, herzförmigen, dunkelgrünen Blättern an roten Stielen. Die Oberseite der 12 cm langen und 10 cm breiten Blätter ist anfangs von einem vielfach verästelten Netzwerk aus silbrigrosa Nerven durchzogen, die später zu Weiß verblassen; die Unterseite ist blaßgrün.

KULTUR. Die Pfeffer-Arten können bei uns nur als Zimmerpflanzen kultiviert werden. Sie gedeihen am besten an Nordfenstern, in hellem indirektem oder durch Vorhänge gedämpftem Licht; auch eine Kultur bei täglich 8–10 Stunden künstlicher Beleuchtung ist möglich. Zu empfehlen sind Nachttemperaturen zwischen 18° und 21°C, Tagestemperaturen zwischen 24° und 27°C sowie eine Luftfeuchtigkeit von 40–60 %. Man pflanzt in handelsübliche Blumenerde, die gleichmäßig feucht gehalten werden muß. Frisch eingetopfte und junge Pflanzen dürfen in der ersten Wachstumsperiode nicht gedüngt werden; fest verwurzelte Exemplare erhalten alle 2 Monate einen auf die Hälfte der angegebenen Stärke verdünnten Dünger. Für ihren Behälter zu groß gewordene Pflanzen müssen im zeitigen Frühjahr umgetopft werden. Eine Vermehrung ist möglich durch Aussaat oder durch Triebstecklinge, die man im Frühjahr oder Sommer schneidet und im Warmen bewurzeln läßt.

PFEFFER
Piper crocatum

PLECTRANTHUS

P. oertendahlii (Harfenstrauch)

Diese Pflanze hat niederliegende Achsen und weich behaarte, gut 2 cm große, rundliche Blätter, die auf der Oberseite ein Netzwerk aus silbrigen Adern tragen; die Unterseiten sind wie die Blattstiele purpurfarben. Zahlreiche rosablaue Blüten stehen in 15–20 cm langen Trauben beieinander. Die Pflanzen kommen in Ampeln oder ähnlichen Behältern besonders gut zur Geltung.

KULTUR. Der Harfenstrauch gedeiht am besten, wenn er helles, indirektes Licht oder täglich 10–12 Stunden künstliche Beleuchtung erhält. Die Temperaturen sollten nachts 13°–18° C und am Tage 18°–24° C betragen. Man pflanzt in handelsübliche Blumenerde, die feucht gehalten werden muß, aber nie durchnäßt werden darf. Frisch eingetopfte Pflanzen dürfen in den ersten 3 Monaten nicht gedüngt werden; fest verwurzelte Exemplare erhalten alle 2 Monate einen auf die Hälfte der angegebenen Stärke verdünnten Zimmerpflanzendünger. Die Pflanzen werden umgetopft, wenn sie für ihren Behälter zu groß geworden sind. Durch Abkneifen der Triebspitzen kann man sie zu buschigerem Wachstum anregen. Eine Vermehrung ist durch Triebspitzen möglich, die in Wasser Wurzeln ausbilden.

BLEIWURZ
Plumbago auriculata

PLUMBAGO

P. auriculata, Syn. *P. capensis* (Bleiwurz)

Die Bleiwurz ist ein im Kapland heimischer immergrüner Strauch, der in frostfreien Gegenden als Kletterpflanze am Spalier gezogen werden kann. In Mitteleuropa muß er in einem sonnigen Zimmer oder im Kalthaus kultiviert werden; man pflanzt ihn in einen Kübel oder einen anderen großen Behälter und kann ihn gleichfalls am Spalier ziehen, muß ihn dann aber alljährlich kräftig zurückschneiden. Die schlanken, überhängenden Triebe werden bis zu 2,50 m lang; an ihnen sitzen längliche, hellgrüne, 2–5 cm lange Blätter. Im Sommer und Frühherbst erscheinen blaßblaue Blüten mit einem Durchmesser von gut 2 cm in Ständen, die dem Phlox ähneln; in Gegenden mit warmem Klima blühen die Sträucher ununterbrochen. Im Zimmer wie im Freien wachsen die Pflanzen sehr rasch und müssen ständig in Form geschnitten werden.

KULTUR. In Zimmerkultur benötigt die Bleiwurz helles Licht, Nachttemperaturen um 7° C, Tagestemperaturen von 16°-21° C und eine Luftfeuchtigkeit von 40–60 %. Das Substrat (handelsübliche Blumenerde) muß gut dränieren und gleichmäßig feucht gehalten werden. Fest verwurzelte Exemplare erhalten gelegentlich einen auf die Hälfte der angegebenen Stärke verdünnten Zimmerpflanzendünger. Vor Einsetzen des neuen Wachstums im Frühjahr werden die Pflanzen gründlich ausgelichtet. Wurzelschößlinge werden entfernt, Triebspitzen gekürzt, um buschigeres Wachstum anzuregen und die Größe unter Kontrolle zu halten. Im Winter wird nur wenig gegossen, aber das Substrat darf nie völlig austrocknen; die Wurzeln müssen unbedingt feucht und kühl gehalten werden. Die Lichtmenge braucht nicht reduziert zu werden. Eine Vermehrung ist durch junge Stecklinge möglich, die man am zweckmäßigsten in einem beheizten Kasten bewurzeln läßt.

Wo die Bleiwurz in den wärmeren Gegenden Südeuropas im Freien kultiviert werden kann, gedeiht sie in voller Sonne am besten. Sie bevorzugt einen leichten, aber trockenen Sandboden. Sie muß im zeitigen Frühjahr kräftig zurückgeschnitten und ausgelichtet werden; die Blüten erscheinen an den Spitzen der neuen Triebe.

POLYGONUM

P. aubertii, Syn. *Bilderdykia aubertii* und *Fallopia aubertii* (Chinesischer Schlingknöterich); *P. baldschuanicum*, Syn. *Bilderdykia baldschuanica* und *Fallopia baldschuanica* (Bucharischer Schlingknöterich)

Diese kletternden Knöterich-Arten sehen einander sehr ähnlich und werden in Katalogen häufig miteinander verwechselt. Beide wachsen sehr rasch und bringen eine Fülle von zarten, duftenden Blüten hervor. Der Chinesische Schlingknöterich wirkt sehr dekorativ, wenn er an einer Veranda oder Pergola emporklettert oder seine Laub- und Blütenmassen von einer Mauer oder einem Zaun herabhängen. Die vielfach verästelten, schlingenden Stämme werden 4,50–9,00 m lang und sind mit glänzenden, 2–6 cm langen Blättern besetzt, die in der Jugend blaßgrün sind mit roten Spitzen und sich später hellgrün färben. Im Spätsommer und Frühherbst erscheinen an den äußeren Triebabschnitten zahlreiche dichte, 15 cm lange Rispen aus kleinen, weißen bis grünlichweißen Blüten.

Der Bucharische Schlingknöterich ist noch wüchsiger. Er wird gewöhnlich bis zu 12 m hoch und kann schon in wenigen Jahren einen häßlichen Schuppen dem Blick entziehen oder einen offenen Zaun in eine dichte Wand verwandeln. Die blaßgrün gefärbten Blätter sind oval bis herzförmig, die Blüten blaßrosa oder fast weiß und größer als die des Chinesischen Schlingknöterichs. Beide Arten vertragen Wind, Trockenheit und verschmutzte Stadtluft und haben kaum unter Krankheiten und Schädlingen zu leiden. Sie sind in Mitteleuropa weitgehend winterhart; zwar können die oberirdischen Teile vom Frost vernichtet werden, die Pflanzen treiben aber in der Regel im Frühjahr wieder aus.

KULTUR. Die Schlingknöterich-Arten gedeihen in voller Sonne am besten; sie vertragen auch leichten Schatten, bringen dann aber weniger Blüten hervor. Fast jeder Boden, auch trockener, ist geeignet. Da sie zu den am schnellsten wachsenden Kletterpflanzen zählen, ist sorgfältiges Beschneiden unerläßlich. Die Triebe müssen an kräftige Stützen gebunden werden. Die Blüten erscheinen am Neuzuwachs, deshalb sollte der drastische Rückschnitt ebenso wie das Auslichten im zeitigen Frühjahr vorgenommen werden. Während der Wachstumsperiode kann man die Pflanzen durch Abkneifen der Triebspitzen zu buschigerem Wachstum anregen. Dünger ist nur selten erforderlich. Eine Vermehrung ist im zeitigen Frühjahr durch Triebstecklinge möglich, denen ein Stück Holz anhaftet.

CHINESISCHER SCHLINGKNÖTERICH
Polygonum aubertii

PUERARIA

P. lobata, Syn. *P. hirsuta* und *P. thunbergiana* (Kopoubohne)

Die Kopoubohne gibt einen dauerhaften, rasch wachsenden Bodenbedecker ab, verhindert an Uferböschungen und Abhängen Erosion und verdeckt kahle Flächen. Die Pflanze muß jedoch regelmäßig zurückgeschnitten werden, sonst kann sie – vor allem in Gegenden mit warmem Klima – äußerst lästig werden, weil sie alles in ihrer Reichweite Befindliche überwuchert.

In Gegenden mit kälterem Klima wird die Kopoubohne einjährig kultiviert; an geschützten und klimatisch begünstigten Standorten überdauert sie den Winter. Sie ist eine sommergrüne, träge windende Pflanze, die sich mit Hilfe von Wurzelausläufern rasch zu einer dichten Matte aus Blättern ausbreitet; diese sind 7–15 cm lang und sitzen an bleistiftdicken, mit Borsten besetzten Stengeln. In frostfreien Gegenden erscheinen im Sommer am Zuwachs des Vorjahres 15–25 cm lange Stände aus sehr kleinen, duftenden, purpurroten Schmetterlingsblüten, aus denen sich behaarte, flache, bis zu 10 cm lange Hülsen entwickeln.

Wo die Kopoubohne als Kletterpflanze kultiviert wird, kann sie unschöne Gegenstände rasch dem Blick entziehen und im Sommer für Schatten sorgen. An einer kräftigen Stütze kann sie in Gegenden mit warmem Klima Höhen bis zu 18 m erreichen, als Einjahrspflanze wird sie in einem Sommer bis zu 4,50 m hoch. Ihre oberirdischen Teile können selbst in relativ milden Wintern vom Frost vernichtet werden, die Pflanzen treiben jedoch gewöhnlich im Frühjahr wieder aus, bringen dann aber keine Blüten hervor. Ältere Exemplare werden seltener vom Frost geschädigt.

KULTUR. Die Kopoubohne gedeiht in voller Sonne in jedem gut dränierten Boden und verträgt Trockenheit und stürmische Winde. Düngen ist nicht erforderlich. Es empfiehlt sich, während der Wachstumsperiode die Triebspitzen abzukneifen, damit die Pflanzen

KOPOUBOHNE
Pueraria lobata

Rhodochiton atrosanguineus

KLETTERROSE
Rosa 'Climbing Crimson Glory'

KLETTERROSE
Rosa 'Dr. W. van Fleet'

KLETTERROSE
Rosa 'Golden Showers'

nicht verholzen und unschön aufschießen. Jeden Herbst werden sie drastisch zurückgeschnitten, damit sie sich nicht zügellos ausbreiten können. In frostfreien Gegenden kann man einige der älteren Triebe stehenlassen, damit sie Blüten tragen. Für eine einjährige Kultur sät man im Garten aus, wenn keine Frostgefahr mehr besteht; eine Vermehrung der Kopoubohne ist auch durch Triebstecklinge und Teilung älterer Exemplare möglich.

R

RHODOCHITON

R. atrosanguineus, Syn. *R. volubilis* und *Lophospermum atrosanguineum*

Diese immergrüne Kletterpflanze wird unter günstigen Bedingungen im Kalthaus oder als Zimmerpflanze in einem hellen, sonnigen Raum bis zu 3 m hoch, wenn ihre Blattranken eine geeignete Stütze (zum Beispiel ein Spalier oder hohe Stäbe) vorfinden. Sie besitzt herzförmige, spitz zulaufende Blätter und eigentümliche Blüten: sie bestehen aus einer dunkel blutroten Krone, die sich von fünflappigen, in einem helleren Rot gefärbten, flach ausgebreiteten Kelchblättern abhebt. Die Blütezeit dauert den ganzen Sommer hindurch an.

KULTUR. *R. atrosanguineus* gedeiht an Orten wie einem Kalthaus, wo die Pflanzen kühl, aber frostfrei gehalten werden können. Man setzt sie in Töpfe mit nährstoffreicher, sandiger Lehmerde und sorgt für eine geeignete Stütze. Im Sommer wird reichlich gegossen, im Winter nur so viel, daß das Substrat nicht austrocknet. Eine Vermehrung ist durch Triebstecklinge möglich, die im Frühjahr in einem Kasten mit Bodenheizung anwurzeln.

ROSA

Kultursorten; *R. banksiae; R. wichuraiana*

Nur wenige Pflanzen haben eine Blütenpracht zu bieten, die der der Kletter- und Rankrosen vergleichbar wäre. Sie gehören zwar zu den Spreizklimmern und können mit ihren Stacheln Halt finden, aber ihre 2,50–6,00 m langen Triebe sind so schwer, daß sie angebunden werden müssen, wenn sie nicht niederliegen sollen. Einige dieser Pflanzen geben hervorragende Bodenbedecker ab und verhindern Erosion. Es gibt Sorten, die nur einmal jährlich blühen, andere stehen vom späten Frühjahr bis in den Herbst hinein ununterbrochen in Blüte. Die Farbskala reicht von Weiß über Gelb bis zu Rosa und Rot; die Blüten können einfach, halb oder dicht gefüllt sein.

WICHURA-ROSE
Rosa wichuraiana

Abgesehen von einigen wenigen Sorten, die wie die duftende, rosa- bis fleischfarbene 'Dr. W. van Fleet', und die gleichfalls duftende, stachellose, rosa 'Zephirine Drouhin' nur einmal, und zwar im Frühsommer, Blüten tragen, bringen die meisten großblütigen Sorten während der gesamten warmen Jahreszeit ununterbrochen Blüten hervor. Zu ihnen gehören: 'Blaze' mit scharlachroten Blüten; 'New Dawn' (Syn. 'Everblooming Dr. W. van Fleet'), blaßrosa; 'Sparkling Scarlet' (Syn. 'Iskro'), halbgefüllt, leuchtend rot; 'Danse du Feu' (Syn. 'Spectacular'), halbgefüllt, orange- bis scharlachrot; 'Loopirs', rosarot; 'Casino', dunkelgelb; 'Dreaming Spires' leuchtend goldgelb; 'Compassion', orange- bis aprikosenfarben; 'Schwanensee' (Syn. 'Swan Lake'), gefüllt, reinweiß. Die duftlose 'American Pillar', die dunkelrote 'Don Juan' und die zitronengelbe 'Golden Showers' können auch als Säulenrosen kultiviert werden. Die Säulenrosen, eine Untergruppe der großblütigen Kletterrosen, haben aufrecht wachsende, steifere Stengel.

Eine weitere Gruppe bilden die kletternden Sorten von Teehybriden und anderen Typen. Bei ihnen handelt es sich um sogenannte Sports, Zufallsmutanten eingeführter Sorten. Ihre Blüten ähneln den Buschrosen, von denen sie abstammen; die Pflanzen sind jedoch oft weniger winterhart und blühen auch nicht so reichlich. Zu ihnen gehören die rosarote, schwach duftende 'Caroline Testout'; 'Climbing Crimson Glory', dunkel karminrot mit starkem Gewürznelkenduft; und 'Climbing Gloria Dei' (Syn. 'Climbing Peace', 'Climbing

Schisandra rubriflora

Mme. A. Meilland'), goldgelb mit roten Säumen; alle blühen sowohl im Frühjahr als auch im Herbst.

Die sogenannten Rankrosen können in einem Jahr 3–6 m wachsen. Sie bringen einfache oder gefüllte Blüten in Gruppen hervor und lassen sich gut an Spalieren, Laubengängen, Zäunen oder Pergolen kultivieren, weil sie besonders geschmeidige Triebe besitzen. In diese Gruppe gehören die hellrosa 'Dorothy Perkins' ebenso wie die seit langem beliebte weiße 'Albéric Barbier' und die sehr wüchsige 'Albertine' mit duftenden Blüten in einer Farbmischung aus Kupfer und Aprikose, die allmählich zu Rosa verblaßt.

Andere großblütige Kletterrosen sind 'Emily Gray' mit gefüllten, goldgelben Blüten; 'Rambling Rector', cremefarben bis weiß; 'Wedding Day' mit weißen Blüten und 'Paul's Scarlet Climber' mit halbgefüllten, leuchtend scharlachroten Blüten, die häufig als Säulenrose kultiviert wird. Zu empfehlen sind außerdem zwei aus dem Fernen Osten stammende Arten, die in Gegenden mit mildem Klima immergrüne *R. wichuraiana* mit stark duftenden, weißen Blüten sowie *R. banksiae*, die gelbe oder cremeweiße Blüten trägt. Die Wichura-Rose ist ein ausgezeichneter Bodenbedecker, weil ihre niederliegenden Triebe immer wieder im Boden anwurzeln.

KULTUR. Rosen gedeihen am besten in voller Sonne oder an Standorten, an denen sie täglich mindestens 5 Stunden direkte Sonne erhalten. Die Luft muß in ihrem Umkreis frei zirkulieren können; außerdem müssen sie vor austrocknenden Winden geschützt werden. Gepflanzt wird im Herbst oder Frühjahr mit Abständen von 1,50–2,50 m. Am besten geeignet sind Beete mit schweren, aber gut dränierten, mit Kompost oder Torf angereicherten Lehmböden; Rankrosen gedeihen auch in leichteren Böden. Bei trockener Witterung muß reichlich gewässert werden. Gedüngt wird im Frühjahr, indem man den Pflanzen eine Mulchschicht aus Kompost oder gut verrottetem Stallmist gibt; im Sommer erhalten sie einen handelsüblichen Rosendünger. Die Rosen sollten möglichst nicht mit Stauden auf einem Beet kombiniert werden; außerdem sollten Rosenbeete stets frei von Unkraut und totem Laub gehalten werden, um die Gefahr eines Befalls durch Krankheiten oder Schädlinge zu verringern. Regelmäßiges Entfernen abgewelkter Blüten verlängert die Blütezeit. Totes Holz sowie alte und erkrankte Triebe können jederzeit entfernt werden; im Frühjahr werden die Stengel gekürzt und nach innen wachsende sowie einander überkreuzende entfernt. Wurzelschößlinge, die unterhalb der Veredelungsstelle erscheinen, müssen sofort entfernt werden.

RUBUS

R. flagelliflorus; R. henryi; R. ulmifolius 'Bellidiflorus' (Brombeere)

Einige immergrüne Angehörige der Gattung *Rubus* werden nicht so sehr wegen ihrer eßbaren Früchte kultiviert, sondern vielmehr als hübsche Ziersträucher vor einer Mauer. *R. flagellifloris* hat weißfilzige, stachelige Stengel von 1,50–1,80 m Länge, an denen schwach gelappte und gezähnte, 10–18 cm lange Blätter sitzen. Im Frühjahr erscheinen Stände aus kleinen, weißen Blüten, aus denen sich schließlich eßbare Früchte entwickeln.

R. henryi hat 10–15 cm lange, dreilappige Blätter, die auf der Oberseite glänzend grün und auf der Unterseite weiß sind. Die sehr wüchsigen Triebe erreichen vor Mauern und an kräftigen Zäunen Längen zwischen 4,50 und 6,00 m. Aus den im Sommer erscheinenden rosa Blüten gehen schwarze Früchte hervor.

Die Kultursorte 'Bellidiflorus' von *R. ulmifolius*, deren stachelige Triebe bis zu 1,80 m lang werden, trägt im Juli und August zahlreiche gefüllte, an Gänseblümchen erinnernde rosa Blüten; da sie steril sind, gehen aus ihnen keine Früchte hervor.

KULTUR. Die *Rubus*-Arten und -Sorten sind auch für ungünstige Standorte geeignet und gedeihen in Sonne oder leichtem Schatten, sofern sie einen gut dränierten Boden vorfinden. Gepflanzt wird im Herbst oder Frühjahr; die langen Triebe müssen an Stützen gebunden werden. Eine Vermehrung ist durch Stecklinge vom halb ausgereiften

Holz im August oder September möglich. *R. ulmifolius* 'Bellidiflorus' kann nur durch Absenker vermehrt werden; man trennt sie von der Mutterpflanze, wenn sie angewurzelt sind.

S

SCHISANDRA

S. chinensis; S. rubriflora, Syn. *S. grandiflora*

S. chinensis ist ein sommergrüner Kletterstrauch, der wegen seiner hübschen Blüten geschätzt wird. Er kann an einer geeigneten Stütze 6–9 m hoch werden. Die glatten, ovalen Blätter sind 5–10 cm lang. Im April und Mai erscheinen an getrennten Pflanzen männliche und weibliche Blüten an langen Stielen aus den Blattachseln; sie duften stark und sind blaßrosa oder weiß gefärbt. Damit sich die hübschen, ährenförmigen, etwa 10 cm langen Sammelfrüchte aus zahlreichen scharlachroten Beeren bilden, müssen Exemplare beiderlei Geschlechts vorhanden sein.

Auch *S. rubriflora* ist sommergrün, wird aber gewöhnlich nur bis zu 4,50 m hoch. Die 7–10 cm langen Blätter sind lederig; aus den im Frühjahr erscheinenden, gut 2 cm großen, karminroten Blüten entwickeln sich scharlachrote Früchte.

KULTUR. Die Pflanzen können in Mitteleuropa im Freien kultiviert werden, benötigen aber Schutz durch eine warme Mauer. Sie gedeihen in Sonne oder leichtem Schatten, vertragen aber keinen Kalk. Vor dem Pflanzen im Frühjahr oder Herbst sollte der Boden tiefgründig umgegraben und dabei mit sehr viel organischem Material angereichert werden, damit er die Feuchtigkeit gut hält. Alljährlich im Frühjahr wird eine Mulchschicht aus Torf oder Lauberde aufgebracht. Exemplare, die vor einer Mauer kultiviert werden, benötigen eine kräftige Stütze, wie zum Beispiel ein Spalier. Eine Vermehrung ist durch Triebstecklinge möglich, die in einem Kasten mit Bodenheizung oder im warmen Frühbeet anwurzeln.

SCHIZOPHRAGMA

S. hydrangeoides

Diese winterharte Kletterpflanze wächst zwar in der Jugend sehr langsam, erreicht aber unter günstigen Bedingungen Höhen zwischen 6 und 9 m. Sie ist besonders gut für beschattete, nach Norden gelegene Mauern geeignet, kann aber mit Hilfe von Luftwurzeln auch große Bäume überziehen. Wie die Artbezeichnung *hydrangeoides* andeutet, ähnelt sie der Kletter-Hortensie *(Hydrangea anomala* subsp. *petiolaris)* und bringt wie diese weiße Blüten in großen Ständen von 25–30 cm Durchmesser hervor; die Blütezeit liegt im Juli und August. Im Zentrum der Stände sitzen kleine fertile und am Rande die großen sterilen Blüten. Bei der Kultursorte 'Roseum' sind letztere rosa. Die großen, herzförmigen, grobgezähnten Blätter sind langgestielt und werden im Herbst abgeworfen.

KULTUR. *S. hydrangeoides* gedeiht am besten in einem nährstoffreichen, feuchten, mit Torf oder Lauberde angereicherten Lehmboden. Gepflanzt wird im Frühjahr oder Herbst; alljährlich im Frühjahr wird der Wurzelbereich mit einer Mulchschicht aus gut verrottetem Kompost oder Lauberde abgedeckt. Eine Vermehrung ist durch Triebstecklinge möglich, die man im Juli oder August schneidet und in einem beheizten Kasten bewurzeln läßt.

SCINDAPSUS

S. aureus, Syn. *Pothos aurea, Raphidophora aurea* und *Epipremnum aureum* (Efeutute)

Die Efeutute, deren korrekte Bezeichnung *Epipremnum aureum* sein dürfte, klettert mit Hilfe von Haftwurzeln an jeder geeigneten Stütze empor; man kann ihre Triebe aber auch über den Rand einer Ampel herabhängen lassen. In Zimmerkultur wird sie 1,80–3,00 m hoch, sofern ihre Triebspitzen nicht abgekniffen werden. Die wächsernen, herzförmigen Blätter sind grüngelb, an jungen Exempla-

EFEUTUTE
Scindapsus aureus

Sedum morganianum

SOMMEREFEU
Senecio mikanioides

ren 5–10 cm, an älteren dagegen 15–25 cm lang. In Kultur häufiger anzutreffen als die Wildform sind Namensorten wie 'Golden Queen' mit gelben Blättern; 'Marble Queen' (Syn. 'Erich Gedalius'), deren grüne Blätter in der Jugend reinweiß gezeichnet sind, mit zunehmendem Alter aber immer grüner werden; und 'Tricolor' mit mittelgrünen Blättern, die cremeweiß, gelb und hellgrün gefleckt sind.

KULTUR. Die Efeutute gedeiht am besten in hellem indirektem oder durch Vorhänge gedämpftem Licht; auch eine Kultur bei täglich 8–10 Stunden künstlicher Beleuchtung ist möglich. Wenn die Blätter zu wenig Licht erhalten, verlieren sie ihre Farben und werden wieder ausschließlich grün. Zu empfehlen sind Nachttemperaturen von 14°–18° C und Tagestemperaturen von 21°–27° C. Man setzt die Pflanzen in ein Substrat aus handelsüblicher Blumenerde und Torf oder zerkleinertem Torfmoos zu gleichen Teilen. Vor jedem erneuten Gießen muß es leicht abgetrocknet sein; wenn es zu feucht gehalten wird, faulen die Wurzeln. Man kann eine Efeutute auch auf einem Stück Baumstamm oder einem Moospfosten kultivieren, ebenso in Wasser, dem etwas Flüssigdünger zugesetzt wurde.

Neu gekaufte oder frisch eingetopfte Pflanzen dürfen 4–6 Monate nicht gedüngt werden; fest verwurzelte Exemplare erhalten dagegen alle 1–2 Monate einen auf die Hälfte der angegebenen Stärke verdünnten Zimmerpflanzendünger. Die Triebe können auf die gewünschte Länge abgekniffen werden. Eine Vermehrung ist jederzeit durch Triebstecklinge möglich; sie wurzeln in einem beheizten Kasten mit feuchtem Sand an.

SEDUM

S. morganianum

S. morganianum ist eine Pflanze mit sukkulenten, hängenden Trieben, die bis zu 45 cm lang werden können. An ihnen sitzen dichtgedrängt gut 2 cm lange Blätter; sie sind mit einer bläulichen Wachsschicht bedeckt, die als Reif bezeichnet wird. Die Blätter sitzen nicht sehr fest und fallen leicht ab. Gelegentlich erscheinen im Frühjahr endständige, tiefrosa Blüten mit 1 cm Durchmesser. Diese Art kann bei uns nicht im Freien kultiviert werden, sondern wird in der Regel im Zimmer in Ampeln gepflanzt.

KULTUR. *S. morganianum* gedeiht in Zimmerkultur am besten, wenn sie täglich mindestens 4 Stunden direkte Sonne oder 12 Stunden helle, künstliche Beleuchtung erhält. Die Temperaturen sollten vom Frühjahr bis zum Herbst nachts zwischen 10° und 18° C und am Tage zwischen 20° und 22° C liegen. Als Substrat eignet sich eine Mischung aus Blumenerde und grobem Sand zu gleichen Teilen, der man auf jeweils 3,5 Liter je 1 Eßlöffel gemahlenen Kalk und Knochenmehl zusetzt. Vom Frühjahr bis zum Herbst wird reichlich gegossen. Fest verwurzelte Exemplare werden dreimal jährlich – im zeitigen und im späten Frühjahr sowie gegen Ende des Sommers – gedüngt.

Im Winter müssen die Pflanzen bei niedrigen Temperaturen eine Ruheperiode einlegen, während der sie nur so viel Wasser erhalten, daß die Blätter nicht schrumpfen. Da sie sehr empfindlich sind, sollte man sie möglichst nicht umtopfen, sondern ältere Exemplare lieber reichlicher gießen und düngen. Eine Vermehrung ist durch Bewurzeln abgetrennter Blätter in feuchtem Sand möglich.

SENECIO

S. confusus (Kletter-Greiskraut); *S. mikanioides* (Sommerefeu, Stubenefeu); *S. scandens*

Die langen Triebe der *Senecio*-Arten können wirre Massen bilden; wenn sie niederliegen, wurzeln sie immer wieder an und bilden so einen Bodenbedecker. Einige Arten tragen fast den ganzen Sommer hindurch gänseblümchenähnliche Blütenköpfchen. An einer geeigneten Stütze erreichen manche Arten Höhen von 6 m und mehr; häufig werden die Pflanzen in Gegenden mit mildem Klima zum Bedecken von Uferböschungen und niedrigen Mauern eingesetzt. Im Freien werden sie vom Frost vernichtet; nur *S. scandens* kann an geschützten Standorten im Frühjahr wieder austreiben, sollte aber besser im Kalthaus kultiviert werden. Als Zimmerpflanzen können die *Senecio*-Arten am Spalier oder in einer Ampel ebenso kultiviert werden wie in Töpfen, wenn man die Triebe durch regelmäßiges Abkneifen entsprechend kurz hält.

S. confusus trägt im Frühjahr und Sommer 4 cm große, leuchtend orangerote Blütenköpfchen mit gelbem Zentrum und 4 cm Durchmesser. Der Sommer- oder Stufenefeu wächst besonders rasch; an ihm schätzt man vor allem die gelappten, hellgrünen Blätter, die dem des Gewöhnlichen Efeus (*Hedera helix* subsp. *helix*) ähneln. Gelegentlich erscheinen im Winter 2–8 cm große Stände aus gelben Blütenköpfchen. *S. scandens* blüht im Spätsommer und Herbst. Die leuchtendgelben, knapp 2 cm großen Blütenköpfchen sind in lockeren Ständen angeordnet und heben sich von zugespitzt länglichen, graugrünen Blättern ab.

KULTUR. In Zimmerkultur gedeihen die genannten *Senecio*-Arten am besten, wenn sie im Sommer durch Vorhänge gedämpftes Licht erhalten; im Winter vertragen sie volle Sonne. Zu empfehlen sind Temperaturen von 10°–13° C in der Nacht und 20°–22° C am Tage sowie eine Luftfeuchtigkeit von 40–50 %. Das Substrat (handelsübliche Blumenerde) muß gleichmäßig feucht gehalten werden. *S. mikanioides* gedeiht auch in Wasser, dem man allmonatlich ein paar Tropfen Flüssigdünger zusetzt. Nach dem Umtopfen dürfen die Pflanzen in den ersten 3–4 Monaten nicht gedüngt werden; fest verwurzelte Exemplare erhalten alle 2 Monate einen auf die Hälfte der angegebenen Stärke verdünnten Zimmerpflanzendünger. Durch Abkneifen der Triebspitzen lassen sich die Pflanzen buschig halten. Alle *Senecio*-Arten können durch Triebstecklinge vermehrt werden, die man in feuchtem Sand oder Vermiculit bewurzeln läßt.

BLUT-TRADESKANTIE
Setcreasea purpurea

SETCREASEA

S. purpurea (Blut-Tradeskantie)

In Gegenden mit warmem Klima wird die Blut-Tradeskantie häufig als Bodenbedecker eingesetzt; sie ist jedoch nicht winterhart und kann bei uns nur als Zimmerpflanze kultiviert werden. Blätter und Blüten sitzen an glatten, purpurnen Trieben, die bis zu 30 cm lang werden können. Die zugespitzten, 12–18 cm langen Blätter sind gleichfalls purpurn und mit feinen, weißen Härchen bedeckt. Die Blüten sind rosa, durchscheinend und haben einen Durchmesser von 1–2 cm. Die Blut-Tradeskantie ist in Zimmerkultur weit verbreitet und kommt in Ampeln und Töpfen gut zur Geltung.

KULTUR. Die Blut-Tradeskantie bevorzugt Nachttemperaturen von 16°–18° C und Tagestemperaturen von 21°–24° C. In direkter Sonne oder heller, künstlicher Beleuchtung sind die Blätter leuchtend gefärbt und glitzern; wenn die Pflanzen nur indirektes Licht erhalten, nehmen die Blätter eine trüb rötlichgrüne Färbung an, und die Pflanzen können unansehnlich aufschießen. Gepflanzt wird in handelsübliche Blumenerde oder in ein Torfkultursubstrat, das vor jedem erneuten Gießen leicht abgetrocknet sein muß. Neu gekaufte oder frisch eingetopfte Exemplare dürfen 3–4 Monate nicht gedüngt werden; fest verwurzelte Pflanzen erhalten alle 2 Monate einen handelsüblichen Zimmerpflanzendünger. Durch regelmäßiges Abkneifen der Triebspitzen kann man die Pflanzen zu stärkerer Verzweigung anregen und damit ihre Form verbessern. Eine Vermehrung ist im Sommer durch Bewurzeln von Triebstecklingen in feuchtem Sand oder Vermiculit möglich.

Solandra maxima

SOLANDRA

S. maxima, Syn. *S. hartwegii*

Diese rasch wachsende, immergrüne tropische Kletterpflanze kann nur in Gegenden mit warmem Klima im Freien kultiviert werden; dort läßt sie sich durch regelmäßigen Rückschnitt auf einer Höhe von 4,50–6,00 m halten. Sie ist bei uns nicht winterhart, aber gelegentlich in Warmhäusern an Wänden oder Spalieren anzutreffen, wo sie

WENDLAND-NACHTSCHATTEN
Solanum wendlandii

KRANZSCHLINGE
Stephanotis floribunda

weniger hoch wird. An dicken, verholzten Stämmen sitzen glatte, 7–15 cm lange, glänzende Blätter. Vor allem im Sommer, gelegentlich aber auch zu anderen Zeiten, erscheinen stark duftende, trompetenförmige Blüten. Sie werden 15–25 cm lang und sind gelb mit bräunlichen Streifen, die sich von gekräuselten Rändern aus bis in den Schlund hinein erstrecken.

KULTUR. *S. maxima* gedeiht am besten, wenn man sie unter Glas im Warmhaus in voller Sonne kultiviert, während der heißesten Stunden jedoch beschattet. Man kann sie auf Beete oder Rabatten pflanzen; das Substrat sollte feucht und gut dräniert sein. Damit viele Blüten hervorgebracht werden, wird nicht gedüngt, dafür aber in der Wachstumsperiode reichlich gegossen. Es empfiehlt sich, die Triebe an kräftigen, unter dem Dach gespannten Drähten zu befestigen. Nach der Blüte treten die Pflanzen in eine Ruheperiode ein, während der das Substrat vor jedem erneuten Gießen leicht abgetrocknet sein muß. Der Rückschnitt erfolgt alljährlich im späten Frühjahr und hat die Aufgabe, die Größe der Pflanzen unter Kontrolle zu halten und sie gleichzeitig zu stärkerer Verzweigung und damit erhöhter Blütenproduktion anzuregen. Eine Vermehrung ist im Sommer durch Triebstecklinge möglich, die in Torf anwurzeln.

SOLANUM

S. crispum (Krauser Nachtschatten); *S. jasminoides* (Jasmin-Nachtschatten); *S. wendlandii* (Wendland-Nachtschatten)

Die ausdauernden Nachtschatten-Arten winden ihre verzweigten Triebe um Spaliere und andere Stützen und können so luftige Wände aus sommer- oder immergrünem Laub bilden. Die sternförmigen Blüten stehen in lockeren Ständen beieinander und heben sich von glänzenden, 2–10 cm langen Blättern ab. Von einigen Arten ist bekannt, daß die Blätter und die leuchtend gefärbten Früchte giftig sind, von anderen vermutet man es.

Der Krause Nachtschatten ist die widerstandsfähigste Art, benötigt aber in Mitteleuropa volle Sonne und einen geschützten Standort an einer warmen Mauer. Er ist je nach Klima halb oder vollständig immergrün. An seinen etwa 3,50–6,00 m langen Trieben sitzen ovallanzettliche Blätter und Stände aus leuchtend bläulichpurpurnen Blüten, die ein wie ein Schnabel geformtes Zentrum haben.

Der Jasmin-Nachtschatten wird 3–6 m hoch. Die weißen Blüten mit einem Durchmesser von gut 2 cm weisen einen Anhauch von Blaßblau auf; die Blütezeit dauert vom Sommer bis zum ersten Frost. Die in mildem Klima immergrüne Pflanze kann in kalten Wintern ihr Laub verlieren, bleibt aber dennoch im allgemeinen am Leben; sie ist bedingt winterhart und kann in klimatisch begünstigten Lagen an geschützten Standorten im Freien kultiviert werden. Wo diese Bedingungen nicht gegeben sind, kultiviert man sie besser unter Glas.

Der Wendland-Nachtschatten verträgt keinen Frost, wirkt aber im Gewächshaus oder Wintergarten sehr dekorativ. Er ist sehr wüchsig und trägt im Sommer und Herbst Stände aus blaß blauvioletten Blüten von 6 cm Durchmesser.

KULTUR. Die Nachtschatten gedeihen am besten im Kalthaus, einige Arten können jedoch auch vor einer nach Süden oder Westen gelegenen Mauer in voller Sonne kultiviert werden, und zwar dicht neben den Stützen, an denen sie emporklettern sollen. Wenn im Frühjahr der Neuaustrieb erscheint, werden störende Triebe entfernt und die verbleibenden durch Rückschnitt zu stärkerer Verzweigung angeregt. Eine Vermehrung ist durch Stecklinge möglich.

STEPHANOTIS

S. floribunda (Kranzschlinge)

Die Kranzschlinge ist eine langsam wachsende Windepflanze mit dicken, glänzenden, immergrünen Blättern; ihre Triebe können an einem Spalier oder einer anderen Stütze Längen bis zu 4,50 m erreichen. Zwischen Spätfrühjahr und Herbst erscheinen Stände aus wächsernen, duftenden, weißen Blüten; sie sind trompetenförmig und etwa 5 cm lang. Bei uns kann man die Kranzschlinge nur als Gewächshaus- oder Zimmerpflanze kultivieren; sie muß durch Beschneiden klein gehalten werden.

KULTUR. Die Kranzschlinge benötigt mindestens 4 Stunden direkte Sonne am Tag, muß aber im Sommer während der heißesten Tagesstunden beschattet werden, damit die Blätter nicht verbrennen. Sie blüht am reichsten, wenn sie Nachttemperaturen von 16°–18° C und Tagestemperaturen von 21° C oder darüber erhält. Das Substrat (handelsübliche Blumenerde) muß während der Wachstumsperiode vom Frühjahr bis zum Herbst feucht gehalten, darf aber nie durchnäßt werden; gute Dränage ist unerläßlich. Gedüngt wird allmonatlich mit einem auf die Hälfte der angegebenen Stärke verdünnten Zimmerpflanzendünger. Während der Ruheperiode im Winter wird nicht gedüngt; außerdem muß das Substrat vor jedem erneuten Gießen leicht abgetrocknet sein. Etwas niedrigere Wintertemperaturen schaden den Pflanzen nicht. Im Frühjahr werden schwache Triebe entfernt und die Pflanzen auf die gewünschte Größe zurückgeschnitten; dadurch kann man sie auch zu buschigerem Wachstum anregen. Eine Vermehrung ist im späten Frühjahr und Sommer durch Triebstecklinge mit 3 oder 4 Knoten möglich, die in einem beheizten Kasten in einer Mischung aus Sand und Torf zu gleichen Teilen anwurzeln.

STREPTOSOLEN

S. jamesonii (Drehkrone)

Die Drehkrone ist ein immergrüner Strauch mit schwachen, 2,50–3,00 m langen Trieben; bei uns ist sie nicht winterhart. Im Sommer und gelegentlich auch zu anderen Zeiten erscheinen große Trugdolden aus 2–5 cm langen, röhrenförmigen, leuchtend orangefarbenen Blüten zwischen ovalen, auffällig gerippten, 2–5 cm großen Blättern. In Gegenden mit warmem Klima kann man die Drehkrone durch Festbinden ihrer Triebe am Spalier als Sicht- oder Windschutz ziehen. In Töpfen kultivierte Exemplare können den Sommer an einem warmen, geschützten Standort im Freien verbringen; man versenkt die Töpfe bis zum oberen Rand im Boden, muß sie jedoch vor dem ersten Frost ausgraben und wieder ins Haus holen.

KULTUR. Die Drehkrone benötigt im Winter täglich mindestens 4 Stunden direkte Sonne, im Sommer dagegen indirektes oder durch Vorhänge gedämpftes Licht. Sie blüht am reichsten bei Nachttemperaturen von 10°–13° C und Tagestemperaturen von 20°–22° C. Man pflanzt sie in handelsübliche Blumenerde, die gleichmäßig feucht gehalten werden muß, aber nie durchnäßt werden darf. Gedüngt wird allmonatlich mit einem auf die Hälfte der angegebenen Stärke verdünnten Zimmerpflanzendünger. Junge Exemplare werden entweder durch Abkneifen der Triebspitzen zu buschigem Wachstum veranlaßt oder erhalten ein Spalier oder Stäbe, an denen sie emporwachsen können. Ältere Exemplare werden nach der Blüte leicht in Form geschnitten und auf der dem Behälter angemessenen Größe gehalten. Eine Vermehrung ist durch Triebstecklinge möglich, die man im Frühjahr in einem beheizten Kasten anwurzeln läßt.

SYNGONIUM

S. podophyllum; S. vellozianum (beide heißen Purpurtute)

Diese beiden Arten besitzen deutlich voneinander unterschiedene Jugend- und Altersblätter. An jungen Exemplaren ist das Laub papierdünn und pfeilförmig, an älteren dagegen spaltet es sich in eine Reihe von zugespitzten Lappen, bis die Blätter schließlich ausgebreiteten Fächern ähneln. Die langstieligen Blätter gehen von niederliegenden oder kletternden Achsen mit fleischigen Luftwurzeln aus, die man über den Rand von Töpfen oder Ampeln herabhängen lassen oder mit Drahtösen auf einem Stück Baumstamm oder einem Moospfosten befestigen kann.

Die gut 7 cm langen Jugendblätter von *S. podophyllum* sind schwach weiß oder gelb gezeichnet; die ausgewachsenen Blätter

DREHKRONE
Streptosolen jamesonii

PURPURTUTE
Syngonium podophyllum

Tecomaria capensis

SCHWARZÄUGIGE SUSANNE
Thunbergia alata

erreichen Längen bis zu 30 cm und sind ausschließlich grün. Die Blattstiele werden bis zu 60 cm lang. *S. vellozianum* trägt pfeilförmige Jugendblätter, die sich später in 3 oder 5 Lappen zerteilen.

KULTUR. Die *Syngonium*-Arten gedeihen am besten in hellem indirektem oder durch Vorhänge gedämpftem Licht, sind aber auch mit täglich 8–10 Stunden künstlicher Beleuchtung zufrieden. Zu empfehlen sind Nachttemperaturen von 18°–21° C und Tagestemperaturen von 24°–27° C. Man pflanzt sie in handelsübliche Blumenerde, die gleichmäßig feucht gehalten werden muß, aber nie durchnäßt werden darf. Neu eingetopfte Pflanzen dürfen während der ersten 3–4 Monate nicht gedüngt werden; fest verwurzelte Exemplare erhalten alle 2 Monate einen auf die Hälfte der angegebenen Stärke verdünnten Zimmerpflanzendünger. Sollen die Pflanzen buschig wachsen, kneift man überlange Triebe ab und regt damit eine stärkere Verzweigung an. Eine Vermehrung ist jederzeit durch Triebstecklinge möglich, die in Wasser oder in einem beheizten Kasten mit feuchtem Sand anwurzeln.

T

TECOMARIA

T. capensis, Syn. *Bignonia capensis* und *Tecoma capensis*

Dieser in den Tropen heimische, immergrüne Strauch besitzt biegsame Triebe, die 4,50–7,50 m lang werden können; man kann ihn waagerecht oder senkrecht ziehen und in Gegenden mit warmem Klima zum Bedecken von Mauern und Zäunen einsetzen. In Mitteleuropa kann *T. capensis* nur im Gewächshaus oder in beheizten, sonnigen Räumen kultiviert werden. Die aus 5–9 jeweils 2–5 cm langen Blättchen zusammengesetzten Blätter sind glänzend dunkelgrün. Von diesem duftigen Laub heben sich im Sommer zahlreiche Stände aus orange- bis scharlachroten, trichterförmigen Blüten mit einem Durchmesser von 5 cm ab. Aus ihnen gehen schlanke, etwa 5 cm lange Hülsen hervor. Die Kultursorte 'Aurea' blüht gelb.

KULTUR. *T. capensis* gedeiht in voller Sonne am besten. Man pflanzt sie in feuchten, aber gut dränierten, leichten Boden und gibt den Trieben eine angemessene Stütze. Bei trockener Witterung muß reichlich gewässert werden – Trockenheit vertragen die Pflanzen nicht. Durch einen alljährlichen Rückschnitt im Frühjahr hält man das üppige Wachstum in Grenzen und regt die Entwicklung neuer Triebe an. Die Blüten erscheinen am Neuzuwachs. Eine Vermehrung ist durch Absenker ebenso möglich wie durch Triebstecklinge, die in einem beheizten Kasten mit feuchtem Sand anwurzeln.

THUNBERGIA

T. alata (Schwarzäugige Susanne); *T. fragrans; T. grandiflora; T. laurifolia*

Die Thunbergien sind ein- oder mehrjährige Kletterpflanzen mit leuchtenden Blüten. In Gegenden mit mildem Klima können sie im Freien Spaliere und Mauern überziehen; bei uns werden sie häufig einjährig kultiviert. Die Blüten erscheinen vor einem Hintergrund aus dichtem Laubwerk; die Blätter sind oval oder pfeilförmig.

Die Schwarzäugige Susanne wird im Freien selten höher als 1,80 m. Sie kann auch im Zimmer kultiviert und durch Abkneifen der Triebspitzen niedrig gehalten werden; außerdem kann man ihre Triebe überhängen oder an einem kleinen Spalier klettern lassen. Die 2–5 cm großen Blüten können weiß, gelbbraun, gelb oder orangefarben sein und haben einen schwarzen oder dunkelpurpurnen Schlund. Die pfeilförmigen Blätter werden 2–8 cm lang.

T. fragrans ist ebenso wie *T. grandiflora* und *T. laurifolia* bei uns nicht winterhart; nur *T. fragrans* kann in Gegenden wie dem Mittelmeergebiet auch im Freien kultiviert werden. Diese Art trägt duftende Blüten von 4 cm Durchmesser und hat dreieckige, gut 7 cm lange Blätter. *T. grandiflora* bringt hängende Stände aus blauen, gelegentlich auch weißen Blüten von gut 7 cm Durchmesser hervor. An ihren 3–6 m langen Stengeln sitzen 15–20 cm lange Blätter.

T. laurifolia trägt Stände aus hellblauen Blüten mit weißem Schlund. Die Blätter sind 15–20 cm, die Triebe bis zu 6 m lang.

KULTUR. In Zimmerkultur gedeihen die Thunbergien am besten, wenn sie täglich mindestens 4 Stunden direkte Sonne erhalten. Ideal sind Temperaturen, die nachts zwischen 10° und 16° C und am Tage zwischen 20° und 22° C liegen. Das Substrat (handelsübliche Blumenerde) wird feucht gehalten, darf aber nicht durchnäßt werden. Während der Wachstumsperiode erhalten die Pflanzen alle 2 Wochen einen auf die Hälfte der angegebenen Stärke verdünnten Zimmerpflanzendünger. Wenn sie unschön aufschießen, schneidet man sie nach der Blüte bis dicht über dem Substrat zurück und regt sie damit zum Neuaustrieb aus der Basis an.

Wo in Gegenden mit mildem Klima eine Kultur im Freien möglich ist, gedeihen die Thunbergien am besten an sonnigen, vor Wind geschützten Standorten in einem feuchten, aber gut dränierten und mit Lauberde angereicherten Boden. Wenn die Triebe in die Höhe wachsen sollen, müssen sie an ein Lattengerüst oder eine andere Stütze angebunden werden. Nach der Blüte werden die Pflanzen bis dicht über dem Boden zurückgeschnitten, danach treiben sie neu aus. Eine Vermehrung ist durch Triebstecklinge möglich.

Die Schwarzäugige Susanne wird alljährlich aus Samen angezogen, die man im Frühjahr unter Glas aussät. Die Sämlinge werden eingetopft und entweder als Zimmerpflanze kultiviert oder ins Freie verpflanzt, wenn keine Frostgefahr mehr besteht. Nach der Blüte werden die Pflanzen ausgerissen und fortgeworfen.

STERNJASMIN
Trachelospermum jasminoides

TRACHELOSPERMUM

T. asiaticum, Syn. *Rhynchospermum asiaticum; T. jasminoides,* Syn. *Rhynchospermum jasminoides* (beide heißen Sternjasmin)

Am Sternjasmin schätzt man vor allem die Stände aus stark duftenden Blüten, die denen der Flammenblumen ähneln und im Frühjahr und Sommer erscheinen. Die zarten Stengel werden im Laufe der Jahre bis zu 4,50 m lang und bilden eine dichte, vielfach ineinander verschlungene Matte aus dicken, immergrünen, glänzenden und ovalen Blättern, die beim Entfalten blaßgrün sind und sich später allmählich dunkler färben.

Die Blätter von *T. asiaticum* werden 2–5 cm lang, die cremeweißen Blüten mit gelbem Zentrum stehen in Ständen von 5–8 cm Durchmesser beieinander.

T. jasminoides trägt zugespitzte, 5–8 cm lange Blätter. Die kleinen Blüten sind weiß, haben einen gewellten Rand und stehen in 5–8 cm breiten Ständen. In Zimmerkultur kann man beide Arten in Ampeln pflanzen und ihre Triebe über deren Ränder herabhängen lassen; sie lassen sich aber auch an einem kleinen Spalier emporziehen.

KULTUR. Die Sternjasmin-Arten gedeihen in hellem indirektem oder durch Vorhänge gedämpftem Licht am besten; nur im Winter sollten sie täglich mindestens 4 Stunden direkte Sonne erhalten. Ideal sind Nachttemperaturen von 10°–13° C und Tagestemperaturen von 20°–22° C. Man setzt die Pflanzen in handelsübliche Blumenerde, die immer dann gründlich gegossen werden muß, wenn sie sich trocken anfühlt. Gedüngt wird alle 2–3 Monate mit einem handelsüblichen Zimmerpflanzendünger. Sollen die Pflanzen an einem Spalier wachsen, müssen die Triebe daran angebunden werden. Geschnitten wird, falls erforderlich, nach der Blüte, wenn die Größe der Pflanzen reguliert werden soll und stärkere Verzweigung gewünscht wird. Eine Vermehrung ist im Sommer durch Triebstecklinge möglich.

TRADESKANTIE
Tradescantia fluminensis 'Variegata'

TRADESCANTIA

T. albiflora, Syn. *T. viridis; T. blossfeldiana; T. fluminensis,* Syn. *T. myrtifolia* (alle heißenTradeskantie oder Dreimasterblume)

Die Tradeskantien sind leicht zu kultivierende Zimmerpflanzen; man setzt sie häufig in Ampeln, über deren Ränder ihre Triebe herabhängen können. Sie besitzen dekoratives, oft buntes Laub; die Länge der zugespitzten Blätter liegt zwischen 2 und 8 cm.

GROSSE KAPUZINERKRESSE
Tropaeolum majus

T. albiflora hat blaßgrüne Blätter. Bei der Kultursorte 'Variegata' sind sie gelb und weiß gestreift, bei der Sorte 'Tricolor' sind die Streifen weiß und purpurn. Die purpurnen, weiß behaarten Stengel von *T. blossfeldiana* können überhängen oder aufrecht stehen. Die wechselständigen Blätter sind glatt, auf der metallisch wirkenden Oberseite dunkelgrün, auf der Unterseite dagegen purpurn und flaumig behaart; sie können bis zu 10 cm lang und 4 cm breit werden. Vom Frühjahr bis zum Herbst trägt diese Art 4 cm breite Stände aus sehr kleinen, rötlichpurpurnen Blüten.

Besonders beliebt ist *T. fluminensis* mit überhängenden oder aufrechten, leuchtendgrünen Stengeln, die an den Blattknoten anwurzeln können. Die 2–4 cm langen, zugespitzt ovalen Blätter sind grün mit purpurner Unterseite. Bei der Sorte 'Variegata' ist ein Teil der Blätter cremefarben oder weiß gestreift, andere dagegen können ausschließlich grün, cremefarben oder weiß sein. 'Quicksilver', eine weitere Sorte, besitzt auffallend silbrig gezeichnete Blätter. Alle bringen weiße Blüten hervor.

KULTUR. Die Tradeskantien gedeihen am besten in hellem indirektem oder durch Vorhänge gedämpftem Licht; volle Sonne schadet den Blättern, aber kräftiges Licht ist vor allem bei den buntblätterigen Sorten für eine intensive Laubfärbung unerläßlich. Auch bei täglich 8–10 Stunden künstlicher Beleuchtung sind die Farben zufriedenstellend ausgeprägt. Die Temperaturen sollten nachts zwischen 10° und 13° C und am Tage zwischen 20° und 22° C liegen. Ist das Substrat feucht, vertragen die Pflanzen auch trockene Luft; sie gedeihen jedoch bei einer Luftfeuchtigkeit von 30–40% am besten. Bei ausreichender Luftfeuchtigkeit läßt man das Substrat vor jedem erneuten Gießen leicht abtrocknen; zu viel Wasser schadet den Pflanzen. *T. fluminensis* und ihre Sorten gedeihen auch in Wasser, dem man allmonatlich ein paar Tropfen Flüssigdünger zusetzt.

Als Substrat kann handelsübliche Blumenerde verwendet werden. Fest verwurzelte Exemplare erhalten alle 2 Monate einen auf die Hälfte der angegebenen Stärke verdünnten Zimmerpflanzendünger. Eine Vermehrung ist jederzeit durch Triebstecklinge möglich, die in Wasser oder feuchtem Sand Wurzeln ausbilden.

TROPAEOLUM

T. majus (Große Kapuzinerkresse); *T. peregrinum*, Syn. *T. canariensis* (Fremdartige Kapuzinerkresse)

Die Kapuzinerkressen sind Sommerblumen, die mit Hilfe von rankenden Blattstielen 1,80–3,00 m in die Höhe klettern und zwischen langgestielten, hellgrünen, 4–6 cm breiten Blättern eine Fülle von leuchtend bunten, etwas streng duftenden Blüten hervorbringen. Bei der Großen Kapuzinerkresse können die Blüten einfach oder gefüllt sein. Sie sind trichterförmig, haben einen Durchmesser von 5 cm und tragen einen gut 2 cm langen Sporn. Vorkommende Blütenfarben sind Weiß, Gelb, Orange, Lachs, Rosa, Scharlach- und Dunkelrot. Die Blätter sind schildförmig.

Die Fremdartige Kapuzinerkresse hat 2–3 cm lange, gelbe Blüten mit gefransten Blütenblättern; sie sehen aus wie winzige Vögel im Flug. Die Blätter sind durch tiefe Einschnitte in fünf Lappen zerteilt. Blütenknospen, Blüten und junge Blätter beider Arten sind eßbar.

Beide Pflanzen wachsen rasch; man kann sie an einem Spalier ziehen, ihre Triebe über den Rand von Kästen herabhängen oder am Boden entlangwuchern lassen. Neben den Wildformen gibt es eine Reihe kleinwüchsiger Kultursorten, die nur bis 30 cm hoch werden und nicht klettern. Als Zimmerpflanzen kultiviert, blühen aus einer Aussaat im Frühjahr hervorgegangene Exemplare den ganzen Sommer hindurch bis in den Herbst hinein; aus einer Aussaat im Spätsommer gehen Pflanzen hervor, die im Winter in Ampeln für leuchtende Farben sorgen.

KULTUR. Im Freien bevorzugen die Kapuzinerkressen volle Sonne und einen nährstoffarmen, trockenen Sandboden. (Nährstoffreicher Boden oder Dünger fördern nur die Blatt- auf Kosten der Blütenproduktion.) Um die Blütezeit zu verlängern, sät man im

Spätwinter im Haus in Torftöpfe aus und bringt die Pflanzen ins Freie, wenn keine Frostgefahr mehr besteht. Auch eine Aussaat im Frühjahr an Ort und Stelle ist möglich; Umpflanzen vertragen die Sämlinge schlecht. Der Abstand sollte für Samen wie für Sämlinge 30 cm betragen; bei niedrigen Sorten genügen 15 cm. Bei heißer, trockener Witterung muß reichlich gegossen werden, damit die Blätter nicht welken. Durch Abkneifen einiger Blätter und verwelkter Blüten lassen sich die Pflanzen zu vermehrter Blütenproduktion anregen. Jungpflanzen sollten an Stützen angebunden werden, um ihnen das Klettern zu erleichtern.

In Zimmerkultur gedeiht Kapuzinerkresse am besten, wenn sie an einem gut belüfteten Standort steht und täglich mindestens 4 Stunden direkte Sonne erhält. Zu empfehlen sind Nachttemperaturen von 4°–13°C und Tagestemperaturen um 20°C oder darunter. Das Substrat (handelsübliche Blumenerde) sollte ständig feucht bis leicht trocken gehalten werden. Gedüngt wird allmonatlich mit einem auf ein Viertel der angegebenen Stärke verdünnten Zimmerpflanzendünger. Kapuzinerkresse wird sehr leicht von Blattläusen befallen, die vor allem auf der Unterseite der Blätter und an den Knospen sitzen können. Die Vermehrung erfolgt durch Samen, die vor der Aussaat über Nacht in Wasser eingeweicht wurden.

V

VINCA

V. major (Großes Immergrün, Singrün); *V. minor* (Kleines Immergrün)

Die langen Triebe dieser beiden Immergrün-Arten wurzeln immer wieder an und bedecken in voller Sonne oder Schatten sehr rasch kahle Flächen. Sie wirken auch sehr hübsch, wenn man sie im Freien über den Rand von Kästen, Kübeln und Ampeln herabhängen läßt. Das Große Immergrün besitzt Triebe von 0,90–1,20 m Länge, an denen 2–8 cm lange, ovale, dunkelgrüne Blätter sitzen. Bei der Kultursorte 'Variegata' weisen die grünen Blätter cremeweiße Ränder und Zeichnungen auf. Diese Sorte ist nur bedingt winterhart und wird deshalb häufig einjährig kultiviert, zumal sie schon im Jahr der Aussaat Blüten hervorbringt.

Das Kleine Immergrün ist völlig winterhart und als Bodenbedecker geeignet. An Trieben, die 15 cm hohe Matten mit einem Durchmesser von 1 m und mehr bilden, sitzen ovale, glänzende, bis zu 5 cm lange Blätter. Im zeitigen Frühjahr bringen alle Arten lavendelblaue Blüten mit einem Durchmesser von 2–5 cm hervor. Von *V. minor* gibt es auch Sorten mit weinroten und weißen Blüten sowie eine Sorte mit cremefarben gezeichneten Blättern; auch Sorten mit gefüllten blauen und purpurnen Blüten sind erhältlich.

KULTUR. Die Immergrün-Arten und -Sorten gedeihen am besten in tiefgründigem, nährstoffreichem, mit organischem Material angereichertem Boden, sind aber auch mit nährstoffarmem Boden zufrieden. Sie bevorzugen leichten bis tiefen Schatten. Gepflanzt wird im Frühjahr oder Herbst in Abständen von 15–30 cm; anschließend wird eine Mulchschicht aufgebracht, die die Feuchtigkeit im Boden hält. Häufiges Abkneifen der Triebspitzen fördert buschiges Wachstum. Große Flächen kann man gelegentlich mit der Heckenschere stutzen und die Pflanzen damit zu neuem Wachstum anregen. Fest verwurzelte Exemplare benötigen kaum Pflege und leiden nur selten unter Schädlingen. Eine Vermehrung ist durch Teilung im Frühjahr und jederzeit durch Triebstecklinge möglich.

KLEINES IMMERGRÜN
Vinca minor

VITIS

V. coignetiae (Rostrote Rebe); *V. labrusca* (Fuchs-Rebe); *V. riparia*, Syn. *V. vulpina* (Ufer-Rebe, Duft-Rebe); *V. vinifera* (Wein-Rebe)

Hübsches Laub, das sich im Herbst leuchtend bunt färbt, und obendrein noch eßbare Früchte sind Vorzüge, die die Wahl vieler Gartenfreunde auf Reben-Arten fallen läßt. Es sind sehr wüchsige Pflanzen, die mit Hilfe von Ranken und Haftscheiben klettern. Wenn

ROSTROTE REBE
Vitis coignetiae

WISTARIE
Wisteria sinensis

ihre Blätter im Herbst abgefallen sind, kommt ein Gerüst aus dicken, verholzten Stämmen zum Vorschein. Wegen der Gefahr der Übertragung der Reblaus dürfen in der Bundesrepublik Deutschland mit Ausnahme der Wein-Rebe die *Vitis*-Arten nicht ohne Sondergenehmigung angebaut werden.

Am schnellsten wächst die Rostrote Rebe, die vielfach dort eingesetzt wird, wo eine dichte Abschirmung erwünscht ist. Ihre Triebe können im Verlauf einer Wachstumsperiode 15 m und mehr an Länge gewinnen. Die herzförmigen Blätter werden 30 cm lang und sind sägerandig; im Herbst färben sie sich kupferrot, aber die Früchte dieser Art sind weder eßbar noch sonderlich dekorativ.

Auch die Fuchs-Rebe liefert eine dichte Abschirmung und ist überdies eine der Elternpflanzen vieler Kultursorten. Ihre gelappten, über 15 cm breiten Blätter sind auf der Oberseite grün, auf der Unterseite blaß rostrot oder weiß gefärbt. Die schwärzlichpurpurnen, dickschaligen Früchte mit leichtem Muskatgeschmack sind süß und eßbar. Diese beiden Arten sind bei uns winterhart.

Auch die Ufer- oder Duft-Rebe ist winterhart. Sie trägt glänzende, leuchtendgrüne Blätter, duftende, gelbgrüne Blüten und kleine, herbe, schwärzlichpurpurne Früchte.

Die aus dem Kaukasus stammende Wein-Rebe trägt große, purpurne Früchte und besitzt hübsch gelappte, 8–15 cm breite, blaugrüne Blätter an bis zu 6 m langen Trieben. Sie ist nur in den wärmeren Gebieten Europas winterhart. Von dieser Art gibt es zahllose Kultursorten mit dekorativem Laub und unterschiedlichen, für verschiedene Zwecke geeigneten Früchten. Einige wenige sind auch bei uns winterhart, die meisten werden nur in bestimmten Regionen in großem Umfang gewerblich angebaut.

KULTUR. Die Reben gedeihen in voller Sonne am besten. Sie wachsen zwar in sehr unterschiedlichen Böden, die besten Erfolge erzielt man jedoch in einem feuchten, gut dränierten und leicht alkalischen Boden. Gedüngt werden sollte nur, wenn die Pflanzen ausschließlich wegen ihres Laubes kultiviert werden. Damit die Bestäubung gewährleistet ist, pflanzt man im Frühjahr mindestens zwei Exemplare im Abstand von 2,50 m oder mehr. Die jungen Triebe müssen an eine kräftige Stütze angebunden werden. Als Sicht- und Windschutz oder zur Zierde kultivierte Reben müssen durch einen Rückschnitt im Frühjahr unter Kontrolle gehalten werden. Die besten Früchte erhält man durch einen drastischen Rückschnitt im Winter, bei dem jeder Trieb bis auf ein oder zwei Laubknospen gekürzt wird; ihren dekorativen Wert büßen die Pflanzen dabei allerdings ein. Eine Vermehrung ist durch Absenken von Triebspitzen möglich; sie wurzeln an, wenn man sie in der Erde verankert, und nach einiger Zeit sind neue Pflanzen entstanden, die man später von der Mutterpflanze trennen und an anderer Stelle einpflanzen kann.

W

WISTERIA

W. floribunda; *W. sinensis* (beide werden Wistarie, Glyzine oder Blauregen genannt)

Zart getönte, duftende Blüten in hängenden Trauben mit einer Länge von 30 cm und mehr schmücken im späten Frühjahr und zu Beginn des Sommers diese auch bei uns winterharten Pflanzen. Die Wistarien sind sommergrüne, windende Sträucher, die sehr groß werden können und deren Stämme im Alter knorrig verholzt sind. Aus den Blüten gehen samtig grüne Hülsen hervor, die bis zu 18 cm lang werden und den Winter über an den Pflanzen hängenbleiben. Die Wistarien sind überaus wüchsig und benötigen viel Platz und eine kräftige Stütze. Auf keinen Fall sollte man sie in die Nähe junger Bäume pflanzen – sie könnten sie umschlingen und erwürgen.

W. floribunda windet sich 7,50–9,00 m empor. Die süß duftenden, violetten Blüten stehen in 30–45 cm langen Trauben beieinander und öffnen sich häufig nacheinander von oben nach unten. Die Blätter sind aus 13–19 fächerförmig angeordneten Fiedern zusammengesetzt. Von dieser Art gibt es zahlreiche Kultursorten, darunter 'Alba' mit 30 cm langen Trauben aus duftenden, weißen Blüten; 'Issai' (Syn. 'Praecox') mit dunkelblauen Blüten in 20–25 cm langen Trauben; 'Rosea' mit rosa Trauben von 45 cm Länge; und 'Macrobotrys' mit rötlichvioletten Trauben, die fast 1 m lang werden können.

W. sinensis ist die beliebteste Art. Sie windet sich von links nach rechts in Höhen bis zu 30 m empor. Die dunkelgrünen Blätter sind aus 11 zarten, elliptischen Fiedern zusammengesetzt. Die duftenden, blauvioletten Blüten, in 20–30 cm langen Trauben angeordnet, öffnen sich alle gleichzeitig, bevor die Blätter erscheinen. Die Sorte 'Alba' trägt gefüllte weiße, 'Plena' gefüllte blaue Blüten.

KULTUR. Die Wistarien gedeihen am besten in voller Sonne an windgeschützten Standorten und benötigen einen gut dränierten, mit Lauberde angereicherten Gartenboden. Es empfiehlt sich, in Behältern angezogene Exemplare zu kaufen, da sich die Wistarien nur schlecht verpflanzen lassen. Sie werden im Abstand von 30 cm von ihrer Stütze eingesetzt; junge Triebe müssen während der ersten Wachstumsperiode so angebunden werden, daß sie in der ihnen gemäßen Richtung winden können. Die Pflanzen müssen reichlich gewässert und im ersten Winter mit einer Mulchschicht vor Frost geschützt werden. Junge Exemplare richten häufig alle Kräfte auf die Ausbildung von Neuzuwachs und bringen in den ersten 7 Jahren oder noch länger keine Blüten hervor. Um sie zur Ausbildung von Blüten anzuregen, beschneidet man die Wurzeln, indem man im Abstand von 0,90–1,20 m vom Stamm einen 45–60 cm tiefen Graben um die Pflanze zieht. Außerdem schneidet man lange, junge Triebe im Sommer und ein zweites Mal im Winter auf halbe Länge zurück und hackt im Herbst auf jeweils 2,5 cm Stammdurchmesser 250 g Superphosphat in den Boden ein. Fest verwurzelte Exemplare werden nach der Blüte und im Winter kräftig zurückgeschnitten, um den Blütenansatz zu fördern und ihr Wachstum in Grenzen zu halten; neue Triebe werden soweit zurückgeschnitten, daß bis zur Basis noch 6 Knospen vorhanden sind, schwaches Holz wird entfernt. Eine Vermehrung ist im Frühjahr durch Absenker möglich.

Z

ZEBRINA

Z. pendula, Syn. *Tradescantia pendula* und *T. zebrina* (Zebrakraut, Zebra-Tradeskantie)

Diese niederliegende Pflanze wird in Gegenden mit warmem Klima gelegentlich als Bodenbedecker eingesetzt; bei uns ist sie wegen ihres hübschen Laubes als Zimmerpflanze weit verbreitet. Werden die Triebe nicht abgekniffen, erreichen sie Längen zwischen 60 und 90 cm; sie wirken am besten, wenn sie über den Rand eines Behälters herabhängen. Die Blätter tragen auf der silbrigweißen Oberseite einen breiten, grünen Mittelstreifen und haben einen grünen Rand, die Unterseite ist purpurrot gefärbt. Sie sind wechselständig angeordnet und werden etwa 7 cm lang. Das Zebrakraut ähnelt den Tradeskantien, ist ebenfalls leicht zu kultivieren und wächst sehr rasch. Die violetten Blüten, die gewöhnlich im Sommer erscheinen, sind unscheinbar.

KULTUR. Das Zebrakraut gedeiht am besten in hellem indirektem oder durch Vorhänge gedämpftem Licht. Zur Erhaltung der Blattfarben reichen auch 8–10 Stunden künstliche Beleuchtung pro Tag aus, bei schwächerem Licht werden die Blätter dunkler. Zu empfehlen sind Nachttemperaturen von 18°–21° C, Tagestemperaturen von 24°–27° C sowie eine Luftfeuchtigkeit von 40–60 %. Als Substrat eignet sich handelsübliche Blumenerde; wenn die Pflanzen für ihren Behälter zu groß geworden sind, müssen sie umgetopft werden. Das Substrat muß feucht gehalten, darf aber nicht durchnäßt werden. Fest verwurzelte Exemplare erhalten alle 1–2 Monate einen auf die Hälfte der angegebenen Stärke verdünnten Zimmerpflanzendünger. Durch Abkneifen der Triebspitzen kann man sie zu stärkerer Verzweigung und buschigem Wachstum anregen. Eine Vermehrung ist jederzeit durch Triebstecklinge möglich, die in Wasser oder feuchtem Vermiculit anwurzeln.

ZEBRAKRAUT
Zebrina pendula

Anhang

Merkmale von 205 Kletterpflanzen

	KLETTERMETHODE					BESONDERHEITEN								WACHSTUM			LICHT-BEDARF			VERWENDUNG				
	„Anlehner"	Spreizklimmer	„Flechter"	Wurzelkletterer	Kletterorgane	Immergrün	Laubwerfend	Einjährig	Mehrjährig	Blüten	Früchte	Grünes Laub	Buntes Laub	Schnell	Mäßig	Langsam	Hell	Mittel	Schwach	Bodenbedecker	Schatten	Solitärpflanze	Abschirmung	Zimmerpflanze
ACTINIDIA ARGUTA (Japanische Stachelbeere)					●		●		●		●	●		●			●	●			●		●	
ACTINIDIA CHINENSIS (Kiwipflanze)					●		●		●		●	●		●			●	●			●	●	●	
ACTINIDIA KOLOMIKTA					●		●		●				●	●			●	●				●		
ACTINIDIA POLYGAMA					●		●		●				●	●			●	●				●		
AESCHYNANTHUS RADICANS (Sinnblume)	●					●			●	●		●			●	●	●	●						●
AESCHYNANTHUS SPECIOSUS (Sinnblume)	●					●			●	●		●			●	●	●	●						●
AKEBIA QUINATA (Fingerblatt-Akebie)					●	●	●		●			●		●			●	●		●	●	●	●	
ALLAMANDA CATHARTICA	●					●			●	●				●			●					●		●
AMPELOPSIS BREVIPEDUNCULATA (Ussuri-Scheinrebe)					●		●		●		●	●		●			●	●		●	●	●	●	
ARAUJIA SERICIFERA					●	●				●	●	●			●		●					●	●	
ARISTOLOCHIA ELEGANS (Zierliche Pfeifenblume)					●	●			●	●		●			●		●	●				●		●
ARISTOLOCHIA MACROPHYLLA (Pfeifenwinde)					●		●		●	●		●		●			●	●			●		●	
ASARINA PROCUMBENS (Maurandie)	●						●		●	●					●		●			●				
ASPARAGUS ASPARAGOIDES (Zier-Spargel)	●				●	●			●			●		●	●			●				●		●
ASPARAGUS DENSIFLORUS 'SPRENGERI' (Zier-Spargel)	●					●			●			●			●	●		●						●
ASPARAGUS SETACEUS (Feder-Spargel)	●				●	●			●			●		●	●			●				●		●
BEAUMONTIA GRANDIFLORA	●				●	●			●	●		●		●			●					●		●
BEGONIA x TUBERHYBRIDA 'PENDULA' (Ampel- oder Hänge-Knollenbegonie)	●						●		●	●					●		●	●				●		●
BERBERIDOPSIS CORALLINA (Korallenstrauch)	●					●			●	●	●				●		●					●	●	●
BIGNONIA CAPREOLATA (Kreuzrebe)					●	●			●	●				●			●	●		●			●	
BOUGAINVILLEA x BUTTIANA		●			●	●			●	●				●			●					●	●	●
BOUGAINVILLEA GLABRA		●			●	●			●	●				●			●					●	●	●
BOUGAINVILLEA SPECTABILIS		●			●	●			●	●				●			●					●	●	●
CAMPANULA ISOPHYLLA (Ampel-Glockenblume)	●					●			●	●		●			●		●	●		●		●		●
CAMPANULA ISOPHYLLA 'ALBA' (Ampel-Glockenblume)	●					●			●	●		●			●		●	●		●		●		●
CAMPANULA ISOPHYLLA 'MAYI' (Ampel-Glockenblume)	●					●			●	●			●		●		●	●		●		●		●
CAMPSIS GRANDIFLORA (Trompetenblume)				●			●		●	●				●	●		●					●	●	
CAMPSIS RADICANS (Trompetenblume)				●			●		●	●				●			●					●	●	
CAMPSIS x TAGLIABUANA 'MADAME GALEN' (Trompetenblume)				●			●		●	●				●			●					●	●	
CARDIOSPERMUM HALICACABUM (Ballonblume)					●	●	●	●	●		●	●		●			●					●	●	
CELASTRUS ORBICULATUS (Baumwürger)					●		●		●		●	●		●			●	●		●			●	
CELASTRUS ROSTHORNIANUS (Baumwürger)					●		●		●		●	●		●			●	●		●			●	
CELASTRUS SCANDENS (Baumwürger)					●		●		●		●	●		●			●	●		●			●	
CEROPEGIA LINEARIS SUBSP. WOODII (Leuchterblume)	●					●			●				●	●				●						●
CISSUS ANTARCTICA (Känguruhwein)	●				●	●			●			●		●				●						●
CISSUS DISCOLOR (Bunte Klimme)	●				●	●			●				●	●				●						●
CISSUS INCISA	●				●	●			●			●		●				●						●
CISSUS RHOMBIFOLIA (Königswein)	●				●	●			●			●		●			●	●						●
CLEMATIS ARMANDII (Waldrebe)					●	●			●	●		●		●	●		●	●			●	●	●	
CLEMATIS FLORIDA (Waldrebe)					●	●	●		●	●				●	●		●	●			●	●	●	
CLEMATIS x JACKMANII (Jackmannii-Hybriden)					●		●		●	●				●	●		●	●			●	●	●	
CLEMATIS MACROPETALA (Waldrebe)					●		●		●	●				●	●		●	●			●	●	●	
CLEMATIS MONTANA (Waldrebe)					●		●		●	●				●	●		●	●			●	●	●	
CLEMATIS ORIENTALIS (Waldrebe)					●		●		●	●				●	●		●	●			●	●	●	
CLEMATIS REHDERANA (Waldrebe)					●		●		●	●				●	●		●	●			●	●	●	
CLEMATIS TANGUTICA (Waldrebe)					●		●		●	●	●			●	●		●	●			●	●	●	

	KLETTERMETHODE					BESONDERHEITEN								WACHSTUM			LICHT-BEDARF			VERWENDUNG				
	„Anlehner“	Spreizklimmer	„Flechter“	Wurzelkletterer	Kletterorgane	Immergrün	Laubwerfend	Einjährig	Mehrjährig	Blüten	Früchte	Grünes Laub	Buntes Laub	Schnell	Mäßig	Langsam	Hell	Mittel	Schwach	Bodenbedecker	Schatten	Solitärpflanze	Abschirmung	Zimmerpflanze
CLEMATIS VITICELLA (Waldrebe)					●		●		●	●	●			●	●		●	●			●	●	●	
CLERODENDRUM THOMSONIAE (Losbaum)	●				●	●			●	●		●			●			●				●		●
CLIANTHUS PUNICEUS (Ruhmesblume)	●					●	●		●	●				●			●					●	●	●
COBAEA SCANDENS (Glockenrebe)					●	●	●	●	●	●				●			●				●	●	●	
COLUMNEA x BANKSII	●			●		●			●	●		●			●			●						●
COLUMNEA GLORIOSA	●			●		●			●	●		●			●			●						●
COLUMNEA HIRTA	●			●		●			●	●		●			●			●						●
COLUMNEA MICROPHYLLA	●			●		●			●	●		●			●			●						●
DECUMARIA BARBARA (Sternhortensie)				●		●	●		●	●	●			●	●		●	●					●	
DOLICHOS LABLAB (Helmbohne)					●			●	●	●	●			●			●						●	●
ECCREMOCARPUS SCABER (Schönranke)					●	●			●	●	●	●		●			●				●	●	●	●
EPISCIA CUPREATA	●			●		●			●	●			●		●			●						●
EPISCIA DIANTHIFLORA	●			●		●			●	●		●	●		●			●						●
EPISCIA LILACINA	●			●		●			●	●		●			●			●						●
EPISCIA REPTANS	●			●		●			●			●	●		●			●						●
EUONYMUS FORTUNEI 'CARRIEREI' (Kletter-Spindelstrauch)	●			●		●			●			●			●		●	●		●		●	●	
EUONYMUS FORTUNEI 'COLORATUS' (Kletter-Spindelstrauch)	●			●		●			●			●	●		●		●	●		●		●	●	
EUONYMUS FORTUNEI 'KEWENSIS' (Kletter-Spindelstrauch)	●			●		●			●			●			●		●	●		●				
EUONYMUS FORTUNEI VAR. RADICANS (Kletter-Spindelstrauch)	●			●		●			●			●			●		●	●		●		●	●	
EUONYMUS FORTUNEI VAR. VEGETUS (Kletter-Spindelstrauch)	●			●		●			●		●	●			●		●	●		●		●	●	
x FATSHEDERA LIZEI (Efeu-Aralie)	●					●			●			●		●	●		●	●		●				●
FICUS PUMILA (Kletter-Feige)				●		●			●			●		●	●		●	●					●	●
FICUS SAGITTATA 'VARIEGATA'				●		●			●				●	●	●		●	●					●	●
FITTONIA VERSCHAFFELTII VAR. ARGYRONEURA	●					●			●				●		●			●	●					●
FITTONIA VERSCHAFFELTII VAR. VERSCHAFFELLTII	●					●			●				●		●			●	●					●
FORSYTHIA SUSPENSA (Hänge-Forsythie)	●						●		●	●		●		●			●			●		●	●	
GELSEMIUM SEMPERVIRENS (Dufttrichter)					●	●			●	●					●		●				●		●	●
GYNURA AURANTIACA	●					●			●				●		●		●	●				●		●
GYNURA PROCUMBENS	●					●			●				●		●		●	●				●		●
HARDENBERGIA COMPTONIANA					●	●			●	●						●		●				●		●
HEDERA COLCHICA (Kaukasus-Efeu)	●			●		●			●			●		●	●		●	●	●	●			●	●
HEDERA HELIX SUBSP. CANARIENSIS (Kanarischer Efeu)	●			●		●			●			●		●	●		●	●	●	●			●	●
HEDERA HELIX SUBSP. HELIX (Gewöhnlicher Efeu)	●			●		●			●			●		●	●		●	●	●	●			●	●
HOLBOELLIA CORIACEA					●	●			●	●	●			●	●		●						●	
HOYA BELLA	●			●		●			●	●		●				●	●	●				●		●
HOYA CARNOSA	●			●		●			●	●		●				●	●	●				●		●
HUMULUS LUPULUS (Gewöhnlicher Hopfen)					●		●		●		●	●		●			●	●			●		●	
HUMULUS SCANDENS (Japanischer Hopfen)					●		●	●			●	●		●			●	●			●		●	
HYDRANGEA ANOMALA SUBSP. PETIOLARIS (Kletter-Hortensie)				●			●		●	●		●		●			●	●				●	●	
IPOMOEA ALBA (Mondwinde)					●		●	●	●	●				●			●	●				●		●
IPOMOEA NIL (Kaiserwinde)					●		●	●	●	●				●			●	●				●		●
IPOMOEA PURPUREA (Purpur-Prunkwinde)					●		●	●	●	●				●			●	●				●		●
IPOMOEA QUAMOCLIT (Gefiederte Sternwinde)					●		●	●	●	●				●			●	●				●		●
IPOMOEA TRICOLOR (Dreifarbige Prunkwinde)					●		●	●	●	●				●			●	●				●		●
JASMINUM FLORIDUM (Jasmin)	●					●	●		●	●				●	●		●	●				●	●	●
JASMINUM MULTIFLORUM (Jasmin)	●				●	●			●	●				●			●	●				●	●	

MERKMALE VON KLETTERPFLANZEN: FORTSETZUNG

	KLETTERMETHODE					BESONDERHEITEN								WACHSTUM			LICHT-BEDARF			VERWENDUNG				
	„Anlehner"	Spreizklimmer	„Flechter"	Wurzelkletterer	Kletterorgane	Immergrün	Laubwerfend	Einjährig	Mehrjährig	Blüten	Früchte	Grünes Laub	Buntes Laub	Schnell	Mäßig	Langsam	Hell	Mittel	Schwach	Bodenbedecker	Schatten	Solitärpflanze	Abschirmung	Zimmerpflanze
JASMINUM NUDIFLORUM (Winter-Jasmin)	●						●		●	●				●			●	●				●	●	
JASMINUM OFFICINALE (Echter oder Heil-Jasmin)	●				●	●	●		●	●				●			●	●				●	●	●
JASMINUM POLYANTHUM (Vielblütiger Jasmin)	●					●	●		●	●				●			●	●				●		●
JASMINUM x STEPHANENSE (Jasmin)	●				●	●	●		●	●				●			●	●				●	●	●
LAPAGERIA ROSEA					●	●			●	●		●			●			●				●		●
LATHYRUS GRANDIFLORUS (Große Platterbse)					●				●	●				●			●	●				●	●	
LATHYRUS LATIFOLIUS (Staudenwicke)					●		●		●	●				●			●	●				●	●	
LATHYRUS ODORATUS (Edelwicke)					●		●	●		●				●			●					●	●	
LONICERA x BROWNII (Geißblatt)					●	●	●		●	●					●		●	●		●		●	●	
LONICERA HENRYI (Geißblatt)					●	●	●		●	●	●			●			●	●		●		●	●	
LONICERA JAPONICA (Geißblatt)					●	●	●		●	●				●			●	●		●		●	●	
LONICERA PERICLYMENUM (Geißblatt)					●		●		●	●	●			●	●		●	●		●		●	●	
LONICERA SEMPERVIRENS (Geißblatt)					●	●	●		●	●	●			●	●		●	●		●		●	●	
LYCIUM CHINENSE (Bocksdorn)	●				●		●		●	●	●			●			●			●			●	
LYCIUM HALIMIFOLIUM (Bocksdorn)	●				●		●		●	●	●			●			●			●			●	
LYSIMACHIA NUMMULARIA (Pfennigkraut)	●			●			●		●	●		●		●			●	●		●			●	●
MANDEVILLA LAXA					●		●		●	●				●				●				●		●
MANDEVILLA SPLENDENS (Dipladenie)					●	●			●	●				●				●				●		●
MANETTIA INFLATA	●				●	●			●	●		●		●	●			●				●		●
MENISPERMUM CANADENSE (Mondsame)	●				●	●	●		●		●	●		●			●			●			●	
MONSTERA DELICIOSA (Fensterblatt)				●		●			●			●			●	●		●				●		●
MUEHLENBECKIA AXILLARIS	●						●		●		●	●		●			●	●		●			●	●
MUEHLENBECKIA COMPLEXA					●	●			●		●	●		●	●		●	●		●			●	●
MUTISIA DECURRENS					●		●		●	●					●		●			●		●	●	●
MUTISIA OLIGODON					●		●		●	●					●		●			●		●	●	●
OXYPETALUM CAERULEUM (Südstern)					●	●			●	●		●			●		●					●		●
PANDOREA JASMINOIDES					●	●			●	●	●			●			●					●	●	●
PANDOREA PANDORANA					●	●			●	●	●	●		●			●					●	●	●
PARTHENOCISSUS HENRYANA (Jungfernrebe)				●	●		●		●		●		●			●		●		●			●	
PARTHENOCISSUS QUINQUEFOLIA (Jungfernrebe)				●	●		●		●		●	●	●	●			●	●		●			●	
PARTHENOCISSUS TRICUSPIDATA (Jungfernrebe)				●	●		●		●		●	●		●			●	●		●			●	
PARTHENOCISSUS TRICUSPIDATA 'LOWII' (Jungfernrebe)				●	●		●		●		●	●		●			●	●		●			●	
PARTHENOCISSUS TRICUSPIDATA 'VEITCHII' (Jungfernrebe)				●	●		●		●		●	●		●			●	●		●			●	
PASSIFLORA CAERULEA (Blaue Passionsblume)					●	●	●		●	●		●		●			●					●	●	●
PASSIFLORA COCCINEA (Passionsblume)					●	●	●		●	●		●		●			●					●	●	●
PASSIFLORA EDULIS (Purpur-Granadille)					●	●	●		●	●	●	●		●			●					●	●	●
PASSIFLORA QUADRANGULARIS (Riesen-Granadille)					●	●	●		●	●	●	●		●			●					●	●	●
PASSIFLORA RACEMOSA (Passionsblume)					●	●	●		●	●		●		●			●					●	●	●
PELARGONIUM PELTATUM (Efeu- oder Hänge-Pelargonie)	●					●			●	●		●		●			●					●		●
PHASEOLUS COCCINEUS (Feuerbohne)					●		●	●	●	●	●	●		●			●				●		●	
PHILODENDRON DOMESTICUM (Philodendron)	●			●		●			●			●			●			●	●			●		●
PHILODENDRON ERUBESCENS (Philodendron)	●			●		●			●				●		●			●	●			●		●
PHILODENDRON PANDURIFORME (Philodendron)	●			●		●			●			●			●			●	●			●		●
PHILODENDRON SCANDENS (Kletter-Philodendron)	●			●		●			●			●			●			●	●			●		●
PHILODENDRON SQUAMIFERUM (Philodendron)	●			●		●			●			●			●			●	●			●		●
PILEOSTEGIA VIBURNOIDES				●		●			●	●		●				●	●	●	●	●		●	●	

	KLETTERMETHODE					BESONDERHEITEN								WACHSTUM			LICHT-BEDARF			VERWENDUNG				
	„Anlehner"	Spreizklimmer	„Flechter"	Wurzelkletterer	Kletterorgane	Immergrün	Laubwerfend	Einjährig	Mehrjährig	Blüten	Früchte	Grünes Laub	Buntes Laub	Schnell	Mäßig	Langsam	Hell	Mittel	Schwach	Bodenbedecker	Schatten	Solitärpflanze	Abschirmung	Zimmerpflanze
PIPER CROCATUM (Pfeffer)	●				●	●			●			●			●			●				●		●
PIPER NIGRUM (Schwarzer Pfeffer)	●			●		●			●		●	●			●			●				●		●
PIPER ORNATUM (Pfeffer)	●				●	●			●				●		●			●				●		●
PLECTRANTHUS OERTENDAHLII (Harfenstrauch)	●			●		●			●	●		●		●				●				●		●
PLUMBAGO AURICULATA (Bleiwurz)	●					●			●	●		●		●			●					●		●
POLYGONUM AUBERTII (Chinesischer Schlingknöterich)					●		●		●	●		●		●			●	●			●	●	●	
POLYGONUM BALDSCHUANICUM (Bucharischer Schlingknöterich)					●		●		●	●		●		●			●	●			●	●	●	
PUERARIA LOBATA (Kopoubohne)					●		●	●	●	●	●	●		●			●			●	●		●	
RHODOCHITON ATROSANGUINEUS					●	●			●	●		●			●		●					●		●
ROSA 'AMERICAN PILLAR'	●	●		●			●		●	●				●	●		●						●	
ROSA BANKSIAE (Banks-Rose)	●			●		●	●		●	●				●	●		●			●		●	●	
ROSA 'BLAZE'	●			●			●		●	●				●	●		●					●	●	
ROSA 'CAROLINE TESTOUT'	●			●			●		●	●				●	●		●					●	●	
ROSA 'CLIMBING CRIMSON GLORY'	●			●			●		●	●				●	●		●					●	●	
ROSA 'CLIMBING GLORIA DEI'	●			●			●		●	●				●	●		●					●	●	
ROSA 'COMPASSION'	●			●			●		●	●				●	●		●					●	●	
ROSA 'DR. W. VAN FLEET'	●			●			●		●	●				●	●		●					●	●	
ROSA 'DON JUAN'	●			●			●		●	●				●	●		●					●	●	
ROSA 'DOROTHY PERKINS'	●			●			●		●	●				●	●		●					●	●	
ROSA 'GOLDEN SHOWERS'	●			●			●		●	●				●	●		●					●	●	
ROSA 'NEW DAWN'	●			●			●		●	●				●	●		●					●	●	
ROSA 'RAMBLING RECTOR'	●			●			●		●	●				●	●		●					●	●	
ROSA 'SCHWANENSEE'	●			●			●		●	●				●	●		●					●	●	
ROSA WICHURAIANA (Wichura-Rose)	●	●		●		●	●		●	●				●	●		●			●		●	●	
RUBUS FLAGELLIFLORUS (Brombeere)	●	●				●			●	●	●	●		●			●	●				●	●	
RUBUS HENRYI (Brombeere)	●	●				●			●	●	●	●		●			●	●				●	●	
RUBUS ULMIFOLIUS 'BELLIDIFLORUS' (Brombeere)	●	●				●			●	●		●		●			●	●				●	●	
SCHISANDRA CHINENSIS					●		●		●	●	●	●			●		●	●				●		
SCHISANDRA RUBRIFLORA					●		●		●	●	●	●			●		●	●				●		
SCHIZOPHRAGMA HYDRANGEOIDES					●		●		●	●		●				●		●	●			●	●	
SCINDAPSUS AUREUS (Efeutute)	●			●		●			●				●	●			●	●						●
SEDUM MORGANIANUM	●					●			●	●		●			●	●	●					●		●
SENECIO CONFUSUS (Kletter-Greiskraut)				●	●	●			●	●				●	●			●					●	●
SENECIO MIKANIOIDES (Stubenefeu)				●	●	●			●	●		●		●				●					●	●
SENECIO SCANDENS				●	●	●	●		●	●		●		●	●		●	●		●			●	●
SETCREASEA PURPUREA (Blut-Tradeskantie)	●			●		●			●	●			●		●		●	●		●				●
SOLANDRA MAXIMA	●					●			●	●		●			●		●	●			●			●
SOLANUM CRISPUM (Nachtschatten)					●	●	●		●	●	●			●	●		●						●	
SOLANUM JASMINOIDES (Nachtschatten)					●	●	●		●	●	●			●	●		●					●	●	●
SOLANUM WENDLANDII (Nachtschatten)					●	●			●	●	●			●	●		●					●	●	●
STEPHANOTIS FLORIBUNDA (Kranzschlinge)					●	●			●	●		●		●	●				●			●		●
STREPTOSOLEN JAMESONII (Drehkrone)	●					●			●	●		●		●	●		●	●			●			●
SYNGONIUM PODOPHYLLUM (Purpurtute)	●			●		●			●			●	●		●			●				●		●
SYNGONIUM VELLOZIANUM (Purpurtute)	●			●		●			●			●	●		●			●				●		●
TECOMARIA CAPENSIS	●					●			●	●	●	●		●			●				●			●
THUNBERGIA ALATA (Schwarzäugige Susanne)	●				●	●	●	●	●	●				●	●		●	●				●		●

MERKMALE VON KLETTERPFLANZEN: FORTSETZUNG

	KLETTERMETHODE					BESONDERHEITEN								WACHSTUM			LICHT-BEDARF			VERWENDUNG				
	„Anlehner“	Spreizklimmer	„Flechter“	Wurzelkletterer	Kletterorgane	Immergrün	Laubwerfend	Einjährig	Mehrjährig	Blüten	Früchte	Grünes Laub	Buntes Laub	Schnell	Mäßig	Langsam	Hell	Mittel	Schwach	Bodendecker	Schatten	Solitärpflanze	Abschirmung	Zimmerpflanze
THUNBERGIA FRAGRANS					●	●	●		●	●				●	●		●					●		●
THUNBERGIA GRANDIFLORA					●	●			●	●				●			●					●		●
THUNBERGIA LAURIFOLIA					●	●	●		●	●				●			●					●		●
TRACHELOSPERMUM ASIATICUM (Sternjasmin)	●					●			●	●						●	●	●				●	●	●
TRACHELOSPERMUM JASMINOIDES (Sternjasmin)	●					●			●	●						●	●	●				●	●	●
TRADESCANTIA ALBIFLORA (Tradeskantie)	●			●		●			●			●		●			●	●						●
TRADESCANTIA BLOSSFELDIANA (Tradeskantie)	●			●		●			●	●			●	●			●	●						●
TRADESCANTIA FLUMINENSIS (Tradeskantie)	●			●		●			●				●	●			●	●						●
TRADESCANTIA FLUMINENSIS 'VARIEGATA' (Tradeskantie)	●			●		●			●	●			●	●			●	●						●
TROPAEOLUM MAJUS (Große Kapuzinerkresse)	●						●	●		●				●			●			●				●
TROPAEOLUM PEREGRINUM (Fremdartige Kapuzinerkresse)					●		●	●		●				●			●				●		●	●
VINCA MAJOR (Großes Immergrün)	●			●		●			●	●		●		●				●	●	●				
VINCA MAJOR 'VARIEGATA' (Großes Immergrün)	●			●		●	●	●	●	●			●	●				●	●	●				
VINCA MINOR (Kleines Immergrün)	●			●		●			●	●		●		●				●	●	●				
VITIS COIGNETIAE (Rostrote Rebe)					●		●		●		●	●	●	●			●				●	●	●	
VITIS LABRUSCA (Fuchs-Rebe)					●		●		●		●	●	●	●			●				●	●	●	
VITIS RIPARIA (Ufer-Rebe)					●		●		●		●	●	●	●			●				●	●	●	
VITIS VINIFERA (Wein-Rebe)					●		●		●		●	●	●	●			●				●	●	●	
WISTERIA FLORIBUNDA (Wistarie)					●		●		●	●	●	●		●	●		●				●	●	●	
WISTERIA SINENSIS (Wistarie)					●		●		●	●	●	●		●	●		●				●	●	●	
ZEBRINA PENDULA (Zebrakraut)	●			●		●			●	●			●	●			●	●		●				●

Bibliographie

American Home Editors: *American Home Garden Book and Plant Encyclopedia.* M. Evans & Co., 1963
Atkinson, Dr. Robert E.: *Vines in Your Home.* T. F. H. Publications, Inc., 1961
Ballard, Ernesta D.: *Garden in Your House.* Harper & Row, Publishers, 1971
Bartrum, Douglas: *Climbing Plants.* John Gifford, London 1968
Bates, Marston, und Humphrey, Philip S. (Hrsg.): *The Darwin Reader.* Charles Scribner's Sons, 1956
Baumgardt, John P.: *Hanging Plants for Home, Terrace and Garden.* Simon and Schuster, 1972
Bean, W. J.: *Wall Shrubs and Hardy Climbers.* Putnam, London 1939
Blake, Claire: *Greenhouse Gardening for Fun.* William Morrow & Co., Inc., 1967
Bonnie, Fred: *Flowering Trees, Shrubs and Vines: A Guide for Home Gardeners.* Galahad Books, 1976
Brilmayer, Bernice: *All About Vines and Hanging Plants.* Doubleday & Co., Inc., 1962
Brooklyn Botanic Garden: *Ground Covers and Vines.* BBG, 1978
Brooklyn Botanic Garden: *Handbook on Vines.* BBG, 1972
Brooklyn Botanic Garden: *Weed Control in the Home Garden.* BBG, 1975
Chittenden, Fred J. (Hrsg.): *The Royal Horticultural Society Dictionary of Gardening.* Oxford University Press, 2. Aufl. 1974
Countryside Books: *Vines and Ivy in Your Home.* A. B. Morse Co., 1976
Crockett, James U.: *Crockett's Indoor Garden.* Little, Brown & Co., 1978
Darwin, Charles: *On the Movements and Habits of Climbing Plants.* Taylor and Francis, London 1865
Davidson, William, und Rochford, T. C.: *House Plants, Cacti and Succulents.* Hamlyn Books, 1976
Dulles, Marion: *Greenhouse Gardening Around the Year.* The Macmillan Co., 1956
Elbert, George und Virginie: *Plants that Really Bloom Indoors.* Simon and Schuster, 1974
Elbert, Virginie F. und George A.: *The Miracle Houseplants.* Crown Publishers, Inc., 1977
Encke, Fritz (Hrsg.): *Poreys Blumengärtnerei.* Verlag Paul Parey, Berlin und Hamburg 1958–1961
Encke, Fritz, Buchheim, Günther, und Seybold, Sigmund: Zander – *Handwörterbuch der Pflanzennamen.* 11. Aufl., Ulmer, Stuttgart 1979
Fisk, J.: *Success with Clematis.* Thomas Nelson and Sons, Ltd., 1962
Fitch, Charles M.: *The Complete Book of House Plants.* Hawthorn Books, 1972
Fonty Quer, Pio: *Physiology of Plants.* Harper & Brothers, 1960
Free, Montague: *All About Houseplants.* Doubleday, 1946
Genders, Roy: *Covering a Wall: The Culture of Climbing Plants.* Robert Hale & Co., 2. Aufl. 1973
Gothein, Marie Luise: *A History of Garden Art.* J. M. Dent & Sons, Ltd., 1928
Graf, Alfred Byrd: *Exotic Plant Manual.* Roehrs Co., Inc., 1974
Graf, Alfred Byrd: *Exotica: Pictorial Cyclopedia of Exotic Plants from Tropical and Near-tropic Regions.* Roehrs Co., Inc., 1973
Grunert, Christian: *Kletterpflanzen.* J. Neumann-Neudamm, Melsungen 1961
Harrison, Richmond E.: *Climbers and Trailers.* A. H. & A. W. Reed, London 1974
Hay, Roy, und Synge, Patrick M.: *Das große Blumenbuch. Pflanzenlexikon der Garten- und Hauspflanzen.* E. Ulmer, 3. Aufl. Stuttgart 1976
Hessayon, D. G.: *Be Your Own House Plant Spotter.* Pan Britannica Industries, Ltd., Waltham Cross, Hertshire, 1977
Hibberd, Shirley: *The Ivy.* Groombridge & Sons, London 1872
Hillier, Harold G.: *Hillier's Manual of Trees and Shrubs.* David and Charles, 1977
Hottes, Alfred C.: *A Little Book of Climbing Plants.* A. T. De La Mare Co., Inc., 1933
Hottes, Alfred Carl: *Climbers and Ground Covers.* A. T. De La Mare Co., Inc., 1947
Howard, Frances: *Landscaping with Vines.* The Macmillan Co., 1959
Jaffe, M. J.: „On Heliotropism in Tendrils of *Pisum sativum:* A Response to Infrared Irradiation." In *Planta,* Vol. 92 , 1970
Jaffe, M. J.: „Physiological Studies on Pea Tendrils". In *Physiologia Plantarum.* Societas Physiologiae Plantarum Scandinavica, 1972
Jenkins, Dorothy, und Wilson, Helen Van Pelt: *House Plants for Every Window.* William Morrow, 1975
Jenkins, Dorothy H.: *Vines for Every Garden.* Doubleday, Doran & Co., Inc., 1937
Kramer, Jack: *1000 Beautiful House Plants and How to Grow Them.* William Morrow, 1969
Krüssmann, Gerd: *Handbuch der Laubgehölze.* 3 Bde., Verlag Paul Parey, Berlin und Hamburg 1976–1978
McCollon, William: *Vines and How to Grow Them.* Doubleday, 1911
Macoboy, Stirling: *What Flower Is That?* Hamlyn, 1974
Markham, Ernest: *The Large and Small Flowered Clematis.* Charles Scribner's Sons, 1935
Menninger, Edwin A.: *Flowering Vines of the World: An Encyclopedia of Climbing Plants.* Hearthside Press, Inc., 1970
Merchants Publishing Co.: *Hanging Plants for Modern Living.* Merchants Publishing Co., 1975
Meyer, Bernard S., und Anderson, Donald B.: *Plant Physiology.* D. Van Nostrand Co., Inc., 1952
Nehrling, Henry: *The Plant World in Florida.* The Macmillan Co., 1933
Nevling, Lorin I. Jr.: „Some Ways Plants Climb." In *Arnoldia,* Vol. 28. The Arnold Arboretum of Harvard University, 1968
Nicolaisen, Age: *The Pocket Encyclopedia of Indoor Plants in Colour.* Blandford Press, 1971
Oster, Maggie (Hrsg.): *The Green Pages.* Ballantine Books, Inc., 1977
Pearce, S. A.: *Climbing and Trailing Plants.* W. H. & L. Collingridge, Ltd., London 1957
Perkins, Harold O.: *Espaliers and Vines for the Home Gardener.* D. Van Nostrand Co., Inc., 1964
Perry, Frances: *Flowers of the World.* The Hamlyn Publishing Group, Ltd, 1972
Perry, Frances (Hrsg.): *Simon and Schuster's Complete Guide to Plants and Flowers.* Simon and Schuster, 1974
Pierot, Suzanne: *The Ivy Book.* Macmillan Publishing Co., Inc., 1974
Potter, Charles H.: *Beneath the Greenhouse Roof.* Criterion Books, 1957
Powell, Thomas und Betty: *The Avant Gardener.* Houghton Mifflin Co., 1975
Preston, F. G.: *The Greenhouse.* Ward, Lock & Co., Ltd., London 1964
Prockter, Noel J.: *Climbing and Screening Plants.* Faber & Faber, London 1973
Reader's Digest Association, Ltd.: *Reader's Digest Encyclopedia of Garden Plants and Flowers.* RDA, 3. Aufl. London 1975
Reader's Digest Association: *Reader's Digest Illustrated Guide to Gardening.* RDA, Inc., 1976
Rockwell, F. F., und Grayson, Esther C.: *The Rockwells' Complete Book of Roses.* Doubleday, 1958
Selsam, Millicent E.: *Plants that Move.* William Morrow & Co., 1962
Staff of the L. H. Bailey Hortorium, Cornell University: *Hortus Third: A Dictionary of Plants Cultivated in the United States and Canada.* Macmillan Publishing Co., Inc., 1976
Sunset Editors: *Ideas for Hanging Gardens.* Lane Publishing Co., 1976
Tampion, John: *Dangerous Plants.* David and Charles, 1977
Taylor, Norman: *The Guide to Garden Shrubs and Trees.* Robert Hale, 1968
Taylor, Norman: *Taylor's Gardening Encyclopedia.* Houghton Mifflin Co., 1961
Van der Spuy, Una: *Gardening with Climbers.* Protea Press Publishers, 1976
Vines, Robert A.: *Trees, Shrubs and Woody Vines of the Southwest.* University of Texas Press, 1960
Whittemore, Richard D.: *Garden Ideas and Projects.* Doubleday & Co., Inc., 1959
Wilson, Charles L.: *The Gardeners Hint Book.* Jonathan David Publishers, Inc., 1978
Wilson, Helen Van Pelt: *Climbing Roses.* Barrows, 1955
Wyman, Donald: *Shrubs and Vines for American Gardens.* The Macmillan Co., 1969
Wyman, Donald: *Wyman's Gardening Encyclopedia.* Macmillan Publishing Co., Inc., 1977

Quellennachweis der Abbildungen

Die Quellen der in diesem Buch wiedergegebenen Abbildungen werden im folgenden aufgeführt. Die Quellen der Abbildungen von links nach rechts sind durch Semikolons, solcher von oben nach unten durch Gedankenstriche getrennt. Einband: John Neubauer. 4: Michael Young; Clem Harris, mit Genehmigung von Frances Perry. 6: John Neubauer. 9: Zeichnung von Geo. Price, © 1939, 1967 The New Yorker Magazine, Inc. 10, 11: Dr. Mark Jaffe, College of Arts and Sciences, Ohio University. 15: Charles R. Belinky, von Photo Researchers, Inc. 16: Pamela Harper. 17: John Neubauer; Pamela Harper – Pamela Harper (2); Guy Burgess. 18: Guy Burgess. 20, 21: Zeichnungen von Kathy Rebeiz. 24: Entheos. 29–35: Zeichnungen von Kathy Rebeiz. 36: Tania Midgley. 37: Zeichnung von Kathy Rebeiz. 39: John Neubauer. 40: Pamela Harper. 41–45: Tania Midgley. 46: © Jaime Ardiles-Arce. 47: John J. Smith. 48: Henry Groskinsky. 49: John Neubauer. 52: Richard Jeffery. 54–57: Zeichnungen von Kathy Rebeiz. 59: John Neubauer. 60–61: John Neubauer; Pamela Harper; Richard Jeffery – John Neubauer (2). 62: Tom Tracy. 66–67: Zeichnungen von Norman Bancroft-Hunt. 68: John Neubauer. 70–77: Zeichnungen von Kathy Rebeiz. 79–80: Henry Groskinsky. 81: John Neubauer – Henry Groskinsky (2). 82: Henry Groskinsky. 83: Harry Smith; Henry Groskinsky. 84: Charles Phillips; John Neubauer. 85: John Neubauer – Pat Brindley. 86–87: John Neubauer. 88: Illustration von Eduardo Salgado. 90–145: Illustratoren der Enzyklopädie in alphabetischer Reihenfolge: Adolph E. Brotman, Richard Crist, Ingrid Jacob, Susan M. Johnston, Mary Kellner, Gwen Leighton, Trudy Nicholson, Anna Pugh, Allianora Rosse, Eduardo Salgado.

Danksagungen

Der besondere Dank der Herausgeber gilt Mrs. Lizzie Boyd, Kingston-upon-Thames, Surrey. Außerdem danken sie folgenden Personen und Institutionen: B. C. Designs, Brentwood, California; Betty Bagert, New Orleans, Louisiana; J. Roy W. Barrette, Brooklin, Maine; Mr. und Mrs. Charles T. Berry Jr., Upperville, Virginia; Mary Ann Borch, Department of Botany, Ohio University, Ohio; Genie Cate, Great Falls, Virginia; Stephan Chernesky, New York City, New York; Mr. und Mrs. Harry A. Councilor, Alexandria, Virginia; John Dodt, New Orleans, Louisiana; Severn C. Doughty, Metairie, Louisiana; Dumbarton Oaks, Washington, D. C.; Mrs. Nathaniel Felton, New Orleans, Louisiana; Dyson Flanders, Sea Island, Georgia; Mrs. Eleonor St. Mark Flotte, New Orleans, Louisiana; Mrs. Peter Garrett, Seattle, Washington; Pamela J. Harper, Seaford, Virginia; Janet Huseby, San Francisco, California; Wallace Jackson, London; Dr. Mark J. Jaffe, Ohio University, Ohio; Mr. und Mrs. George Kackley, Washington, D. C.; Doris Kaufman, Blue Bell, Pennsylvania; Carlton B. Lees, New York City, New York; Lornie Leete-Hodge, Devizes, Wiltshire; Charles C. Montgomery, Washington, D. C.; Lorin L. Nevling Jr., Chicago, Illinois; Winona O'Connor, London; Wolfgang Oehme, Baltimore, Maryland; Jeannette und Reese Payton, Alexandria, Virginia; James M. Pendleton, Burke, Virginia; Peter Raven, St. Louis, Missouri; Familie Salter, Chester, Pennsylvania; Col. und Mrs. Wilfred Smith, Alexandria, Virginia; Edith Stern, New Orleans, Louisiana; James A. Van Sweden, Washington, D. C.; Pat Tookey, London; Marshall Westover, Vienna, Virginia; Judy Wilder, Beverly Hills, California.

Register

Kursiv gesetzte Seitenzahlen verweisen auf eine Abbildung zum betreffenden Stichwort.

D

E

F

T

U

V

W

Z

Reprosatz: Alfred Utesch GmbH, Hamburg
Druck und Einband: Jarrold & Sons Ltd., Norwich (England)